ISBN 978-1-332-37223-2
PIBN 10362650

FB &c Ltd, Dalton House, 60 Windsor Avenue, London, SW19 2RR.
Company number 08720141. Registered in England and Wales.

For support please visit www.forgottenbooks.com

MÉLANGES OU RECUEIL D'ÉTUDES

RELIGIEUSES, SOCIALES, POLITIQUES

ET

LITTÉRAIRES

PAR

J.-P. TARDIVEL

RÉDACTEUR EN CHEF DE LA "VÉRITÉ"

PREMIÈRE SÉRIE

TOME DEUXIÈME

" Diligite homines, interficite errores "
S. Augustin.

QUÉBEC
IMPRIMERIE DE L.-J. DEMERS & FRÈRE
30, rue de la Fabrique, 30

1901

NOTRE PREMIER ANNIVERSAIRE

29 juillet 1882.

La *Vérité* entre aujourd'hui dans la deuxième année de son existence.

A cette occasion nous devons remercier de tout cœur les amis généreux qui nous ont aidé à faire connaître et à propager notre journal. Plusieurs de ces amis, et des plus zélés, ne nous connaissent pas personnellement, mais ils ont jugé que notre œuvre est utile, et ils n'ont rien épargné pour la favoriser. Encore une fois, nous les remercions cordialement, et nous les prions de vouloir bien continuer leurs généreux efforts.

En fondant notre journal, nous nous attendions à bien des épreuves de toute sorte, et nous n'avons pas été trompé dans notre attente. Mais nous ne nous attendions pas à recevoir, la première année, autant de lettres d'encouragement et de félicitations. Ces marques de confiance, venant de personnes en état de pouvoir apprécier une œuvre comme la nôtre, nous ont profondément touché et beaucoup encouragé dans la lutte.

Nous croyons être resté fidèle à notre programme. Nous savons que plus d'un de nos lecteurs n'est pas de cet avis. C'était inévitable. Quelques-uns nous trouvent trop *bleu*, d'autres prétendent que nous avons des tendances très marquées vers le rougisme. La preuve que les uns et les autres se trompent, c'est que les journaux *bleus*, tels que la *Minerve* et le *Journal de Québec*, ne nous aiment guère, tandis que la *Patrie*, l'organe en chef du radicalisme, nous a voué une haine éternelle.

Nous avons la conviction que tous ceux qui ont suivi régulièrement notre journal durant cette première année de son existence, sans préjugés et sans parti pris, seront forcés d'admettre que nous avons rempli notre promesse, que nous ne sommes mis à la remorque d'aucun parti politique, que nous avons dit la vérité, autant qu'il était en notre pouvoir de la dire, sans nous demander si, en la disant, nous plairions à celui-ci ou à celui-là.

Nous nous proposons de continuer, à l'avenir, la ligne de conduite que nous avons suivie jusqu'ici.

Deux questions très importantes occuperont notre attention d'une manière toute spéciale ; l'éducation et la franc-maçonnerie.

On essaie perfidement, et sous différents prétextes, de soustraire l'éducation au contrôle de l'Eglise, de restreindre les droits des pères de famille au profit de l'Etat. Il faut combattre ces tendances funestes, il faut convaincre les hommes de bonne volonté que nous sommes menacés des mêmes fléaux qui désolent l'Europe, il faut réveiller ceux qui dorment avant qu'il ne soit trop tard.

L'ennemi est à nos portes, il pénètre même dans la citadelle. C'est le temps de lutter et non de se laisser garotter.

Il n'est que naturel que la franc-maçonnerie, après avoir accompli tant de mal en France, en Belgique, en Espagne et ailleurs, cherche à corrompre aussi notre jeune pays, à battre en brèche nos institutions catholiques, à saper notre foi, à ruiner l'influence du clergé, à empoisonner notre enseignement. Il ne faut pas être prophète pour prédire que nous aurons une lutte à soutenir contre les envahissements de la franc-maçonnerie. Il suffit de réfléchir un peu, d'ouvrir les yeux, de tirer des événements qui se produisent les conclusions que le bon sens et la logique imposent.

La franc-maçonnerie est une secte essentiellement envahissante ; pourquoi ne chercherait-elle pas à envahir le Canada ?

Du reste, n'avons-nous pas l'aveu d'un journal antireligieux de Paris, que la franc-maçonnerie est le pic destiné à renverser, en Amérique, l'Eglise et tout ce qui y tient? Soyons donc sur nos gardes et ne cessons de surveiller les mouvements de cet ennemi dangereux, d'autant plus dangereux qu'il s'entourne de ténèbres pour mieux accomplir son œuvre satanique.

Tout en nous occupant d'une manière particulière de ces deux grandes questions, l'éducation et la franc-maçonnerie, nous ne négligerons pas les autres intérêts du pays qu'un journaliste catholique doit défendre.

Nous avons l'espoir que notre bienveillant collaborateur, le R. P. Lacasse, O. M. I, continuera, comme par le passé, à s'entretenir avec nos lecteurs sur la colonisation, l'agriculture, la vie domestique, et à les instruire, comme il sait si bien le faire, tout en les récréant [1].

1—Malheureusement, diverses circonstances ont empêché le R. P. Lacasse de continuer longtemps sa précieuse collaboration.

QUESTIONS RELIGIEUSES

LES BIENS DES JÉSUITES

29 juillet 1882.

Depuis notre article : *Tu ne voleras point* [1], plusieurs de nos confrères de Québec discutent la question des biens des jésuites. Nous constatons avec une vive satisfaction que tous s'accordent à reconnaître les droits indéniables des jésuites aux propriétés que le gouvernement anglais a confisquées et que les gouvernements canadiens ont négligé jusqu'ici de remettre à qui de droit. Mais bien que tous nos confrères, qui ont traité ce sujet, admettent les droits des jésuites, tous ne paraissent pas bien au fait de la question ; nous avons même remarqué dans un de ces écrits une erreur assez grave.

Pour que l'on soit exactement renseigné sur cette importante question, nous croyons devoir en faire brièvement l'historique.

Vers 1873 ou 1874, il fut question, devant l'assemblée législative de Québec, de recevoir les biens des jésuites que le gouvernement fédéral venait de transférer ou devait transférer à notre province. On se demandait comment il fallait disposer de ces biens.

A cette occasion plusieurs députés prononcèrent des

1—Voir le premier volume des *Mélanges*, p. 56.

discours très énergiques en faveur de la restitution pure et simple de ces biens à leurs vrais propriétaires, disant qu'il était grandement temps que le Canada se lavât de cette tache, que c'était une honte pour un pays qui se disait catholique de garder en sa possession des biens volés. En même temps, ces hommes publics pressèrent les RR. PP. jésuites du Canada de réclamer leurs biens. Ce fut à la suite de ces instances que le Souverain Pontife Pie IX accorda à la compagnie de Jésus, alors représentée au Canada par le R. P. Charaux, un Bref ou une autorisation pour réclamer les biens des jésuites au Canada, finalement confisqués par le gouvernement anglais à la mort du R. P. Casot, en 1800.

Pour tout catholique de bonne foi, l'octroi de ce bref est une preuve que le Saint-Père reconnaissait le plein droit des jésuites à ces biens. Jamais il ne leur aurait permis de les réclamer si leurs titres eussent été tant soit peu douteux.

Ce fut donc avec l'autorisation pontificale en main que le R. P. Charaux vint à Québec réclamer auprès du ministère de Boucherville tous les biens des jésuites confisqués par le gouvernement anglais. L'honorable M. de Boucherville, en homme qui a horreur du vol, se montra très bien disposé, et l'on croyait que l'affaire allait se régler paisiblement. Mais on comptait sans les intrigues de certains personnages plus ou moins politiques et peu habitués aux exigences de la justice et de la bonne conscience. Ces individus s'alarmèrent grandement à la pensée qu'on allait enfin restituer à la compagnie de Jésus les biens qui lui avaient été volés.

On alla même jusqu'à écrire à Rome que si cette restitution avait lieu, il y aurait une révolution au Canada. C'était calomnier notre pays, bien assurément, mais il y a des hommes qui ne reculent devant rien lorsqu'il s'agit de nuire aux religieux, et en particulier aux jésuites.

A la vue de toutes ces intrigues, la compagnie de Jésus, voulant avant tout le plus grand bien de l'Eglise au Canada, et ne désirant pas fournir à ses ennemis même un prétexte de l'embarrasser dans son œuvre de dévouement, pria le Saint-Siège de bien vouloir charger les évêques de la Province de Québec de réclamer ces biens au nom de l'Eglise.

Il faut croire que le Saint-Siège s'est rendu à la demande de la Compagnie de Jésus, car l'épiscopat canadien, loin d'avoir renoncé aux droits de l'Eglise, comme l'a dit un confrère, a protesté hautement lorsque le gouvernement a semblé vouloir disposer d'une partie de ces biens.

Voilà quelques faits que les catholiques du Canada feraient bien de méditer.

Pour nous, il nous semble que les Canadiens de la province de Québec sont parfaitement en droit d'exiger que le gouvernement se mette, sans plus de délai, en règle avec les seuls vrais propriétaires de ces biens dont il veut disposer. Or, les seuls vrais propriétaires, au nom desquels sont passés tous les actes se rattachant aux biens en question, sont les pères jésuites [1].

---

12 août 1882.

Nous voyons avec plaisir dans certains journaux de Montréal une lettre de M. Ferdinand David, ancien député de Montréal-Est à l'assemblée législative, dans laquelle les droits des jésuites sont courageusement défendus.

1—On le sait, ce n'est qu'en 1888-89, que la question des biens des jésuites a été réglée par le cabinet Mercier, après entente avec le Saint-Siège et les RR. PP. jésuites.

C'est M. David qui, le premier, a défendu ces droits devant la chambre ; il profite de la récente discussion sur les biens des jésuites pour revenir à la charge et demander que l'on restitue enfin ces biens aux propriétaires légitimes. C'est un acte de courage qui l'honore grandement dans cette époque de lâcheté universelle.

A propos de la restitution de ces biens, voici une réflexion d'un de nos amis. S'il s'agissait de récompenser une compagnie anglaise, disons la compagnie de la Baie d'Hudson, par exemple, de quelques services, prétendus ou réels, rendus au pays, quel empressement n'y mettrait-on pas ! Les journaux français rivaliseraient de zèle avec les journaux anglais pour insister sur le devoir des peuples, comme des individus, de se montrer reconnaissants. Si quelque malheureux refusait, même par son silence, d'appuyer le mouvement, on l'accablerait de traits acérés.

Aujourd'hui il s'agit, non de conférer une faveur, mais de faire justice à une société qui a rendu des services immenses, incalculables au Canada, au point de vue social aussi bien qu'au point de vue religieux. Mais comme cette société est la Société de Jésus et non la compagnie de la Baie d'Hudson, on reste froid !

En vérité, notre ami a raison : Nous sommes des lâches et de misérables esclaves du respect humain.

UNE AFFAIRE FACILE

---

27 janvier 1883.

Quelques journaux de notre ville parlent de nouveau de l'érection d'un palais de justice à Québec sur l'emplacement de l'ancien collège des jésuites. Il est vrai que cette fois ils avouent qu'il faudra commencer par régler la question des biens des jésuites, mais, ajoute un de nos confrères, ce sera une affaire facile à régler.

En effet, cette affaire devrait se régler très facilement. Il s'agit tout simplement d'une restitution. Pour les honnêtes gens, la restitution n'est pas seulement " une affaire facile " mais un devoir impérieux.

Il est évident, par tous ces tâtonnements, que les autorités civiles sont mal à l'aise : elles comprennent parfaitement que les anciens biens des jésuites sont des propriétés ecclésiastiques, n'appartenant ni de près ni de loin au gouvernement ; c'est pourquoi elles n'osent pas y toucher. D'un autre côté, elles n'ont pas le courage — c'est triste à dire—de restituer ces biens à l'Eglise, purement et simplement, comme c'est pourtant leur devoir de le faire.

Si ces biens appartenaient à la compagnie de la Baie d'Hudson, par exemple, avec quel empressement on les remettrait au légitime propriétaire ! mais ils appartiennent à l'Eglise et l'on hésite à les remettre !

Pourtant, au point de vue humain, l'Eglise n'a-t-elle pas autant de droit qu'une compagnie commerciale ?

Et au point de vue catholique donc ? Comment une province, en très grande partie catholique, peut-elle, *salva conscientia*, garder des biens qui appartiennent à l'Eglise ?

Cette redoutable question ne vient-elle jamais se poser à nos hommes publics?

Ceux qui ont la foi, ceux qui connaissent les terribles peines qu'entraîne après elle là spoliation des biens de l'Eglise, pensent-ils réellement que nos affaires provinciales puissent prospérer tant que nous aurons ce vol sacrilège sur la conscience ?

Qu'on règle donc cette affaire au plus tôt, mais qu'on la règle comme elle doit être réglée : par la restitution pure et simple. C'est comme cela que les individus règlent ces sortes d'affaires ; pourquoi en serait-il autrement pour les gouvernements ?

Pour la plupart de ces biens, la restitution n'offre aucune difficulté. Les propriétés qui, comme l'emplacement de l'ancien collège des jésuites, ne sont pas passées entre les mains d'une tierce-personne, mais sont restées en la possession du gouvernement, peuvent être remises demain à l'Eglise sans qu'aucun droit acquis ne soit lésé.

Avant donc que de parler de construire un palais de justice sur le terrain des jésuites, que le gouvernement commence par où l'honnêteté la plus élémentaire exige qu'il commence : par la restitution de ce bien, et des autres qui sont dans le même cas, aux véritables propriétaires, aux évêques, représentants de l'Eglise à qui ces propriétés appartiennent en vertu du droit le plus certain.

Qu'il ne cherche pas à forcer l'Eglise à accepter une transaction plutôt que de tout perdre. Cela serait peut-être pis que le vol même. Que dirait-on d'un homme qui, ayant un bien volé en sa possession, irait trouver le propriétaire et lui tiendrait ce langage : “ J'ai votre bien ; il vaut $100,000 ; mais je suis le plus fort et je veux le garder ; je vous paierai cependant $1000 si vous voulez me donner un titre parfait à cette propriété qui vous appartient. Vous ferez mieux d'accepter cette offre, car si vous ne l'acceptez pas vous n'aurez rien du tout." N'est-ce pas qu'un tel homme serait un objet de mépris ? Eh bien ! que le gouvernement ne fasse pas comme lui ; mais qu'il restitue les biens des jésuites à l'Eglise, purement et simplement.

Si l'Eglise juge ensuite à propos de vendre ces biens au gouvernement, nous n'avons rien à y voir. Mais le peuple canadien a le droit et le devoir strict d'exiger que le gouvernement commence par restituer ces biens.

Ces biens mal acquis pèsent sur la conscience publique ; c'est au public d'y voir et de se débarrasser de ce lourd fardeau.

---

10 février 1883.

Nous mettons nos lecteurs en garde contre une pétition qu'on fait circuler en ce moment pour demander au gouvernement de choisir le terrain de l'ancien collège des jésuites comme emplacement du nouveau palais de justice.

Ce terrain, on le sait, n'appartient pas au gouvernement, mais à l'Eglise, et ce pétitionnement ne peut avoir d'autre résultat que de rendre plus difficile la restitution des biens des jésuites. C'est l'œuvre de quelques intrigants qui se servent des gens respectables pour atteindre leur but.

Plusieurs ont signé croyant que la pétition sauvegardait suffisamment les droits de l'Eglise.

Un de nos amis a voulu ajouter à sa signature un mot pour sauvegarder ces droits. On n'a pas voulu accepter sa signature à cette condition !

Qu'on ne signe donc pas cette pétition. Le palais de justice peut parfaitement bien se construire sur le terrain de la rue Saint-Louis. Les plans préparés par M. Taché pour un édifice sur cet emplacement sont magnifiques au dire des hommes les plus compétents [1].

---

17 février 1883.

Au cours d'un article du *Mercury*, que le *Canadien* reproduit avec complaisance et sans commentaires, on lit ce qui suit :

" On dit qu'il existe des réclamations au sujet de la propriété du terrain des anciennes casernes [2], le maire [3], de son côté, affirme que ces réclamations ne sont pas fondées."

N'est-ce pas que c'est édifiant de voir le maire exprimer une telle opinion et le *Canadien* la reproduire sans la moindre réserve ? Pourtant le maire et le *Canadien* savent parfaitement bien que le terrain en question appartient à l'Eglise.

1—On le sait, le projet de construire le palais de justice de Québec sur le terrain de l'ancien collège des jésuites fut finalement abandonné, en faveur du terrain de la rue Saint-Louis, ainsi que le voulait la *Vérité*.

2—L'ancien collège des jésuites, en face de la cathédrale de Québec, converti en caserne par le gouvernement anglais.

3—L'honorable François Langelier, alors un des chefs du parti libéral. C'est ce parti, poussé par les conservateurs nationaux, qui, plus tard, sous l'honorable M. Mercier, a réglé la question des biens des jésuites. Cela indique le chemin, dans le bon sens, que les conservateurs nationaux, ou *castors*, comme on les appelait alors, dirigés par l'honorable sénateur Trudel, réussirent à faire faire aux libéraux.

17 mars 1883.

La presse s'occupe beaucoup, en ce moment, de cette question des biens des jésuites qui semble à la veille d'entrer dans une nouvelle phase.

La *Vérité* a traité cette question longuement et notre manière de voir est bien connue de tous : Nous demandons une restitution pure et simple, et sans condition, des biens des jésuites qui se trouvent encore entre les mains de l'Etat, et une compensation juste et légitime pour les biens que le gouvernement a cédés à des tiers.

Notre demande est basée sur les règles de justice les plus élémentaires. Celui qui est en possession d'un bien volé est tenu à la restitution. Il ne faut pas être bien versé dans la théologie pour arriver à cette conclusion qu'on cherche pourtant à éviter en certains quartiers.

Il suffit de ne pas avoir tout à fait oublié son petit catéchisme pour savoir que personne ne peut se soustraire à l'obligation rigoureuse de la restitution. Les gouvernements, comme les individus, sont liés par cette loi si formelle de Dieu : " Tu ne voleras point."

Certaines personnes, intéressées à empêcher l'Eglise de rentrer dans ses droits, disent que c'est une question purement religieuse, que les journaux et les laïques en général n'ont rien à y voir.

Cela est faux. Cette question a deux côtés bien distincts : le côté politique et le côté religieux.

Le côté religieux, c'est l'usage que l'Eglise fera de ces biens une fois restitués. Nous, les laïques, nous n'avons rien à y voir, assûrément. Nous n'avons rien à voir, non plus, dans les correspondances échangées entre Rome et l'épiscopat touchant le règlement de cette question.

Et personne, que nous sachions, n'a voulu intervenir dans cette partie de la question. On a accusé notre confrère du *Journal des Trois-Rivières* de vouloir, en cette circonstance, se substituer à l'autorité religieuse, mais cette accusation est dénuée de fondement.

C'est tout le contraire qui est vrai. Notre vaillant confrère fait vigoureusement la lutte pour empêcher les intrigants de se placer entre Rome et les évêques et de compliquer par là le règlement de cette grave affaire.

Ceci nous amène à parler du côté politique de la question.

La restitution des biens des jésuites regarde sans doute l'Eglise, mais elle regarde aussi chaque citoyen de la province de Québec.

C'est au nom de la province que le gouvernement détient ces biens volés et chaque habitant a le droit et le devoir impérieux de dire au gouvernement : Rendez à Dieu ce qui est à Dieu.

C'est sur nous, peuple de la province, que pèse ce lourd et sacrilège fardeau qui nous écrase, nous déshonore et nous ruine. Il n'y a personne au monde qui puisse nous empêcher de faire tous nos efforts pour nous en débarrasser.

La province est tenue à la restituation et personne ne peut la relever de cette obligation.

Or le moyen pratique d'amener cette restitution, c'est d'agiter publiquement la question jusqu'à ce que l'opinion publique soit éclairée, et jusqu'à ce qu'elle force nos gouvernants à agir comme des gouvernants honnêtes doivent agir. Voilà pourquoi la presse a parfaitement le droit de s'occuper de la restitution des biens des jésuites ; voilà pourquoi c'est son devoir de dire sans cesse au gouvernement : Rendez ces biens à l'Eglise qui en est le seul et véritable propriétaire ; rendez-les sans conditions ; rendez-les sans intrigues ; rendez-les franchement et loyalement, et ne cherchez pas à forcer l'Eglise à accepter une transaction désavantageuse pour elle.

Encore une fois, ce côté de la question est tout à fait de la compétence des laïques.

On parle, de ce temps-ci, d'intrigues qui se feraient pour détourner les biens des jésuites de leur véritable destination, et une vive discussion est engagée à ce sujet entre le *Journal des Trois-Rivières* et le *Canadien*.

La triste expérience du passé ne nous donne que trop lieu de craindre que notre confrère trifluvien n'ait raison d'affirmer que des intrigants sont de nouveau à l'œuvre pour empêcher un règlement équitable de cette affaire.

Le *Canadien*, nous avons à peine besoin de le dire, joue encore ici le rôle d'endormeur. M. Tarte prétend que ces intrigues n'existent pas. Malheureusement, la réputation du rédacteur du *Canadien* est telle aujourd'hui que ses affirmations les plus solennelles, surtout les plus solennelles, ne valent rien du tout.

M. Tarte se dit autorisé par le premier ministre à déclarer que le gouvernement " n'a pas traité de la question des biens des jésuites en dehors des évêques." En supposant pour un instant que cela soit, il n'y a pas là l'ombre d'une preuve contre l'existence des intrigues que le *Journal des Trois-Rivières* dénonce. Tous les intrigants, tous les tireurs de ficelles du pays ne sont pas dans le ministère. Il y en a, et de fameux, qui ne sont ni députés ni ministres, et qui s'affubulent du manteau de l'hypocrisie. M. Tarte en sait quelque chose par une expérience personnelle.

M. Tarte se prétend scandalisé de voir que le *Journal des Trois-Rivières* redoute le résultat de ces intrigues. Mais il sait pourtant fort bien que même l'Autorité suprême peut être trompée sur une question de fait par des hommes sans scrupules qui lui feraient une fausse exposition de l'affaire. Et il sait également que ce n'est pas manquer de respect envers cette Autorité que de le dire.

Ceux qui respectent véritablement l'Autorité suprême, ceux qui aiment sincèrement l'Eglise doivent faire tout en leur pouvoir pour empêcher les intrigants de tromper le Saint-Siège sur les questions de fait.

C'est un devoir sacré qui s'impose à tout véritable catholique, qu'il soit prêtre ou laïque, et ceux qui accomplissent ce devoir ne cherchent nullement à se mettre à la place des évêques.

---

7 avril 1883.

Nous avons observé avec une vive satisfaction que pendant la discussion très animée qui s'est faite dans la presse française au sujet de la restitution des biens des jésuites à l'Eglise, nos confrères protestants n'ont soulevé aucune objection. Nous n'avons pas remarqué dans la presse anglaise un seul article hostile aux droits de l'Eglise. C'est un excellent signe. Cela prouve que nos frères séparés ont perdu beaucoup de ce farouche fanatisme qui caractérisaient autrefois leurs rapports avec les Canadiens-français. Jadis cette question des biens des jésuites les agitaient profondément ; on ne pouvait parler des droits de l'Eglise sur ces propriétés sans se heurter contre une montagne de préjugés et de haines.

Aujourd'hui ce pénible état de choses semble avoir fait place à une situation plus normale. Les protestants, en effet, doivent comprendre qu'il s'agit ici d'une question de droit naturel : c'est le droit de propriété le plus évident qui a été violé lors de la confiscation de ces biens. Prétendre que les protestants sont hostiles à la restitution de ces biens à leur légitime propriétaire, c'est les représenter comme favorables à la spoliation et au vol, c'est leur jeter à la face une sanglante injure.

Nous croyons donc que le moment est tout à fait propice pour régler cette importante question en restituant à l'Eglise, purement et simplement, ces biens qui lui appartiennent en vertu d'un droit certain et que personne ne peut contester.

LA "MINERVE" ET L'EXPULSION DES JÉSUITES

12 août 1882.

La *Minerve* est, avec l'*Opinion publique*, le seul journal canadien-français qui nous ait refusé l'échange. Ne recevant pas régulièrement la visite de la vieille déesse, nous ne pouvons, malgré notre bonne volonté, nous pénétrer de toute sa sagesse païenne ; elle tient certains propos qui nous échappent.

Un ami de notre feuille a bien voulu appeler notre attention sur un de ces propos. Encore que cela soit vieux, nous croyons devoir le relever. Il s'agit de l'expulsion des jésuites et de la tentative qu'a faite la *Patrie* de justifier son admiration pour la république persécutrice, en parlant des fautes de la monarchie. Le 14 juillet dernier, la *Minerve* est intervenue, et sa prose ne vaut guère mieux que celle de la *Patrie*. Parlant de l'énumération faite par l'organe maçonnique [1] des sentences portées contre les jésuites sous l'ancien régime, la *Minerve* dit :

" Il est facile de deviner le but que poursuit l'organe *en essayant de donner à la dernière expulsion des jésuites*

1—A cette époque la *Patrie* avait pour directeur M. H. Beaugrand qui s'était proclamé publiquement franc-maçon.

en France le même caractère qu'aux expulsions antérieures. C'était afin de pouvoir tirer la morale que *l'autre régime en a fait tout autant.*

" C'est par trop fort. Si l'*autre régime* a demandé jadis l'expulsion des jésuites, c'était, les catholiques le savent, *pour des motifs tout autres que les motifs qui animent les gouvernants* de la France actuelle.

L'*autre régime* était catholique et croyant et *marchait avec le Saint-Siège.*"

A notre tour, nous devons dire : c'est trop fort, bien trop fort. La *Minerve* donne clairement à entendre que la monarchie était tout à fait excusable de sévir contre les jésuites, puisqu'elle prétend que le caractère et les motifs de l'expulsion, sous l'ancien régime, différaient du caractère et des motifs de l'expulsion sous la république. Si cela n'est pas une tentative de justifier les fautes de la monarchie, nous voudrions bien savoir ce que c'est. C'est dans de pareils écrits que la *Minerve* laisse percer le gallicanisme dont elle est pétrie ; elle condamne les attaques contre l'Eglise et ses ministres lorsque les attaques viennent de ses adversaires politiques ; mais lorsqu'elles viennent de ses propres amis, la vieille trouve le moyen de les excuser en leur prêtant gratuitement un caractère et des motifs *différents.* Or, cette conduite est souverainement odieuse et hypocrite.

Et que faut-il penser d'une feuille prétendue catholique qui donne habilement à entendre que le Saint-Siège approuvait la monarchie dans ses entreprises contre les jésuites !

La *Patrie* et la *Minerve* ont toutes deux erré. La première a voulu justifier la république en s'appuyant sur les fautes de la monarchie ; la seconde excuse ces fautes pour condamner la république. Toutes deux sont animés de l'esprit de parti le plus étroit et le plus aveugle.

Sans doute, on doit dire que la monarchie française n'était pas systématiquement impie comme l'est la république actuelle. Mais dans ses attaques contre les jésuites elle ne marchait certainement pas avec le Saint-Siège ; et sous l'ancien régime, comme sous la république, le caractère et les motifs de l'expulsion de ces bons religieux sont les mêmes, caractère et motifs essentiellement diaboliques.

ORTHODOXIE PAIENNE

---

2 décembre 1882.

A propos de la libre pensée, la *Minerve* du 18 novembre publie un article qu'elle essaie de rendre très orthodoxe. La bonne vieille a, comme cela, des moments de ferveur où elle traite des questions religieuses.

C'est dans un de ces moments qu'elle a fait, le printemps dernier, un bout de réclame en faveur du temple protestant de la rue Ontario, et qu'elle a prétendu que dans les églises catholiques, le dimanche des Rameaux, on chante la Passion selon *l'historien Joseph !* Son article du 18 novembre intitulé : *L'ennemi commun* est à encadrer. *L'ennemi*, c'est la libre-pensée, c'est l'athéisme, et cet ennemi est *commun* aux protestants et aux catholiques.

La *Minerve* se réjouit de voir que les protestants commencent à comprendre la nécessité de combattre cet ennemi commun, comme si leurs combats, étant les combats d'une erreur contre une autre erreur, pouvaient être de quelque valeur. Du reste, l'athéisme, l'indifférentisme, etc., tout cela n'est pas l'*ennemi* du protestantisme, mais le produit naturel et nécessaire du protestantisme. Que le protestantisme combatte ou ne combatte pas l'athéisme, cela ne fait absolument rien. Il n'y a que l'Eglise catholique, gardienne de toute la Vérité, qui puisse combattre efficacement toutes les erreurs. Le protestantisme est un monstre qui a donné naissance à l'indifférentisme, autre monstre plus monstrueux encore. Celui-ci dévorera celui-là.

Mais ce qui est le plus amusant dans cet article de la *Minerve*, c'est cette parole grotesque : " Les protestants ne sont séparés des catholiques que par des *questions de dogme.*" Rien que cela ! Des questions de *dogme*, une bagatelle, en vérité ! Et pourquoi n'y aurait-il pas un rapprochement entre les protestants et les catholiques de bonne volonté pour combattre l'ennemi *commun*, l'indifférentisme, qui produit les révolutions, lesquelles dérangent la digestion de ces bons bourgeois ? Le vent est à la conciliation, et, du reste, les catholiques ne sont séparés des protestants que par des questions de dogme !

O *Minerve* de nos rêves, que vous êtes à croquer quand vous vous mêlez de faire de l'orthodoxie...païenne !

---

23 décembre 1882.

On se rappelle encore, sans doute, le fameux article de la *Minerve* sur l'athéisme que nous avons signalé il y a déjà quelque temps. Dans cet écrit la vieille se réjouissait de voir que les protestants, " qui ne sont séparés des catholiques que par des questions de dogme ! !" se joignent aux catholiques pour combattre " l'ennemi commun," l'indifférentisme. Ce projet de coalition d'un nouveau genre a dû scandaliser quelques-uns des lecteurs de la *Minerve*—accoutumés pourtant à en voir bien d'autres—car la déesse tente de fortifier sa position ridicule en s'appuyant sur un religieux, le R. P. Voisin, des missions africaines. La *Minerve* du 12 décembre disait :

" Le R. P. Voisin, dans sa conférence d'hier soir, au Gésu, a mentionné *plusieurs* fois dans les termes les plus respectueux le nom de Livingstone et rendu le plus grand témoignage à l'esprit de foi et la piété chrétienne du grand explorateur. Livingstone, a-t-il dit, n'était pas inspiré seulement par l'amour des découvertes, et il est mort en *véritable apôtre.* Il a *favorisé* autant qu'il a pu la propagation de la foi chrétienne en Afrique."

Voilà ce que disait la *Minerve.* Or, nous tenons d'un citoyen respectable de Montréal, qui nous écrit à ce sujet, que la vieille a exagéré l'éloge de Livingstone fait par le R. P. Voisin. Le R. P. n'a mentionné le nom de cet explorateur qu'une seule fois, et il n'a pas dit qu'il " était mort en véritable apôtre."

Si Livingstone a favorisé la propagation de la vraie foi, ce n'est pas *en tant* que protestant qu'il l'a fait, mais parce que, comme d'autres protestants, il était meilleur que sa religion et agissait contrairement à ses principes.

LES PAPES

5 janvier 1883.

Certains journalistes, tant de l'Europe que de l'Amérique, aiment beaucoup à parler des papes. Certes, c'est un beau sujet et qui mérite bien qu'on le traite souvent : On ne saurait trop parler des pontifes romains, pourvu que ce soit avec vérité et discernement. Mais nous craignons que plusieurs écrivains de nos jours n'envisagent cette grave question à un point de vue peu catholique.

Il y a, sans doute, dans les pontifes romains, le côté humain. Les papes sont des hommes, et chaque pape a son caractère propre, ses traits distinctifs, sa manière à lui de penser, de parler et d'agir. Ce n'est certes pas un mal, *per se*, d'étudier ce côté humain de la papauté. Mais il y a dans la papauté un côté surnaturel et surhumain, et il nous semble que, pour des catholiques, c'est ce côté qui devrait être étudié davantage. Au lieu de faire voir en quoi tel pape diffère de tel autre, ne serait-il pas plus conforme à l'esprit catholique, et plus utile au genre humain, de s'étudier à faire ressortir la glorieuse unité des pontifes romains ; de montrer au peuple le Vicaire de Jésus-Christ toujours le même ; toujours enseignant les mêmes immortelles doctrines ; toujours travaillant au triomphe de la même cause, à travers les siècles qui se sont écoulés et les changements qui se sont produits, depuis saint Pierre jusqu'à nos jours ? Nous ne pouvons nous empêcher de croire qu'un tel travail serait plus catholique que les efforts que l'on fait pour vulgariser les différences, réelles ou supposées, qui existent entre les papes en tant qu'hommes.

Cette manie de comparer la conduite d'un pape avec celle de son prédécesseur, non pour montrer l'unité de doctrine, malgré la dissemblance des caractères, mais seulement pour en faire rejaillir des contrastes qui piquent la curiosité, est une manie *libérale*, que partagent tous les esprits maladifs, depuis l'orgueilleux voltairien qui s'occupe de la religion comme d'un simple phénomène social, jusqu'au catholique sincère et croyant, mais qui rêve je ne sais quelle alliance impossible, et monstrueuse fût-elle possible, entre l'Erreur et la Vérité, entre l'esprit du siècle et l'esprit de Jésus-Christ, entre l'amour exagéré et coupable du bien-être matériel et la doctrine austère de l'Evangile.

Ces écrivains croient voir, dans chaque nouveau pape, l'aurore d'une ère nouvelle pour l'Eglise et la société, une ère de " rapprochement," de " conciliation " et de " paix." Pour eux, chaque nouveau pape doit être plus *libéral*, plus coulant que son prédécesseur. C'est ainsi que, lors de l'avènement de Pie IX, de sainte mémoire, les journaux libéraux de toute nuance ont entonné un chant de réjouissance. Ils se plaisaient à proclamer le nouveau pape très *libéral*, très conciliant, et à faire contraster la conduite qu'il allait tenir avec celle qu'avait tenue son prédécesseur qu'on voulait faire passer pour un homme excessivement sévère. Au bout de quelques années, ils ont dû renoncer à leurs illusions et admettre qu'après tout il n'y avait aucune différence essentielle entre Pie IX et Grégoire XVI. Puis, pendant le reste de son règne, le saint Pie IX fut l'objet des sarcasmes et des railleries des libéraux impies, tandis que les libéraux catholiques se contentaient de gémir, plus ou moins en secret, sur ce qu'ils se plaisaient à appeler les *bévues* et les *exagérations* du Pontife qui faisait tort à la religion par ses *violences* et ses *excès* de langage.

Pauvres aveugles ! qui ne peuvent pas se rendre compte, même par l'expérience, de la puissance de cette promesse du Sauveur : " Tu es Pierre, et sur cette Pierre je bâtirai mon Eglise, et les portes de l'enfer ne prévaudront point contre Elle."

Nous disons que l'expérience ne peut pas les convaincre de leur erreur, car depuis l'avènement de Léon XIII, glorieusement régnant, ils ont recommencé les mêmes futiles procédés.

Sous prétexte d'étudier le *caractère humain* de Léon XIII, ils s'efforcent de faire voir que sa conduite diffère entièrement et essentiellement de la conduite de Pie IX.

Ils nous disent ouvertement, ou par insinuations que, tandis que le premier pape repoussait la société moderne, le pape actuel travaille à la rapprocher de l'Eglise ; que tandis que le premier compromettait la religion, le dernier la " sauve." Insensés, qui ne voient pas que Léon XIII, et Pie IX, et Grégoire XVI, et tous les papes, et Jésus-Christ lui-même, n'ont eu qu'une seule et même pensée, qu'un seul et même but suprême : guérir le genre humain en lui appliquant le remède que le Verbe est venu apporter sur la terre.

On nous parle de la " politique de rapprochement avec les cours de l'Europe " que Léon XIII poursuit sans cesse, on nous entretient de sa " politique de prudence," et l'on voudra vous donner habilement à entendre que c'est au moyen des petites finesses de la diplomatie que ce saint pontife gouverne l'Eglise de Jésus-Christ ! Si ces articles de journaux tombent jamais sous les yeux de Léon XIII, ils doivent lui causer un sentiment bien pénible. Car jamais pape ne s'est montré plus ferme que Léon XIII, jamais pape n'a proclamé avec une plus grande vigueur et une plus grande constance les immuables doctrines du Christ Jésus qui seules peuvent sauver les hommes et les sociétés. Les petits moyens qu'on lui prête, non seulement répugnent à son caractère de pape, mais aussi à son caractère purement humain. Car s'il existe une différence entre son caractère et celui de Pie IX—et il en existe une, sans doute—c'est que Pie IX était *naturellement* d'une très grande douceur, tandis que Léon XIII est *naturellement* porté à la sévérité. Mais le Saint-Esprit, qui dirige les papes, qui les transforme, qui les élève au-dessus de la terre et des faiblesses humaines, a donné à Pie IX la grâce de frapper lorsque sa mansuétude *naturelle* l'aurait peut-être fait hésiter trop longtemps : tandis que le même Esprit de Sagesse donne à Léon XIII la grâce de retenir son bras lorsque son énergie *naturelle* le porterait peut-être à sévir trop tôt.

Ne cherchons donc pas ces contrastes souvent tout imaginaires entre les papes, mais appliquons-nous plutôt à admirer la puissance de Dieu qui, malgré les faiblesses humaines, a su imprimer à la papauté cette merveilleuse unité à travers les siècles, unité qui fait la consolation des bons et le désespoir de l'Ennemi du genre humain.

Ce " rapprochement " entre les gouvernements et l'Eglise existe sans doute, jusqu'à un certain point, et que Dieu en soit loué.

Mais ce sont les gouvernements qui, effrayés par les progrès de la Révolution, retournent vers l'Eglise, seule protectrice des peuples ; ce n'est pas l'Eglise qui, par des compromis et des faiblesses, cherche les faveurs du pouvoir civil.

Les nations ont besoin de l'Eglise et de la doctrine de Jésus-Christ, sans lesquelles elles retombent dans l'horrible nuit où était plongé le monde à la venue du Messie. Cette grande vérité commence à luire aux yeux de certains hommes politiques ; ils cherchent, en tâtonnant, la lumière, le salut. Et Léon XIII est là, comme Pie IX, comme Grégoire XVI étaient là, pour leur tendre une main secourable et affermir leurs pas chancelants.

SUR UNE ENCYCLIQUE DE LÉON XIII

27 janvier 1883.

A l'exclusion de beaucoup d'autres matières, nous publions cette semaine l'admirable encyclique que Sa

Sainteté Léon XIII vient d'adresser aux évêques espagnols, en date du 8 décembre 1882.

Ce document, écrit spécialement pour l'Espagne, contient, sans doute, certaines dispositions qui ne s'appliquent pas à notre pays. Mais l'*enseignement* qu'y donne le Saint-Père, sur les principes immuables de l'Eglise, a autant d'intérêt pour nous que pour les Espagnols. C'est pourquoi nous devons lire cette encyclique, non seulement avec un très grand respect, mais aussi avec une très grande attention, afin de nous bien pénétrer de la pensée véritable du Saint-Père.

A côté de chaque doctrine de l'Eglise, le diable a dressé une erreur à laquelle il donne une certaine apparence de vérité afin de mieux séduire les hommes. C'est ainsi qu'à côté de la doctrine catholique, que l'Eglise est au-dessus des choses de ce monde, au-dessus des gouvernements temporels, au-dessus des partis politiques, l'ennemi du genre humain a dressé l'erreur libérale, qui, sous prétexte de ne point confondre l'Eglise avec l'Etat, la religion avec la politique, veut la séparation complète du spirituel et du temporel. Léon XIII condamne formellement cette erreur si commune de nos jours, non seulement en Espagne mais dans le monde entier.

A côté de la doctrine catholique, que l'Eglise et la religion ne peuvent pas se désintéresser du gouvernement des peuples, de la confection des lois, de l'administration de la justice, de la politique en un mot, attendu que la politique ne doit pas détourner l'homme de sa fin dernière mais doit l'aider, au contraire, à y atteindre ; à côté de cette doctrine catholique, le diable a dressé l'erreur gallicane qui ne fait de l'Eglise qu'une appartenance de l'Etat, un simple instrument entre les mains des hommes du pouvoir ou des partis. Léon XIII condamne également cette erreur.

Autrefois, sous les gouvernements absolus, cette erreur gallicane se manifestait surtout par l'asservissement de l'Eglise par l'Etat. Aujourd'hui que nous vivons sous le régime parlementaire, cette erreur se traduit d'une autre manière, bien que le vieux gallicanisme existe aussi. Mais ce que nous voyons plus fréquemment, c'est une tendance, chez un grand nombre d'hommes politiques, à se servir de la religion comme d'un marche-pied pour atteindre leurs fins personnelles, à indentifier l'Eglise avec leurs petites combinaisons humaines, en un mot, à exploiter la religion sous prétexte de la servir. Le Saint-Père condamne cette mauvaise tendance avec une très grande sévérité.

Mais assurément ceux-là ont tort qui veulent trouver dans cette lumineuse encyclique la condamnation des hommes publics qui veulent sincèrement défendre la cause de l'Eglise, soit dans la presse, soit à la tribune parlementaire. Léon XIII, qui signale sans cesse aux rois et aux peuples la religion de Jésus-Christ comme le seul remède qui puisse guérir la société des maux qui l'affligent, ne trouvera jamais qu'on fait de la politique trop catholique ; mais ce qu'il défend, c'est de faire de la religion un instrument entre les mains des partis pour atteindre des fins personnelles et d'un intérêt passager.

Que la politique soit imprégnée de religion, mais que la religion ne soit pas troublée par les misères de la politique.

L'*Electeur*, comme on devait s'y attendre, du reste, fait un très grave abus de la dernière encyclique du Saint-Père. Quand on est partisan aveugle comme l'*Electeur*, on peut abuser de tout, même d'un document pontifical. Ce journal cite quelques passages de cette encyclique et prétend par là justifier les idées échevelées que certains de ses amis professent. Sous le prétexte que son format est trop petit, il ne donne pas *tout* le document, car ses lecteurs auraient trouvé dans les parties qu'il supprime la condamnation de la théorie libérale que la religion n'a rien à voir dans la politique. Le fait est que conservateurs comme libéraux peuvent lire et méditer ce très grave document avec grand profit, car on y trouve la condamnation des deux mauvaises tendances de notre époque, la tendance vers la séparation de l'Eglise et de l'Etat, ou le libéralisme, et la tendance vers l'absorption de l'Eglise par l'Etat, ou le gallicanisme. De même qu'aucun parti ni aucun gouvernement ne peut se séparer de la religion, de même aussi aucun parti ni aucun gouvernement ne doit *se servir* de la religion au lieu de la servir. Voilà ce qu'enseigne le Saint-Père.

L'*Electeur* exprime l'espoir qu'en publiant cette encyclique nous n'en supprimerons pas certaines parties ! Notre confrère peut être convaincu que nous ne suivrons pas son exemple ; nous donnons le document en entier. Comme nous ne cherchons que la vérité, comme nous n'avons à servir que les intérêts de la religion, comme nous ne sommes inféodé à aucun parti, ni à aucune clique, nous n'avons pas peur des encycliques des papes dans leur intégrité. L'*Electeur* peut-il en dire autant ? Son article de lundi n'est pas de nature à le laisser croire.

SUR UN DISCOURS DU TRÔNE

---

27 janvier 1883.

Tel est, en résumé, le discours du trône. On remarque dans cette harangue une lacune regrettable et inexplicable : Il n'y a pas un mot de la Providence, ni pour la remercier de l'abondante récolte et des autres faveurs qu'Elle nous a accordées pendant la dernière année, ni pour la prier de bénir les travaux de la session qui s'ouvre. Cet oubli officiel de Dieu est réellement scandaleux, et inquiétant pour l'avenir. Dans cette province si catholique nous sommes d'un matérialisme révoltant ; nous ne pensons qu'aux richesses de la terre et nous n'avons pas un mot de remerciements pour l'Auteur de toutes choses. N'est-il pas à craindre que Dieu ne se détourne de nous, si, comme peuple, nous nous détournons de lui ? Cet oubli de la Providence dans le discours du trône aurait dû être blâmé par la chambre.

M. TARTE ET LA RELIGION

---

12 mai 1883.

M. Tarte vient de publier dans le *Canadien* et l'*Evénement* un article intitulé : *Désordre dans la Société, anarchie dans l'Eglise*, où nous lisons la phrase suivante :

" Nous y sommes déjà. L'œil exercé voit avec douleur

l'atmosphère se charger tous les jours de nuages que le moindre choc transformera en un formidable ouragan."

Un grand malaise existe dans les esprits, cela est incontestable. Mais quelle en est la cause ? Pourquoi ne pas le dire : C'est que certains hommes et certains journaux ont fait et font encore un abus effrayant des documents qui nous sont venus de Rome depuis quelque temps. Un décret nous arrive touchant la question universitaire. Aussitôt ces pêcheurs en eau trouble y mettent *toutes les questions* politico-religieuses ou purement politiques qui agitent le pays. Il n'est plus possible de traiter une question sociale dans le sens catholique, il n'est plus permis de blâmer les tripotages de nos hommes politiques : aussitôt on est accusé d'être en révolte contre le Saint-Siège !

On voudrait trouver dans les décrets venus de Rome une approbation de toutes les erreurs sociales prônées dans notre pays depuis quelques années et que l'épiscopat canadien a formellement condamnées. On cherche à justifier, en s'appuyant sur ces documents, toutes les entreprises faites contre les droits de l'Eglise, tous les scandales qui ont désolé notre pays depuis des années.

Et ceux qui, animés d'un profond respect pour les enseignements de Rome, repoussent ces interprétations fausses et injurieuses, qui refusent de voir dans les décrets ce qui n'y est pas, qui n'admettent pas que ces documents blâment ce que l'épiscopat a approuvé et approuvent ce que l'épiscopat a blâmé, qui travaillent, en un mot, à empêcher une coterie bruyante de ruiner l'autorité du Saint-Siège en la compromettant, ceux-là, les vrais catholiques, se voient traités de *révoltés* par M. J.-Israël Tarte et consorts ! On le conçoit, il y a du malaise dans le pays, mais cette situation anormale ne saurait durer longtemps.

En terminant, nous mettons M. Tarte au défi de citer un seul mot de l'*Etendard*, du *Journal des Trois-Rivières* ou de la *Vérité* qui justifie ses accusations calomnieuses portées dans le *Canadien* et l'*Evénement* du 7 mai.

Sur quoi, par exemple, se base-t-il pour écrire ce qui suit :

" La révolte contre l'Autorité Suprême se prépare avec la " prudence " qu'inspire le danger de s'exposer aux foudres de l'Eglise, mais elle s'organise au grand jour, sous les regards de la population désolée de voir surgir encore des querelles, encore des misères, encore des conflits, encore des dissentions, encore des scandales."

Il sait que c'est là un infâme mensonge proféré dans un but inavouable mais que nous connaissons bien.

ZÈLE ET FANATISME

---

16 juin 1883.

C'est de bon ton, dans un certain monde, de traiter de fanatiques tous ceux qui proclament, avec tant soit peu d'énergie, les principes immuables de la vérité chrétienne. Fanatiques, ceux qui combattent les erreurs modernes, le libéralisme, le gallicanisme ; fanatiques, ceux qui défendent les droits de l'Eglise et des pères de famille en matière d'éducation contre les envahissements de l'Etat ; fanatiques, ceux qui dénoncent l'œuvre de la franc-maçonnerie ; fanatiques, tous ceux qui ne veulent ni s'endormir ni endormir les autres.

Pour répondre à tous ces ennemis du véritable zèle, qu'on veut rendre odieux en l'appelant fanatisme, nous allons citer une belle page de Mgr Frayssinous. Nous le trouvons dans son livre intitulé : *Défense du Christianisme*, tome premier, page 16.

" Nous n'ignorons pas, dit l'évêque d'Hermopolis, que dans un siècle d'indifférence, le zèle pour la religion s'est appelé fanatisme ; mais ce n'est qu'un déplorable abus de langage, qu'une dénomination aussi injuste qu'odieuse. Messieurs, si nous ne connaissons d'autres armes que celles du raisonnement et de la persuation, si nous nous abstenons de personnalités offensantes, si nous ne mettons dans nos paroles que la force commandée par les choses, où est alors la haine, où est le zèle violent et emporté, où est le fanatisme ?

" Eh quoi ! si je m'élevais même avec véhémence contre le vol, contre l'homicide, contre le parjure, contre la calomnie, mon zèle paraît raisonnable ; et si je combats avec quelque force des erreurs funestes, mon zèle ne serait plus que du fanatisme ! Quelle inconséquence ! Certes, les mauvaises doctrines sont bien autrement redoutables que les mauvaises actions ; l'exemple peut bien entraîner au vice, mais il ne le justifie pas ; il donne plus d'audace, mais sans étouffer le remords ; pour les mauvais principes, ils tendent à légitimer, à sanctionner le crime, à rendre les hommes méchants par système, à donner au vice le calme de la vertu... Si l'on va jusqu'à corrompre la raison elle-même, si l'on obscurcit les lumières de l'entendement, si l'on confond toutes les notions du juste et de l'injuste, et si, en même temps, par le silence des gens de bien, ce dérèglement de pensées, cette altération de toute vérité s'étend à toutes les classes de la société, on n'aura pour résultat de cette indifférence impie, qu'un effroyable désordre : une génération aura semé tranquillement le mensonge, une autre génération en recueillera des crimes et des désastres ; et du levain des erreurs funestes, qui aura quelque temps fermenté, on verra sortir le double monstre de l'athéisme et de l'anarchie, et c'est alors qu'on sentira que le zèle contre les erreurs était sagesse et non pas fanatisme."

Qu'on médite ces paroles d'un homme que nos pourfendeurs de *fanatiques* ne pourront pas accuser d'avoir été lui-même un exagéré.

" PLUS CATHOLIQUE QUE LE PAPE "

30 juin 1883.

Décidément, la *Minerve* a hérité de cet insignifiant cliché déjà usé par la presse libérale.

Plus catholique que le Pape ! La vieille païenne applique cette stupide ritournelle à tous ceux qui sont un peu plus catholiques qu'elle, et le nombre en est grand, même dans ce siècle de matérialisme.

Car, sachez-le bien, on peut être beaucoup plus catholique que la *Minerve* sans être, pour cela, docteur en droit canon.

La déesse ne se contente pas de traiter de " plus catholiques que le pape " tous les Canadiens qui ne partagent pas ses idées gallicanes, mais elle pousse la cynisme jusqu'à lancer cette injure à la tête des catholiques d'Europe qui luttent corps à corps avec la Révolution sous ses deux formes essentielles : l'anarchie et le césarisme.

On connaît les prodiges de valeur qu'ont accomplis les catholiques allemands sur le terrain de la politique, sous la direction intelligente et désintéressée de leur digne chef, Herr Windhorst.

Les vrais catholiques du monde entier avaient appris à admirer le courage, l'habileté, le jugement de cet homme remarquable qui a su grouper les catholiques d'Allemagne sur le terrain parlementaire. Par son énergie indomptable il a tenu Bismarck en échec, lui a infligé plus d'une défaite, et l'a forcé, si non à respecter l'Eglise, au moins à compter avec elle.

Si aujourd'hui le chancelier de fer semble à la veille de renoncer à sa politique d'oppression pour entrer dans une voie plus pacifique, on peut dire que c'est dû, en grande partie, à la lutte courageuse et persévérante des catholiques conduits par Herr Windhorst depuis des années.

Si Windhorst n'avait pas organisé la résistance, qui ne comprend que la position de l'Eglise en Allemagne serait infiniment plus déplorable qu'elle ne l'est à l'heure qu'il est.

Croit-on sérieusement que Bismarck eût jamais fait mine de capituler s'il n'avait rencontré, dans le groupe parlementaire du Centre catholique, un obstacle à ses projets de persécution ?

Eh bien ! ce sont ces admirables catholiques d'Allemagne que la *Minerve*, dans son cynisme incroyable, appelle " plus catholiques que le pape," eux les plus fermes appuis de la souveraineté spirituelle du Saint-Père, eux les intrépides et invincibles défenseurs des droits de l'Eglise ! C'est à n'y pas croire si l'on ne connaissait pas de vieille date l'ignorance et la mauvaise foi de cette feuille qui a la prétention d'être le principal organe des Canadiens-français.

Dans son numéro du 13 juin, la *Minerve*, parlant des négociations entamées entre le Vatican et le gouvernement de Berlin, osait dire ce qui suit :

" Depuis des mois que des négociations ont été entamées à ce sujet (les lois Falk) les difficultés n'ont pas manqué de surgir de tous côtés ; les questions politiques, à une certaine époque, ont failli amener une rupture définitive. Il existe, en Allemagne, de même que dans beaucoup d'autres pays, des partis qui veulent être plus catholiques que le pape et qui appuyaient leurs chances de succès sur le maintien et la continuation de ces luttes religieuses.

" Elles sont terminées, leur espoir s'évanouit.

" C'est de là que sont venus le plus d'obstacles ; l'envoyé spécial Schlœzer a même, une fois ou deux, été rappelé à la suite d'incidents parlementaires où le parti Windhorst avait réussi à compromettre le gouvernement."

Il est difficile de rien imaginer de plus lâche et de plus faux que ces lignes.

La *Minerve* donne clairement à entendre que le parti Windhorst travaillait à fomenter des difficultés religieuses pour des motifs inavouables, soit pour le simple plaisir de faire du bruit, soit pour des raisons plus sordides encore.

Or, si jamais des catholiques ont lutté avec un désintéressement absolu, par pur amour de l'Eglise, et sans autre intention que celle de sauvegarder, au prix des plus grands sacrifices, les droits sacrés de la religion de Jésus-Christ, ce sont ces mêmes catholiques allemands que la *Minerve* traite avec ce dédain tout païen et ce manque complet de charité chrétienne.

Mais la *Patrie* de maître Beaugrand, malgré son dévergondage pour ainsi dire sans limites, n'aurait jamais osé proférer de telles paroles ! Elle a du moins assez d'intelligence, sinon de respect pour les choses saintes, pour savoir qu'il y a des causes sacrées qu'il est dangereux de persifler en ce pays. Sous prétexte de défendre la République, elle a houspillé les catholiques de France, il est vrai : mais elle avait compris que, pour attaquer les catholiques allemands, elle n'avait pas même un prétexte.

Il était réservé à la *Minerve* de prendre fait et cause

pour Bismarck contre Herr Windhorst et ses compagnons d'armes !

Pour faire comprendre à la *Minerve* jusqu'à quel point elle s'est fourvoyée, nous reproduisons ici une dépêche du câble, en date du 23 juin. Quoique les nouvelles provenant de cette source soient très souvent controuvées, on peut cependant se fier à celle-ci, car le câble transatlantique, étant sous le contrôle de la juiverie et de la franc-maçonnerie, ne nous aurait pas transmis une *invention* favorable à Herr Windhorst.

Voici cette dépêche :

" Berlin, 23 juin. Le parti du centre a reçu du Vatican une communication approuvant la position que ce parti a prise pendant le débat sur le bill ecclésiastique, à la chambre basse."

Après cela, il nous sera permis de demander à la *Minerve* si elle ne croit pas que le parti Windhorst est tout simplement catholique avec le pape, et qu'elle-même, en cette circonstance, comme en bien d'autres, s'est montrée ce qu'elle est : pas catholique du tout?

On peut juger par cette incartade impardonnable de la *Minerve* du cas qu'il faut faire de ses opinions sur les questions religieuses dans notre propre pays.

LA SAINT-JEAN-BAPTISTE

7 juillet 1883.

Notre fête nationale a été chômée cette année dans toutes les parties de la province de Québec, et partout aussi aux Etats-Unis et dans la province d'Ontario où se trouvent des groupes un peu considérables de Canadiens-français.

Il est consolant de voir l'attachement de nos compatriotes à cette fête de saint Jean-Baptiste, fête à la fois religieuse et patriotique. Puisse notre peuple toujours comprendre que l'amour de l'Eglise est intimement lié à l'amour de la patrie, et que les nations, comme les individus, dépendent du Père céleste et de son Fils unique, Notre-Seigneur Jésus-Christ.

Certes, il est beau le spectacle que nous offre chaque année la célébration de la fête du 24 juin : Un peuple entier qui s'agenouille dans les temples du vrai Dieu pour Lui rendre hommage, pour Le remercier et pour Lui demander grâce, protection, secours.

Mais n'allons pas nous enorgueillir, car l'orgueil tue fatalement. Il y a peut-être chez nous, en ce jour de fête, une tendance qui rappelle un peu la prière du Pharisien. Ne sommes-nous pas un peu portés à remercier Dieu de ce que nous ne sommes pas comme les autres peuples de la terre?

Sans doute, Dieu, dans Sa miséricorde infinie, nous a jusqu'ici empêché de tomber dans l'abîme au fond duquel gisent tant de peuples; mais n'oublions pas que c'est uniquement par Sa grâce, et non à cause de nos propres mérites, que nous avons encore le bonheur de Le connaître et de L'aimer.

N'oublions pas que si nous abusons des grâces du ciel, nous tomberons infailliblement, nous aussi; et que notre chute serait d'autant plus profonde que notre abus de la grâce aurait été plus éclatant.

Il y a chez nous bien des misères, bien de funestes tendances, bien de fausses doctrines, bien des idées perverses. Nous avons en germe toutes les maladies sociales qui désolent l'Europe. Malheur à nous si nous nous endormons dans une sécurité trompeuse. Notre réveil sera terrible. Nous avons besoin de lutter sans trève ni merci contre les envahissements du mal qui nous menace, car ce serait une véritable folie de croire que de tous les pays du monde la province de Québec seule échapperait aux assauts de Satan. Tout en remerciant Dieu des grâces qu'il nous a accordées dans le passé, demandons Lui humblement de détourner de nous les fléaux de Sa colère.

ÉDUCATION

UN BOUT DE PROGRAMME

19 août 1882.

Les feuilles ministérielles n'ont pas donné *tout* le programme du nouveau cabinet provincial (cabinet Mousseau). Nous sommes en mesure de le compléter.

Parlant devant les électeurs de Sainte-Marie de la Beauce, M. Blanchet, le nouveau secrétaire provincial, a fait connaître son petit bout de programme à lui. C'est cent fois plus important que toutes les économies, toute la prudence, tout le zèle que le premier ministre nous promet.

M. Blanchet a parlé de l'éducation. De nos jours, quand un ministre de l'Etat touche à cette question, les catholiques doivent être sur le qui-vive. Car le vent est à la laïcisation, ici comme ailleurs. Nous en avons eu une preuve pendant la dernière session.

M. Blanchet a dit à ses électeurs qu'il s'intéresse grandement à l'éducation du peuple, que l'instruction publique relève de son département, et qu'il a l'intention de réformer notre système d'enseignement qui n'est pas à la hauteur des besoins du peuple.

Disons-le carrément, il n'y a rien de rassurant dans les observations de M. Blanchet, étant connus les idées, l'entourage et les antécédents de l'honorable ministre. Sans doute, on peut parler de réformes dans l'enseignement sans méditer nécessairement des entreprises dangereuses. Mais pour juger de la portée des paroles de M. Blanchet, il faut tenir compte des tendances de l'époque, des idées fausses en matière d'éducation dont le plus grand nombre de nos hommes publics sont imbus. Il est notoire que l'on cherche partout à restreindre les droits des pères de famille et de l'Eglise, et à ériger l'Etat en Maître d'école unique, universel et omnipotent.

La Franc-Maçonnerie qui travaille au Canada, n'en doutons pas, à s'emparer de l'éducation de la jeunesse, comme elle s'en est emparée en France et en Belgique, encourage parmi nous la propagation de notions radicalement mauvaises en matière d'éducation. Aujourd'hui, grâce à cette propagande habile et funeste, un grand nombre de braves gens s'imaginent que l'éducation de la jeunesse est exclusivement du domaine de l'Etat; que l'Etat a le droit d'enseigner au même point qu'il a le droit de construire des voies ferrées et d'ouvrir des chemins de colonisation; pour eux, c'est une question de simple administration dans laquelle l'Eglise n'a rien à voir. Or, toutes ces notions, bien qu'elles soient très répandues parmi nos hommes publics soi-disant instruits, sont dangereuses au suprême degré et causeront, tôt ou tard, si on ne les combat vigoureusement, la ruine de notre pays.

Il est donc permis de jeter un cri d'alarme lorsqu'on entend un politicien de nos jours parler de *réformes* à faire dans notre système d'éducation. Car, sans témérité, on peut supposer qu'il ne fait pas exception à la règle, et qu'il veut agrandir encore les pouvoirs de l'Etat au détriment des droits de l'autorité paternelle et de l'autorité religieuse.

Du reste, une phrase de la *Concorde*, dont les tendances

radicales sont connues, jette une vive lumière sur la question. Voici ce que dit à ce sujet le journal trifluvien :

" Il est une autre réforme que nous avons droit de demander à M. Mousseau ! c'est celle de notre système scolaire. Il y a quelques années, le premier ministre a publié dans l'*Opinion Publique* une série d'articles critiquant notre système d'enseignement et insistant pour qu'il fût modifié de manière à le rendre plus pratique et plus en harmonie avec les besoins de nos jeunes gens. Ce que M. Mousseau recommandait alors à M. Chauveau, il peut le faire aujourd'hui, puisqu'il a le pouvoir en mains, et s'il est logique, nous avons lieu d'espérer de sa part des changements radicaux dans toute notre organisation scolaire."

En voilà assez, croyons-nous, pour mettre les catholiques de cette province sur leurs gardes. L'énergie dont plusieurs ont fait preuve, le printemps dernier, lorsqu'il s'est agit d'étouffer le fameux petit bill à la Ferry [1], nous fait espérer que la tentative louche que pourrait faire le ministère échouera en face de l'opposition qu'elle devra nécessairement soulever.

---

2 septembre 1882.

Notre estimable confrère du *Journal de Waterloo*, parlant de notre article à propos de M. Jean Blanchet et de l'éducation, trouve que nous nous alarmons un peu facilement, et que nous devrions donner à nos hommes publics le temps de s'expliquer avant de les condamner. Il nous fait plaisir de discuter avec le *Journal de Waterloo*, car tout en différant d'opinion avec nous, sur certaines questions, il sait nous traiter poliment.

1—Voir le premier volume des *Mélanges*, page 85.

D'abord, nous ferons remarquer à notre confrère que nous avons déclaré dans notre article qu'on peut certainement parler de réformes à faire dans l'éducation sans méditer en aucune façon des entreprises dangereuses. Mais pour bien saisir la portée des paroles d'un homme public il faut tenir compte des circonstances et des idées qui sont généralement admises parmi les politiciens. Or, notre confrère devra admettre qu'un courant très prononcé vers la laïcisation existe dans notre pays chez un très grand nombre de personnes. A quelques honorables exceptions près, les hommes publics de nos jours sont imbus de la funeste doctrine de l'omnipotence de l'Etat en matière d'éducation. Rien au monde ne nous justifie de croire que M. Jean Blanchet se trouve parmi ces très rares exceptions. Il n'a pas protesté contre le fameux bill de M. Chapleau qui a été si heureusement étouffé au Conseil.

Du reste, notre confrère le reconnaîtra sans difficulté, nous sommes plus en mesure que lui de savoir de quel bois se chauffe le nouveau secrétaire provincial ; il peut être certain que nous n'avons pas écrit l'article dont il s'agit à la légère et sans avoir pesé chacune de nos paroles.

Nous ne croyons nullement avoir jeté un cri d'alarme inutile ; le danger existe quoi qu'en pensent les optimistes ; on a déjà fait des efforts perfides pour porter atteinte aux droits de l'Eglise et des pères de famille en matière d'éducation ; on a déjà foulé aux pieds les droits du Conseil de l'instruction publique en destituant un inspecteur d'écoles contrairement à la loi, et c'est le devoir de tout journaliste catholique d'être sur le qui-vive. Méfions-nous des endormis et des endormeurs. N'attendons pas que le cheval soit volé pour fermer à clé la porte de l'écurie.

UNE DÉCORATION SUSPECTE

16 septembre 1882.

Le *Journal de Québec*, de mardi, publie un décret du gouvernement français, signé "Jules Ferry," nommant M. le Dr Giard officier d'académie. C'est navrant, et le *Journal* annonce cette nouvelle "avec plaisir." Faut-il que le sentiment catholique soit terriblement émoussé dans notre pays, parmi les gens d'une certaine école ! Comment des catholiques qui réfléchissent un peu peuvent-ils solliciter, ou même accepter des honneurs de la part des ennemis les plus acharnés de l'Eglise ?

On le sait, M. Giard a rempli, pendant 34 ans, la charge de secrétaire du département de l'Instruction publique de la province de Québec, et c'est en cette qualité que Jules Ferry le nomme officier d'académie. Est-ce que cette nomination n'est pas de nature à donner raison à ceux qui affirment que plusieurs des fonctionnaires de ce bureau sont en relations suivies avec les Jules Ferry et les Paul Bert, et que le dernier bill sur l'éducation a été inspiré par les Francs-Maçons de France [1] ?

1—A la date du 15 septembre 1882, *le Courrier du Canada* publiait le *Communiqué* suivant :

"Nous voyons avec regret que le notoire Jules Ferry, le persécuteur de l'Eglise, le chef des crocheteurs, se mêle de distribuer des décorations parmi les Canadiens-français. Espérons que les véritables catholiques qui seront l'objet de ces compromettantes faveurs, les refuseront et sauront lui faire comprendre que l'on n'insulte pas notre Mère sans nous indigner et nous contrister profondément."

Le *Journal des Trois-Rivières* parlait dans le même sens. Par contre, la *Minerve*, la *Tribune*, le *Monde*, la *Patrie*, à Montréal, le *Journal de Québec*, l'*Evénement*, l'*Electeur*, à Québec, trouvaient cette décoration tout à fait acceptable, et nullement suspecte. Il y eut, contre le seul directeur de la *Vérité*, un tolle général. M. N. Levasseur déclara, dans l'*Evénement*, que M. "Tardivel avait une chambre réservée d'avance dans l'asile d'aliénés de Beauport."

23 septembre 1882.

L'honorable M. Gédéon Ouimet n'est pas de bonne humeur. Il a " supprimé " la *Vérité* et a défendu à son " messager " de permettre à notre journal de pénétrer dans ce lieu aussi redoutable que mystérieux qu'on appelle " le département de l'Instruction publique ! " Nous le regrettons beaucoup, non pour nous-mêmes, mais pour le susdit département qui a terriblement besoin de lumière.

La cause de la colère de M. le surintendant, c'est notre article sur les décorations insultantes que le F.·. M.·. Jules Ferry se permet d'envoyer au Canada. Qu'on le sache, M. Gédéon Ouimet a renvoyé notre journal parce que nous avons protesté contre ces " honneurs " compromettants.

Cette petite colère enfantine est très amusante. On dit que la vérité choque. Nous avons parlé de fonctionnaires du département de M. Ouimet, qui, d'après le bruit public, seraient en relations suivies avec les Jules Ferry et les Paul Bert. M. Ouimet répond en " supprimant " notre journal ! Si M. le surintendant s'imagine que l'opinion ne verra pas dans cette conduite une nouvelle preuve à l'appui de ce que tout le monde dit, il se trompe.

M. Ouimet croit peut-être nous faire une grosse peine en " supprimant " notre journal......dans son département. C'est une perte de $1.50 par année, ni plus ni moins. Mais nous espérons y survivre, comme nous avons déjà survécu à des coups de foudres semblables lancés par d'autres petits grands hommes.

UN OBJET DE PITIÉ

23 septembre 1882.

Le frotteur de bottes de tous les ministres, le valet banal de tous les gouvernements, l'homme à la plume vénale—quoique de fer—, le rédacteur du *Journal de Québec*, puisqu'il faut le nommer, trouve que nous sommes " un objet de pitié." Soit. Mais alors qu'êtes-vous donc, vous, monsieur Bouchard ?

Allons, maintenant, au fond de la question.

Le *Journal de Québec* affirme que c'est faire preuve d'une " bigoterie burlesque " que de protester contre les " honneurs " compromettants que Jules Ferry distribue parmi nous. Comme l'opinion du confrère en pareille matière ne vaut rien, nous aurions laissé passer sans réponse son article, s'il n'y avait mêlé le nom du Saint-Père et celui de Mgr Czacki. Ses sophismes, quoique fort grossiers, étant de nature à induire en erreur quelques personnes de bonne foi mais peu réfléchies, nous allons les réfuter en peu de mots.

Il y a quelque temps, le président de la République française a remis à Mgr Czacki, nonce du Saint-Père, la grand'croix de la Légion d'honneur. Nous n'ignorions pas ce fait ; nous y pensions même en écrivant notre article de protestation.

Le *Journal de Québec* croit frapper un grand coup en rappelant cet incident ; il cite des extraits du *Gaulois*, et la réponse du *Monde*, de Paris, et prétend que " cette réponse peut servir à la *Vérité*."

Or, il n'y a aucune parité entre le cas de Mgr Czacki et celui de M. le Dr Giard, et tout homme de bonne foi peut le comprendre en réfléchissant un instant. Le Pape est *obligé* d'avoir des rapports officiels avec le gouvernement français ; c'est une pénible nécessité, sur laquelle le Saint-Père doit gémir, n'en doutons pas ; mais le salut des âmes en France exige ce sacrifice. Si le Pape rompait toutes relations diplomatiques avec le gouvernement français, il est certain que la haine sectaire se déchaînerait contre l'Eglise ; les temples seraient brûlés, les prêtres chassés et massacrés, les catholiques exposés à mourir sans les sacrements. Le Pape, pour éloigner de son troupeau un tel malheur, temporise autant qu'il le peut ; il *subit* ce qu'il ne peut empêcher. Mais soyons certains que quand viendra le moment de prononcer le *non possumus* apostolique, il le dira avec la même fermeté que ses prédécesseurs.

En attendant ce moment redoutable pour les catholiques de France, le Saint-Père ordonne à son représentant de rester à Paris et de continuer les relations diplomatiques avec le gouvernement français. Voilà ce qui explique parfaitement l'acceptation par Mgr Czacki de la grand'croix de la Légion d'honneur. Sans doute, comme dit le *Monde*, " il s'est préoccupé de suivre et d'interpréter fidèlement les instructions du Souverain Pontife, son seul maître et son seul juge."

Et c'est à la suite de cette citation que le *Journal de Québec* s'écrie : " Cet exemple et cette réponse doivent suffirent pour démontrer que nous ne qualifions pas trop sévèrement le rédacteur de la *Vérité*."

Est-ce que, par hasard, M. le Dr Giard et les fonctionnaires du département de l'Instruction publique de la province de Québec ont reçu du Souverain Pontife des instructions qu'ils " se préoccupent de suivre et d'interpréter fidèlement ? " Sont-ils, de près ou de loin, les représentants du Saint-Siège? Leur refus de recevoir des honneurs du gouvernement français pourrait-il entraîner une brûlade générale des églises du Canada et un massacre de nos prêtres? Il suffit de poser ces questions pour que chacun y réponde par un *non* nettement formulé! Cependant, pour qu'il y eût parité entre les deux cas, il faudrait pouvoir répondre *oui* à toutes ces questions.

Non seulement M. le Dr Giard et les fonctionnaires du département de l'Instruction publique n'ont reçu aucune instruction du Souverain Pontife à ce sujet; non seulement ils ne représentent point le Saint-Siège à un degré quelconque; non seulement leur refus de se laisser décorer par le franc-maçon Jules Ferry ne serait suivi d'aucune conséquence fâcheuse; mais ils n'ont aucune affaire diplomatique ou officielle avec le gouvernement français. Et si, comme on l'affirme, et comme tout porte à le croire, ils ont des relations avec les crocheteurs de France, avec les francs-maçons et les athées qui déshonorent notre ancienne mère patrie, ce sont des relations d'amitié, c'est-à-dire des relations souverainement condamnables.

Le *Journal* parle aussi des Canadiens qui ont accepté des titres du gouvernement d'Angleterre. Mais encore ici quelle parité y a-t-il entre ces deux cas? Nos hommes d'Etat sont nécessairement en relations avec le gouvernement anglais puisque nous sommes une colonie anglaise. Mais quel genre de relations, autre que les relations d'une amitié criminelle, peut avoir le département de l'Instruction publique de Québec avec les Jules Ferry et les Paul Bert?

Du reste, nous faisons une grande différence entre un gouvernement protestant, qui reconnaît au moins l'existence de Dieu, et un gouvernement athée qui fait la guerre à Dieu et qui veut le chasser de l'enseignement.

Et c'est précisément sur le terrain de l'enseignement,

où il fait la besogne du diable, que le gouvernement maçonnique de France va chercher des Canadiens pour les décorer.

Pour notre part, nous protestons, et en le faisant, nous nous sentons appuyé par tous les vrais catholiques.

A PROPOS D'EXTRÉMISTES

7 octobre 1882.

En prenant fait et cause pour les partisans des " honneurs " à la Jules Ferry, la *Minerve* s'est servie du mot *extrémistes* à l'adresse de ceux qui ne veulent pas que les catholiques du Canada acceptent les gages d'amitié des hommes de la Révolution. Elle termine son article par le vieux refrain libéral, usé jusqu'à la corde : " Il ne faut pas ambitionner d'être plus catholique que le pape et les évêques." S'il y a une phrase dont on fait un abus ridicule et coupable dans notre pays, c'est bien celle-là : elle sert à couvrir une multitude de vices ; apathie, paresse, respect humain, amour-propre, égoïsme, tiédeur, lâcheté, incrédulité.

" Plus catholique que le pape " ne signifie rien du tout ; ou plutôt cela frise le blasphème, car cela laisse supposer qu'il est possible que le pape n'enseigne pas toute la doctrine catholique. Or, ce serait là nier l'infaillibilité du Vicaire de Jésus-Christ.

Lorsqu'il s'agit de dogme et de morale, il est absolument impossible d'être *plus ou moins catholique que le pape*. On est catholique *avec* le pape, ou bien on n'est pas catholique du tout. Ceux qui n'acceptent pas *tout* l'enseignement du pape, sont des hérétiques ; ceux qui enseignent des doctrines que le pape n'enseigne pas ou condamne sont également en dehors du giron de l'Eglise.

Voilà pour l'enseignement, voilà pour le dogme, voilà pour les immuables doctrines de l'Eglise qui ne changent ni avec les pays ni avec les siècles.

Reste l'application des doctrines de l'Eglise. Ici, il est facile d'être *moins* catholique que le pape, mais assez difficile d'être *plus* catholique que lui, attendu que le Saint-Père, chef visible de l'Eglise, doit nécessairement désirer que ces doctrines aient *toute* leur application, que l'Eglise vive de sa vie propre, que tous ses droits, toutes ses libertés soient respectés. Cependant, il arrive, à cause de la malice des hommes, que l'Eglise ne peut pas, *de fait*, jouir de toutes ses libertés, ni exercer tous ses droits, ni voir appliquer tous les principes qu'elle enseigne. Mais dans cette situation anormale, ce n'est certainement pas se montrer " plus catholique que le pape" que de travailler à modifier la société de manière à rendre possible la pleine liberté de l'Eglise. Car c'est là ce que le pape doit vouloir toujours. Ne pas le vouloir et ne pas travailler avec ardeur à atteindre ce but, c'est se montrer *moins* catholique que le pape. Et c'est là malheureusement ce qu'un grand nombre de catholiques font, oubliant trop facilement que la situation de l'Eglise n'est pas la même dans tous les temps et dans tous les pays.

Ainsi, pendant trois siècles, l'Eglise a habité souvent les catacombes : les papes acceptaient cette situation. Mais quel est l'homme sensé qui prétendrait aujourd'hui que ce serait se montrer " plus catholique que le pape " que de ne pas vouloir que l'Eglise retourne aux catacombes ? Si un gouvernement voulait reprendre le rôle des persécuteurs romains, faudrait-il le laisser faire, sous prétexte que les premiers papes ont subi la tyrannie des Néron et des

Dioclétien? On oserait à peine, même aux bureaux de la *Minerve*, soutenir une pareille doctrine, mais elle ne serait pas plus absurde que la doctrine que cette feuille veut appliquer à cette affaire de décoration. En effet, la *Minerve* —ainsi qu'un grand nombre d'autres feuilles tant conservatrices que libérales—ne veut pas admettre la disparité entre le cas de Mgr Czacki et celui de M. Giard ; elle nie donc implicitement le principe qu'en certains cas on permet ou tolère un mal pour en éviter un plus grand.

Or c'est là une doctrine *extrême* au suprême degré, et si on l'appliquait rigoureusement on arriverait à conclure que l'on pourrait et que l'on devrait, ici au Canada, permettre au gouvernement, s'il lui prenait la fantaisie de le faire, de supprimer les ordres religieux, puisque le pape a laissé faire cette suppression en France, sans même protester !! Voilà où nous conduit la doctrine absurde de la *Minerve* et d'autres journaux, que les catholiques doivent faire ou laisser faire tout ce que les papes sont obligés de *tolérer* ou de *subir* pour éviter de plus grands maux. Il nous semble que ceux qui raisonnent de la sorte sont de véritables *extrémistes* qui ne savent tenir compte ni des lieux ni des circonstances ; qui, tout en proclamant la province de Québec un pays essentiellement catholique, veulent que l'Eglise soit reléguée ici aux catacombes *légales* où elle gémit en France, en Italie, en Belgique et en Prusse.

A ce propos, il y a un autre reproche très grave à faire aux gens d'une certaine école.

S'agit-il d'une œuvre *catholique*, est-il question, par exemple, d'enrayer le mouvement maçonnique dans l'éducation et la politique, ou de restituer les biens de l'Eglise ; aussitôt on entend une foule de gens, qui prétendent diriger l'opinion, s'écrier : " Oh ! vous voulez donc une révolution au Canada !" On demande encore pour l'Eglise la liberté qui lui est garantie par les traités et les lois ; la même clameur s'élève : " On veut précipiter le pays dans l'abîme de la révolution ! " Qui sont les *extrémistes* ici au Canada ? Sont-ce ceux qui croient le peuple encore assez intelligent et assez bon pour comprendre la nécessité de se conduire comme un peuple catholique doit se conduire ? Les véritables extrémistes ne sont-ils pas plutôt ceux qui voudraient faire croire que nous avons affaire à des populations impies, et que si l'on insistait pour faire respecter la justice et les droits de l'Eglise il y aurait une révolution dans le pays ?

Nous croyons qu'en réfléchissant un peu, on se convaincra facilement que les premiers sont de vrais *modérés* et des gens raisonnables ; tandis que les autres sont des *extrémistes*, des exagérés, des exaltés, et, de plus, des ennemis de leur pays.

LÉON XIII ET L'ENSEIGNEMENT ATHÉE

30 septembre 1882.

Le Saint-Père, dans une lettre adressée à Son. Em. le cardinal Guibert, archevêque de Paris, vient de flétrir en termes très sévères la récente loi scolaire votée par les chambres françaises. Voici la lettre de Sa Sainteté :

LÉON XIII, PAPE

A Notre très cher Fils Joseph-Hippolyte, card. Guibert, archevêque de Paris, salut et bénédiction apostolique.

Nous avons appris avec joie, Notre très cher Fils, qu'on avait partout applaudi au choix que Nous avions fait de votre personne pour nous représenter comme Légat aux fêtes célébrées à Reims pour la restauration du culte du B. Urbain II. Nous avons même reçu à ce sujet de particulières actions de grâces.

Nous pouvions du reste Nous y attendre, sachant quel digne interprète avaient trouvé en vous la sagesse, la liberté et la fermeté épiscopales, pour protester contre les lois impies qui exilent Dieu de l'école et pour tracer aux instituteurs catholiques une règle de conduite pleine de prudence en vue des instructions néfastes qu'ils sont exposés à recevoir ; à ce point que vous n'avez pas vu un seul évêque de France se séparer de votre sentiment, ou même légèrement s'en écarter. Tout au contraire, d'unanimes témoignages d'approbation ont accueilli vos paroles; les lettres de tous vos collègues les ont éloquemment confirmées, et leurs félicitations vous sont arrivées de toutes parts.

Ces manifestations ont eu pour effet de rendre plus étroite encore l'union de l'épiscopat français contre les desseins perfides de l'impiété, et d'enflammer d'un nouveau courage ces laïques éminents et ces pères de famille si nombreux qu'indignent ces entreprises criminelles. On les a vus alors prêts à tout affronter, travaux, sollicitudes, sacrifices et périls mêmes, pour épargner à l'enfance et à la jeunesse un malheur qui serait également la ruine de la religion, de la patrie, de la famille et de la société.

Cet admirable concert des pasteurs et du peuple chrétien, dans une affaire de cette gravité, a eu un double résultat : en même temps qu'il mettait en lumière le tempérament à la fois religieux et magnanime de la nation française, il ajoutait encore à la gloire de cette nation cet éclat particulier qu'apportent aux grandes œuvres la difficulté de l'entreprise, la sagesse du conseil et le courage de l'exécution. C'est ainsi que la divine Providence sait tirer la lumière des ténèbres.

Nous ne sommes donc pas surpris de voir que la mission dont Nous vous avons investi a comblé de joie, non seulement le vénérable archevêque de Reims, mais tous les évêques et prélats et tout le peuple fidèle accourus à ces solennités. Nous comprenons l'empressement de tous à recevoir de vos mains Notre bénédiction apostolique et à multiplier sous vos yeux les témoignages de leur dévouement envers Nous, sachant bien que nul ne vous dépasse en attachement au Saint-Siège.

Fasse le Seigneur que ces belles et religieuses protestations tournent au plus grand bien de la France et apaisent la colère divine, provoquée par tant d'excès ! C'est là ce que, de Nos vœux les plus ardents, Nous souhaitons à votre nation. Quant à vous, Notre cher Fils, c'est avec tendresse et du fond de Notre cœur que Nous vous accordons, ainsi qu'à votre diocèse, la bénédiction apostolique, gage des divines faveurs et de Notre particulière affection envers vous.

Donné à Rome, près Saint-Pierre, le 14 août 1882, l'an cinquième de Notre pontificat.

LÉON XIII, Pape.

LES DÉLÉGUÉES DU GOUVERNEMENT FRANÇAIS

23 septembre 1882.

Nous lisons dans le *Monde*, de Montréal, en date du 18 septembre :

" Parmi les personnes arrivées à l'Hôtel Richelieu nous remarquons mademoiselle Loisillon, Inspectrice générale des Ecoles Maternelles et des Ecoles de Filles en France, accompagnée de Mademoiselle Couturier, directrice des Ecoles municipales du Hâvre. Ces dames sont venues en Canada en vertu d'une mission du gouvernement français afin d'étudier le système d'éducation du Canada.

" Ces dames se proposent de visiter les principales institutions de notre ville. Nous espérons que le meilleur accueil leur est réservé."

Tout le monde comprend que ces dames, envoyées par le gouvernement maçonnique de France, ne sont pas venues ici pour étudier notre système d'éducation afin d'y assimiler le système français. En France, on arrache les crucifix des murs des écoles, on chasse Dieu de l'enseignement. Ces déléguées des loges ne viennent donc pas s'inspirer dans nos couvents ; elles ont sans doute une tout autre mission, c'est de travailler à la diffusion des idées *modernes*, à la laïcisation de l'enseignement.

Le souhait saugrenu que fait le *Monde* en faveur de ces émissaires du gouvernement français est digne de la direction donnée à ce journal depuis quelque temps.

30 septembre 1882.

Après avoir reproduit notre article sur l'arrivée parmi nous de mesdemoiselles Loisillon et Couturier, déléguées du gouvernement français, le *Journal des Trois-Rivières* ajoute :

" Notre excellent confrère québecquois a parfaitement saisi le vrai but de cette mission d'origine maçonnique. Nous sommes tout à fait de son avis : ces donzelles que Ferry nous expédie ici, viennent avec l'intention évidente de nouer avec nos communautés de femmes des relations du genre de celles que les F. · . F. · . Ferry et Buisson entretiennent avec nos *laïciseurs* québecquois et montréalais. Elles appartiennent à une classe de femmes dont M. Ferry s'est servi en France pour faire déprécier l'enseignement religieux dans les écoles de filles, comme on peut s'en convaincre par les rapports officiels de nombre de ces inspectrices.

" Nous apprenons en effet que ces protégées de Ferry ont déjà commencé, à Montréal, à faire leur petite propagande, à offrir leurs livres, etc., etc.

" Un fait significatif, c'est qu'elles ont pour guide et protecteur, à Montréal, M. le Principal U.-E. Archambault, *officier d'Académie*, membre de la société des *savants américains*, grand admirateur de M. Buisson, Français franc-maçon de haut-grade et l'un des membres marquants de la fameuse ligue de Jean Macé contre l'instruction religieuse. Qui se ressemble se rassemble.

" On voit déjà que le F. · . Ferry ne crée pas des officiers d'Académie pour les simples beaux yeux de ses protégés ; il a un but pratique.

" Nous ne doutons pas que M. le Principal et ses délégués féminins se soient vus joliment éconduits par nos principales communautés de sœurs, surtout si l'on a pu découvrir à temps le but de l'évolution.

" Nous comptons revenir bientôt sur cet intéressant sujet."

Nous pouvons dire à notre tour, que, malgré la réclame faite en faveur de ces dames par le *Monde*, qui demandait pour elles le " meilleur accueil," nous le tenons de source certaine, toutes les grandes communautées de Montréal et des environs ont fermé la porte au nez de ces déléguées des loges, poliment, mais avec une grande fermeté. Et en le faisant les bonnes religieuses ont donné un bel exemple que certains fonctionnaires du bureau de l'éducation devraient bien suivre.

Nous apprenons aussi que ces dames ont réussi à pénétrer, *par hasard*, dans une communauté religieuse, sous la conduite de M. Archambault. Elles y ont destribué le blâme et les conseils aux sœurs enseignantes. Elles ont même cherché à propager leurs idées maçonniques sur l'enseignement. Nous aurons sans doute l'occasion de revenir sur cette visite.

M. Archambault est désolé, paraît-il, de l'insuccès de son " pilotage," et se considère comme un homme fini auprès de ses amis les laïciseurs de France.

Hélas ! le *Monde* aussi est fort à plaindre, car, malgré sa presse rotative, son papier continu et son grand tirage, il n'a pas réussi à faire admettre ses protégées dans nos couvents.

Ce que c'est que d'avoir de l'influence !

---

7 octobre 1882.

Il paraît que ces dames ne sont pas enchantées de leur réception au Canada, malgré les petits soins dont MM. Archambault et Ouimet les ont entourées. Elles trouvent que parmi nous les *barbares* sont en plus grand nombre que les gens civilisés, que les journaux les ont *malmenées*, etc., etc. Pour notre part, nous n'en voulons pas personnellement à ces dames, mais nous en voulons mortellement aux gens qui les ont envoyées ici. Les émissaires des loges nous sont nécessairement hostiles, et que ces émissaires soient des hommes ou des femmes, c'est le devoir de tout catholique de les repousser.

Ces dames ont laissé dans une communauté de Montréal, où elles sont entrées, *par hasard*, comme nous l'avons déjà dit, certains livres qui font voir que leur but était de faire de la propagande malsaine parmi nous, plutôt que d'étudier notre système d'enseignement. Les livres en question sont des ouvrages de madame Pape-Carpantier, qui s'est fait un certain nom dans le monde pédagogique, par ses séries de livres gradués.

Il y a d'abord le "Manuel des maîtres, comprenant l'exposé des principes de la pédagogie naturelle et le guide pratique de la première année préparatoire, par Mme Marie Pape-Carpantier, Inspectrice générale des salles d'asile. Deuxième édition, Hachette, Paris, 1876." Nous aurions plusieurs observations à faire sur le chapitre de ce livre qui traite de l'*enseignement religieux ;* mais pour aujourd'hui nous nous contentons de dire que la direction donnée par Mme Carpantier s'accorde mal avec celle que Pie IX et Léon XIII ont donnée aux catholiques. Mme Carpantier veut que les maîtres et maîtresses s'en tiennent rigoureusement dans le vague et ne développent chez l'enfant qu'un sentiment religieux indécis, naturel et fort *indépendant*. Ce n'est pas là l'éducation *chrétienne* que les papes commandent aux maîtres de donner dans les écoles, sous peine de manquer à une très grave obligation.

Du reste, cette direction de Mme Carpantier a été jugée si peu chrétienne par les loges de France qu'elles s'en sont servies pour préparer les voies à la *morale civique* de Paul Bert. On voudrait, sans doute, nous faire suivre ici au Canada la même progression descendante que l'on a suivie en France. Déjà, on a banni de nos écoles laïques des livres tels que les *Instructions de la jeunesse* et le *Traité des devoirs du chrétien*, pour les remplacer par la série Montpetit. Puis, de Montpetit à Mme Pape-Carpantier, la transition est moins brusque : de cette dernière à quelque Paul Bert de l'avenir il n'y a pas une distance infranchissable.

A part ce *Manuel*, les déléguées des loges ont laissé aux religieuses le cours préparatoire destiné aux enfants de cinq à sept ans, toujours par Mme Pape-Carpantier. Nous sommes en mesure de parler de ce cours élémentaire, composé de quatre livres—seulement de quatre livres pour les enfants de cinq à sept ans !—Le premier, c'est l'enseignement de la lecture, qui tient lieu d'alphabet ; le deuxième a pour titre : *Petites lectures morales ;* le troisième s'intitule : *Histoire*, *Géographie*, et le quatrième est une arithmétique.

Quelques observations sur les trois premiers livres de cette série.

Ce qui frappe surtout dans ces petits ouvrages, c'est le grossier naturalisme de l'auteur. Pas le moindre souffle d'esprit chrétien, rien de catholique en tout cela. Des protestants, des juifs, des musulmans, des païens même ne sauraient se plaindre de ces livres qui peuvent s'adapter à toutes les croyances vagues en un Etre Suprême quelconque, que les peuples les plus barbares reconnaissent. Ces livres ne sont donc pas propres à mettre entre les mains de jeunes enfants baptisés ; ce n'est pas par de tels ouvrages qu'on peut ouvrir l'intelligence, nourrir l'esprit et former le cœur de jeunes chrétiens. De semblables livres ont été implicitement condamnés par Pie IX, dans sa mémorable lettre du 14 juillet 1864, à l'archevêque de Fribourg, où, parlant des écoles du peuple, le saint pontife dit : " Dans ces écoles, la doctrine religieuse *doit avoir la première place en tout ce qui touche soit l'éducation, soit l'enseignement*, et dominer de telle sorte que les autres connaissances données à la jeunesse y soient considérées comme *accessoires.* La jeunesse se trouve donc exposée aux plus grands périls lorsque dans ces écoles l'éducation n'est pas *étroitement* liée à la DOCTRINE RELIGIEUSE. Les écoles populaires sont principalement établies en vue de donner au peuple un enseignement religieux, de le porter à la piété et à une discipline morale vraiment chrétienne."

Voilà l'enseignement précis de Pie IX : Dans les écoles populaires la doctrine chrétienne doit avoir la première place. Il ne suffit pas de quelques vagues mentions de Dieu, auxquelles les païens et les musulmans pourraient souscrire en substituant au mot Dieu, celui de *Jupiter*, de *Zeus* ou d'*Allah.* Il faut que l'enseignement dans les écoles primaires soit étroitement lié à la doctrine de Jésus-Christ, sans quoi la jeunesse est exposée aux plus grands périls.

Or, les livres de Mme Carpantier ne remplissent pas du tout les conditions posées par Pie IX. Ce sont des livres absolument *nuls* en fait d'enseignement chrétien et par conséquent mauvais. On conçoit dès lors que ces ouvrages soient " inscrits sur la liste des livres fournis gratuitement par la ville—lisez les francs-maçons—de Paris à ses écoles communales." Ce qui fait si bien l'affaire des loges, ne saurait faire celle des catholiques. Comme ces livres sont faits avec *habileté* pour des gens encore catholiques, naturellement on y évite les attaques *directes* contre la Foi; mais une génération nourrie des productions de Mme Pape-Carpantier ne saurait avoir une grande répugnance pour la *morale civique* de Paul Bert.

***

Jetons maintenant un rapide coup d'œil sur ces livres "fournis gratuitement par la ville de Paris à ses écoles communales"—c'est le sous-titre du premier livre—et prônés par les déléguées du gouvernement français que MM. Archambault et Ouimet ont prises sous leur protection. Dans "l'enseignement de la lecture," destiné à des petits enfants baptisés au nom du Père et du Fils et du Saint-Esprit, on trouve le nom de Dieu *trois fois*, tout bien compté? Trois fois dans 72 pages!! Et encore ce nom s'y trouve entouré du vague particulier aux déistes, et que Cicéron, Confucius, Mahomet et Luther auraient pu également accepter. La première fois qu'on rencontre le nom de Dieu, c'est à la page 60! Cinquante-neuf pages de mots pour épellation ou de petites phrases pour lecture sans rencontrer le nom de son Créateur! Nous avons peut-être calomnié le païen Cicéron; il aurait sans doute repoussé un tel ouvrage!

A cette page 60, le nom de Dieu est donné avec d'autres mots isolés pour exercice d'épellation. Puis le nom revient deux autres fois, à la page 71 et à la page 72, dernière du livre, dans les phrases suivantes:

Aux petits des oiseaux
Dieu donne la pâture,
Et sa bonté s'étend
Sur toute la nature.

Aimons de tout cœur
Dieu qui fit la fleur,
Le ciel, les bois,
L'oiseau chanteur
Et tout ce que l'on aime.

Mettez *Allah* à la place de *Dieu*, et le Grand Turc vous signera ces deux phrases-là.

Dans les premières cinquante pages du livre il y a seulement seize courtes phrases pour lecture et quelles phrases ! comme c'est propre à élever l'âme, à ouvrir l'intelligence de l'enfant, à former son cœur ! Vous allez voir, car ces seize phrases méritent d'être citées en entier. Les voici :

1. Le castor actif sera matinal. 2. Il a dormi sur le sol. 3. *Il a été décoré.* (Celle-là du moins a de la couleur locale !) 4. Ma tante a un joli lapin. 5. Le jasmin monte à mon balcon. 6. Je serai la première à venir en classe. 7. La guêpe pique celui qui la taquine. (Comme histoire naturelle, c'est inexact ; les guêpes piquent fort volontiers ceux qui ne les taquinent pas.) 8. La haie sera toute fleurie. 9. La chèvre broute sur la montagne. 10. Le phare luira sur la mer. 11. Lucien offre une rose à sa cousine Laure. 12. La jalousie sera cause du malheur de Léon. 13. La petite Sophie passera son jeudi à la maison avec son frère Gaston. 14. Venez regarder le rosier. 15. *Le rôti va brûler, le dîner sera gâté.* (Voilà l'enseignement *pratique* que rêvent nos laïciseurs). 16. On entendra le son de la flûte.

Est-il possible d'imaginer des assemblages de mots plus tristement vides ? Les autres vingt-deux pages renferment des phrases aussi ineptes à part les deux citées plus haut où se trouve le nom de Dieu.

***

Le deuxième livre de la série est intitulé " Petites lectures morales." Dans la deuxième partie on trouve : " Premières notions de grammaire." Dans la première partie, 48 pages de lectures *morales* où règne le même naturalisme sauvage, on y trouve encore le nom de Dieu *trois fois !* La dernière leçon est assez bonne et semble avoir été mise là pour être citée en réponse à ceux qui se plaindraient du livre. Dans le livre de géographie et d'histoire naturelle, c'est la même chose : le nom de Dieu *trois fois*, comme pour pouvoir dire qu'il y est *plusieurs* fois.

En voilà assez, croyons-nous, pour édifier le public canadien sur les livres de Mme Pape-Carpantier, prônés par les demoiselles Loisillon et Couturier, déléguées du gouvernement français et protégées de MM. Ouimet et Archambault.

---

2 décembre 1882.

On s'occupe encore des déléguées françaises. Quelques personnes ont trouvé que nous sommes tombé dans l'exagération en disant que ces dames étaient des envoyées maçonniques. Nous croyons pourtant être resté dans les limites de la plus stricte vérité. On nous fait l'objection suivante : Sir John Macdonald et M. Bowell sont orangistes ; cependant pourrait-on avec raison appeler des délégués du gouvernement fédéral des envoyés des orangistes ? Evidemment non. Alors, comment pouvez-vous dire que ces déléguées du gouvernement français sont des envoyées de la franc-maçonnerie ?

Ce raisonnement est assez spécieux, nous l'admettons, mais en l'examinant un peu on trouvera qu'il n'est pas sérieux.

Entre les deux cas posés il n'y a pas de parité du tout. Sir John et M. Bowell, et peut-être d'autres ministres fédéraux, sont orangistes. Et certes ce n'est pas nous qui allons offrir la moindre excuse en leur faveur. Mais il serait puéril de prétendre que ces ministres représentent l'orangisme au même degré que le gouvernement français représente la franc-maçonnerie. Ceux qui ont étudié la marche des événements depuis quelques années savent que le gouvernement français a reçu de la franc-maçonnerie la mission diabolique de " déchristianiser la France au moyen de l'enseignement." Cette mission, le gouvernement français l'a acceptée, et il travaille de tout son pouvoir à l'accomplir. Ce n'est donc pas seulement un gouvernement dans lequel se trouve quelques francs-maçons, c'est un gouvernement maçonnique, animé de l'esprit des loges et faisant leur besogne infâme. On peut donc dire, sans exagération, que tous les actes du gouvernement français, se rapportant à l'enseignement, sont des actes *maçonniques.*

Reprenons un instant l'exemple du gouvernement fédéral, mais envisagé à un autre point de vue.

Le cabinet de sir John Macdonald a reçu des électeurs du Canada la mission d'établir un système de protection pour les industries nationales ; il a accepté cette mission, il travaille à l'accomplir : c'est un gouvernement *protectionniste.* Maintenant, que le gouvernement d'Ottawa envoie quelque part des délégués pour traiter d'une affaire purement commerciale et industrielle, et intéressant le commerce et l'industrie du Canada, ne pourrait-on pas dire, sans être taxé d'exagération, que ces délégués sont des délégués protectionnistes ?

Il nous semble que oui. Eh bien ! le gouvernement français est aussi *maçonnique* que le gouvernement canadien est *protectionniste.*

Donc, ses délégués, lorsqu'il s'agit d'enseignement,

sont *maçonniques* au même degré que des délégués du gouvernèment d'Ottawa, envoyés pour traiter d'une affaire commerciale, seraient des délégués *protectionnistes.*

Nous croyons donc sincèrement que les quelques personnes bien intentionnées qui nous blâment d'avoir appelé " ces dames " des déléguées de la franc-maçonnerie ont grandement tort. Nous n'avons pas lancé ce mot à la légère, et puisqu'on fait tant de tapage autour de cette épithète, c'est qu'elle a porté juste. Si c'eût été une simple exagération de langage on n'y reviendrait pas si souvent et avec tant de persistance. Certaines personnes ont une invincible horreur d'entendre appeler des choses par leur vrai nom. A notre humble avis, c'est une horreur fort mal placée.

PRATIQUE MAIS NON LAIQUE

---

7 octobre 1882.

Une discussion survenue entre le *Courrier du Canada* et le *Monde*, à propos d'une école d'arts et métiers à Québec, nous remet en mémoire un incident qu'il est bon de rappeler de temps à autre au souvenir de certaines gens. On le sait, les partisans, tant déguisés que déclarés, de la laïcisation de l'enseignement, nous cornent sans cesse aux oreilles leurs déclamations en faveur d'une éducation plus *pratique.*

Il y a quelque temps, ils ont eu l'occasion de montrer leur sincérité ; il s'agissait de fonder à Québec une école des arts et métiers, sous la direction des Chers Frères des Ecoles Chrétiennes. Une telle institution rendrait un immense service, non seulement à la ville de Québec, mais à toute la province ; aussi, la requête au gouvernement, demandant la subvention nécessaire pour l'établissement d'une telle école, portait-elle les signatures de *tous* les évêques de la province, de plusieurs députés et des principaux citoyens de Québec. Mais des intrigants, que M. Ouimet connaît fort bien, ont fait manquer ce projet, éminemment *pratique.* Quand ces gens-là parlent d'enseignement *pratique* ils veulent dire *laïque.* Pour eux, un enseignement, quelque *pratique* qu'il soit, donné par des religieux, est impraticable. Il est bon de pas l'oublier.

LE FAMEUX PROJET DE LOI

---

21 octobre 1882.

Nous le croyions enterré, ce fameux projet de loi sur l'enseignement, présenté clandestinement à la dernière session de notre législature, voté à la vapeur par l'Assemblée législative, et étouffé, enfin, au Conseil législatif, grâce au mouvement de répulsion formidable qu'il avait fait naître chez les catholiques clairvoyants. Nous nous sommes trompé. Le voilà qui reparaît dans les colonnes du *Journal de Québec* du 11 octobre.

Pendant des mois entiers, les auteurs et les fauteurs de ce projet de loi ont gardé le silence ; personne n'a tenté de le défendre, personne n'a répondu aux attaques dont ce bill était à juste titre l'objet. Aujourd'hui un quelqu'un, non seulement entreprend, dans les colonnes du *Journal de Québec*, de défendre ce projet de loi, mais se permet, à l'adresse des dignitaires de l'Eglise, un langage que nous devons au moins signaler à l'attention du public. Voici le commencement de l'article du *Journal de Québec* :

" Depuis quelque temps on parle beaucoup, dans certains cercles, d'un projet de loi sur l'instruction publique présenté par le gouvernement Chapleau durant la dernière session. Un journal a été jusqu'à dénoncer ce bill comme hostile à l'Eglise et comme franc-maçonnique.

" Nous n'avons vu d'abord dans cette accusation qu'une de ces *déloyautés* dont une coterie bruyante est devenue contumière : mais en apprenant que le comité catholique du Conseil de l'Instruction publique s'était occupé de la question dans sa dernière séance, nous avons compris que ces imputations odieuses avaient fait une impression, faible peut-être, appréciable cependant, sur des *hommes respectables et de haute position ;* nous croyons, en conséquence, opportun de donner les renseignements que nous possédons à ce sujet."

L'auteur de l'article, après avoir publié le texte de ce projet de loi, dit :

" Le comité catholique regrette que le bill ne lui ait pas été soumis."

Puis il s'applique à prouver qu'il n'y avait pas lieu de consulter le comité catholique, attendu que ce comité avait déjà approuvé tout ce que le projet de loi renferme. Donc, doit-on conclure naturellement, en exprimant un regret que le bill ne lui ait pas été soumis, le Comité catholique ne savait pas ce qu'il faisait, agissait à la légère, avec étourderie. Voilà ce qui ressort de l'argumentation du *Journal.* Du reste, l'écrivain exprime clairement sa pensée dans la dernière phrase de son article. La voici :

" Voilà donc cet effrayant projet de loi. Il n'est que l'expression des désirs connus du Comité catholique. Il ne devait donc pas soulever l'indignation de tant d'honnêtes gens trompés et *exploités* par des *fourbes.*"

C'est clair, n'est-ce pas ? Le *Journal* range les membres du comité catholique, les évêques comme les autres, dans la catégorie des *exploités* ou dans celle des *fourbes*. Il n'y a pas de milieu. Ailleurs on lit ce qui suit :

" De sorte que maintenant, si l'on se plaint encore (du bill), c'est par *malhonnêteté* ou parce qu'on n'a pas lu le bill."

Et remarquez que l'écrivain du *Journal* a constaté, en commençant son article, que le comité catholique s'occupe encore de la question, et a exprimé son regret au sujet du bill. Il agit donc par malhonnêteté ou par ignorance.

Nous ne chercherons pas à qualifier ce langage, nous contentant de le mettre sous les yeux du public. Nous croyons que c'est suffisant pour le moment.

Maintenant quant au fond de l'article.

L'écrivain du *Journal* cherche à démontrer que le projet de loi en question est parfaitement inoffensif et ne contient rien que de très anodin.

D'abord, *à priori*, si le projet de loi en question était si anodin, pourquoi l'avoir présenté clandestinement à la chambre, vers la fin de la session, lorsque tout le monde avait hâte de s'en aller ? Il nous semble que le sujet est assez important pour qu'on le traite sérieusement. Or, les auteurs du projet de loi ont agi comme des gens qui n'attachent aucune importance aux questions qui touchent à l'enseignement, ou bien, ce qui est beaucoup plus probable, comme des hommes qui ont quelque chose à cacher. Quand on a la conscience tranquille, quand on ne médite pas quelque mauvais coup, on ne fuit pas la lumière, on ne cherche pas les ténèbres.

Nous avons déjà examiné ce projet de loi à plusieurs points de vue, mais nous croyons devoir y revenir aussi brièvement que possible pour que l'on soit bien fixé, une bonne fois pour toutes, sur la portée et le caractère de cette mesure.

Ce projet de loi renferme des clauses tout à fait inoffensives. On a doré et sucré la pilule. Lorsqu'on possède un peu d'habileté on ne procède jamais autrement, et nous reconnaissons aux auteurs de ce bill presque autant d'habileté que d'audace.

Mais la tendance générale de la mesure est vers la centralisation, vers l'accaparement, par le pouvoir civil, de l'éducation au détriment des droits des pères de famille. Or, nous n'avons pas besoin de dire que c'est là une très dangereuse tendance qu'il faut combattre résolument si nous ne voulons pas voir se reproduire dans notre pays ce qui fait en ce moment la désolation des pays d'Europe. On a beau dire : " l'Etat chez nous est plein de bonnes intentions ; il n'y a rien à craindre de son intervention." Le principe est radicalement faux. Admettons, pour un seul instant, que l'Etat, chez nous, soit plein de bonnes intentions. Qui nous dit qu'il le sera toujours ? Et lorsqu'il aura mis la main partout, sous prétexte qu'il est plein de bonnes intentions, il pourra se moquer de nous le jour où il voudra méconnaître les droits de l'Eglise et ceux des pères de famille. Il sera lé maître absolu parce qu'on aura laissé s'introduire dans notre système scolaire l'application d'un principe faux et dangereux : le principe de l'Etat enseignant.

Et la preuve que certains de nos hommes publics ne sont pas aussi remplis de bonnes intentions qu'on se plaît à le dire, se trouve précisément dans ces tentatives réitérées de s'emparer de l'éducation au profit exclusif du pouvoir civil.

Pour prouver que le projet de loi dont il s'agit en ce moment est mauvais, il suffit donc de faire voir qu'il a cette tendance vers l'accaparement de l'éducation par l'Etat. Or, cela est très facile. Il suffit de lire l'article *trois* du projet de loi. Le voici :

" 3. Le premier paragraphe de la sous-section deux de la section soixante-cinq du chapitre quinze des Statuts Refondus pour le Bas-Canada est abrogé, et les pouvoirs qu'il confère aux commissaires ou syndics d'école sont dévolus aux inspecteurs, sous la direction du surintendant."

Mais quel est ce premier paragraphe de la sous-section deux de la section soixante-cinq du chapitre quinze des Statuts Refondus pour le Bas-Canada qu'on abroge ainsi sans crier gare. Le voici : Il sera du devoir des commissaires d'écoles, entre autres choses :

" 2. De régler le cours d'études à suivre dans chaque école ; pourvoir à ce que dans les écoles sous leur juridiction on ne se serve que de livres approuvés et recommandés par le Conseil d'instruction publique ; établir des règles générales pour la régie des écoles, et les communiquer par écrit aux instituteurs respectifs ; indiquer le temps où aura lieu l'examen public annuel et y assister."

Voilà ce que l'on a aboli au profit des inspecteurs et du surintendant ; c'est-à-dire, qu'on confisque, au profit de l'Etat, les franchises locales, les droits des pères de famille, car les commissaires d'écoles représentent les pères de famille.

C'est un acte de centralisation audacieux.

Ce qui est plus audacieux encore, c'est la manière dont l'écrivain du *Journal de Québec* défend cet article trois. Voici ce qu'il dit :

" L'article *troisième* est important pour cette étude. Le 1er paragraphe de la sous-section 2 de l'article 65, chap. 15, des S. R. du B.-C., impose aux commissaires d'écoles le " devoir " de " régler le cours d'études à suivre dans chaque école, etc." Mais le même *devoir* est imposé au Conseil de l'Instruction publique par la 3e sous-section de l'art. 21 du même chap. 15 des S. R. du B.-C. Il a paru assez naturel de faire disparaître cette anomalie en confiant cette tâche aux inspecteurs d'écoles *sous la direction du Surintendant*, qui, de son côté, en vertu de l'article 7 de la 39e Vict., chap. 15, est tenu " dans l'exercice de chacune de ses attributions," de se conformer " aux directions " du Conseil de l'Instruction publique. Cela équivalait à dire qu'à l'avenir le Conseil aurait le droit exclusif de régler le cours d'études, et nous ne voyons là rien qui puisse porter ombrage au Comité catholique ou réjouir la franc-maçonnerie."

Il y a dans ce paragraphe beaucoup d'ignorance ou une mauvaise foi manifeste.

D'abord, une question de fait. Le *Journal de Québec* se garde bien de citer la sous-section 3, de l'art. 21 du chap. 15 des S. R. du B.-C., laquelle, dit-il, impose au Conseil de l'Instruction publique les mêmes devoirs que le premier paragraphe de la sous-section 2 de l'article 65 impose aux commissaires d'écoles. Dans une étude comme celle-ci, il est important d'avoir sous les yeux les textes des articles sur lesquels on s'appuie. Voici donc la sous-section 3 de l'article 21. Il sera du devoir du Conseil de l'Instruction publique :

" 3. De faire de temps à autre, avec l'approbation du gouverneur en conseil, tels réglements que le conseil jugera à propos pour l'organisation, la gouverne et la discipline des écoles communes et la classification des écoles et des instituteurs."

Comme on peut le voir, en confrontant cette sous-section avec le premier paragraphe de la sous-section 2 de l'article 65 déjà cité et que le projet de loi avorté abolissait, il y a une différence très notable dans la rédaction des deux sous-sections. Evidemment, c'était la pensée du législateur de donner au conseil de l'Instruction publique la haute surveillance des écoles communes, mais de charger en même temps les commissaires d'écoles du soin de voir à l'exécution des détails, comme l'indique clairement le pouvoir conféré aux commissaires d'écoles de fixer l'époque des examens publics et d'y assister. Car il serait ridicule de supposer que le Conseil pût efficacement exécuter cette besogne. Les deux sous-sections ne sont donc pas identiques et ne constituent pas une *anomalie*, comme le prétend l'écrivain du *Journal*.

S'il ne s'était agi que de faire disparaître une anomalie dans la loi, les auteurs du projet de loi que nous étudions auraient tout simplement abrogé le premier paragraphe de la sous-section 2 de l'article 65. Pourquoi conférer aux inspecteurs les pouvoirs accordés aux commissaires par ce paragraphe, si déjà, en vertu de la sous-section 3 de l'article 21, le Conseil possédait ces mêmes pouvoirs ? Et l'anomalie qu'on prétend faire disparaître existerait toujours, car on n'aurait fait que substituer les inspecteurs aux commissaires. On trouve la loi défectueuse parce que, dit-on, le Conseil et les commissaires sont appelés à exercer les mêmes pouvoirs. Mais est-ce que c'est remédier à cet inconvénient que de modifier la loi de manière à faire exercer ces mêmes pouvoirs par le conseil et les inspecteurs ? De toute évidence, s'il y avait *anomalie* dans le premier cas, il y a anomalie aussi grande, pour le moins, dans le second. Le raisonnement du *Journal* porte donc entièrement à faux.

Mais voici quelque chose de plus grave encore.

Admettons, pour un instant, qu'il y ait parité complète entre les deux sous-sections dont il s'agit, et que la prétendue anomalie qu'on signale ait disparu par la substitution des inspecteurs aux commissaires. L'argument du *Journal* aurait peut-être quelque force si tous les commissaires d'écoles dépendaient nécessairement et en tout du département de l'Instruction publique. Mais notre contradicteur oublie ou feint d'oublier une chose très importante; c'est que le système des commissaires d'écoles existe indépendamment du bureau de l'Instruction publique. C'est une institution à part. Les commissaires doivent, sans doute, d'après la loi, se conformer aux règles et règlements du département *s'ils veulent recevoir de l'aide du gouvernement.* Mais s'ils veulent s'en passer, s'ils veulent constituer leurs écoles en écoles *libres*, ne recevant rien du gouvernement, la loi leur reconnaît ce droit. Ils restent avec leur organisation complète. Or, l'article trois, cité plus haut, sous prétexte de faire disparaître une *anomalie*, bouleverse de fond en comble l'économie de nos lois scolaires, et, en supprimant virtuellement les commissaires, met tout entre les mains du pouvoir central.

On enlève aux commissaires des écoles leurs pouvoirs les plus importants, on ne les laisse subsister que de nom, on les abolit pour ainsi dire. Mais n'est-ce pas là porter une atteinte extrêmement grave aux franchises locales et aux droits des pères de famille ? Evidemment, oui, puisque, si l'article trois était devenu loi, les municipalités scolaires, n'ayant plus de pouvoirs véritables, n'auraient plus existé comme institution distincte et indépendante, mais auraient été à la merci du gouvernement.

Si le projet de loi prôné par l'écrivain du *Journal* était devenu loi, non-seulement les commissaires d'écoles recevant de l'aide du gouvernement n'auraient plus eu le droit de régler le cours des études, d'établir des règles générales pour la régie des écoles, de fixer l'époque des examens publics et d'y assister, mais, ce qui est plus odieux encore, les commissaires qui auraient voulu se passer de cette aide et constituer leurs écoles en écoles *libres* auraient été privés du coup de tous ces droits essentiels !

Si ce n'est pas là un acte d'arbitraire centralisation, si ce n'est pas là une mesure qui sent son Jules Ferry à cent lieues, nous voudrions bien qu'on nous fît voir ce que c'est.

On n'a pas oublié que le projet de loi, dans *sa première forme*, comportait l'abrogation de *toute* la sous-section 2 de l'article 65. Or, le deuxième paragraphe de cette sous-section reconnaît aux curés le droit de surveillance sur les écoles.

L'écrivain du *Journal de Québec* loue M. Chapleau d'avoir renoncé à l'abolition de ce paragraphe ; il y a renoncé, paraît-il, pour montrer sa *bonne volonté !* Eh bien ! nous avons été témoin oculaire et auriculaire de la *bonne volonté* de M. Chapleau, et nous prions le lecteur de croire que ce n'était pas beau du tout, cette bonne volonté-là. L'ancien premier-ministre, dominé par la colère, a lancé l'injure à la face de tous ceux qui avaient protesté contre son bill, qui en avaient fait voir trop tôt, à son gré, toute la funeste portée, tous ceux qui, en un mot, avaient éventé la mèche si soigneusement préparée par nos laïciseurs de l'éducation. Aussi la bonne volonté de M. Chapleau consistait-elle tout simplement dans une crainte salutaire : se voyant découvert, il a retraité en grommelant, voilà tout. Il n'y a pas là de quoi s'extasier.

Le *Journal de Québec* prétend " qu'il n'y avait rien que de favorable au Conseil de l'Instruction publique (dans cette abolition du droit de surveillance des curés) puisque le Conseil possède depuis longtemps le droit de choisir *tous* ses livres classiques. Oter ce droit aux curés pour *une partie* des livres, c'était donc simplement rendre exclusif le droit du Conseil.” On ne saurait plaider plus habilement là cause des adversaires du bill, ni lancer un plus lourd pavé sur la tête des auteurs de ce projet de loi. En effet, on a protesté contre ce bill, et contre cet article en particulier, précisément parce que c'était une œuvre de *centralisation*, essentiellement. Personne n'a jamais prétendu que cette mesure portât atteinte aux droits du Conseil, mais aux droits des pères de famille, aux franchises locales, et, dans sa forme première, aux droits des curés. Et voici que l'écrivain du *Journal* admet que l'on voulait rendre *exclusif* le droit du Conseil !

On va s'écrier : Vous oubliez que les évêques font partie du Conseil ! Nous ne l'oublions pas ; mais nous n'oublions pas, non plus, qu'ils n'y sont pas seuls. Leur présence au Conseil, si la loi était exécutée selon l'intention de ceux qui l'ont fait voter, serait une grande garantie pour les catholiques. Mais on n'ignore pas quels efforts font nos laïciseurs pour rendre illusoire cette garantie. D'ailleurs, la présence des évêques au Conseil n'est pas une raison de battre en brèche les franchises locales, les droits des pères de famille et les droits du clergé. C'est tellement peu le cas, que les évêques ont protesté contre le projet de loi, qui, selon le *Journal*, n'avait rien que de favorable au Conseil.

Une chose surtout que nous n'oublions pas, c'est que les évêques sont au Conseil aujourd'hui, mais que rien ne nous assure qu'ils y seront demain. Alors nous aurions un conseil avec des droits exclusifs sur l'enseignement, et ce conseil serait *laïque.* Ce serait la sécularisation absolue de l'éducation, et c'est là qu'on tend.

Du reste, même dans sa dernière forme, tel qu'il a été voté par la législature et tel qu'il nous est prôné par l'écrivain du *Journal*, le projet de loi ne sauvegarde pas suffisamment les droits du clergé. Le deuxième paragraphe de la sous-section 2 de l'article 65 reste intact, il est vrai, mais comme le *premier* paragraphe de cette même sous-section est abrogé par le bill, ce deuxième paragraphe, garantissant les droits des curés, ne se rapporte plus à rien du tout. Ce sont des paroles vides de sens. Le premier paragraphe de la sous-section deux donne aux commissaires d'écoles des droits importants, *mais*, dit le deuxième paragraphe, ces droits des commissaires seront contrôlés par les curés en telle et telle matière. Vous enlevez les droits des commissaires et immédiatement les curés n'ont plus rien sur lequel ils puissent exercer leur contrôle. Les commissaires n'étant plus rien, les curés, qui doivent les contrôler, ne contrôlent plus rien. Ils restent avec un *mais* illusoire.

Et l'article 3 n'est pas le seul dangereux que renferme ce projet de loi. L'article 5 offre aussi des dangers réels. D'abord, c'est une injustice criante. Qu'on dise qu'un instituteur dont le diplôme ou brevet aura été révoqué ne pourra pas enseigner dans les écoles sous le contrôle du département de l'Instruction publique, *transeat.*

Mais de quel droit étend-on cette défense à *toute école ou institution d'éducation quelconque*, c'est-à-dire à nos couvents et à nos collèges? Est-ce que nos couvents et nos collèges n'ont pas le droit d'employer qui ils veulent, même un instituteur ou une institutrice dont le diplôme aurait été révoqué par le conseil de l'Instruction publique? Si l'Etat peut intervenir ainsi dans les affaires des institutions libres, et leur défendre d'employer telle ou telle personne, il n'y a plus rien qui soit sacré pour lui.

Si l'on admet le " principe " renfermé dans cet article on ouvre la porte à tous les malheurs qui découlent de l'ingérence de l'Etat dans l'enseignement. Si vous dites que l'Etat peut décréter que telle personne ne pourra pas enseigner dans une institution d'éducation *quelconque*, c'est-à-dire pas même dans un petit séminaire, vous admettez par là le prétendu droit du gouvernement *d'inspecter* toutes les maisons d'éducation du pays.

Du reste, il eût été facile de substituer, plus tard, si ce projet était devenu loi, le mot " surintendant " aux mots " comité de l'Instruction publique ". On sait comment ces amendements se font et l'on en a l'exemple sous les yeux : Telle et telle section de tel ou tel chapitre sont amendées en retranchent tel mot et en le remplaçant par tel autre. Sont-ils nombreux les députés qui prennent la peine de voir quelle portée un pareil amendement peut avoir ?

Et un peu plus tard, on peut le dire sans crainte de calomnier nos laïciseurs, ces braves gens seraient venus avec un autre petit *amendement* embrouillant conçu à peu près en ces termes : " L'article 5 du chapitre—de—l'acte—Vict. (l'article du projet de loi ci-dessus) est amendé en insérant au commencement du dit article les mots suivants : " Toute persoune qui n'aura pas obtenu un diplôme ou brevet de capacité, ou."

Ne pense-t-on pas qu'il serait extrêmement facile, à la fin d'une session, et avec notre malheureuse façon de voter les lois à la vapeur, de faire passer un amendement aussi inoffensif en apparence ? Et cependant on n'a qu'à lire attentivement l'article 5 ainsi amendé pour se convaincre qu'il serait impossible, même pour les chambres françaises, de voter une loi plus inique et plus liberticide.

Eh bien ! C'est précisément de cette manière que nos laïciseurs veulent procéder, par petites doses, par amendements successifs et progressifs, jusqu'à ce qu'ils aient atteint leur but : l'accaparement de l'éducation par l'Etat au détriment des droits de l'Eglise et des pères de famille.

Est-ce que les francs-maçons de France et de Belgique ont procédé autrement que procèdent nos laïciseurs ? Et ne sommes-nous pas justifiables de dire que ces agissements ténébreux que nous signalons en ce moment indiquent clairement que l'esprit maçonnique nous envahit ?

Enfin, constatons un fait qui n'est pas sans importance : Le département de l'Instruction publique, ou du moins un employé bien connu de ce département, vient de faire un tirage considérable de cet article du *Journal de Québec*, aux frais du public sans doute, et expédie cet écrit perfide et dangereux à tous les principaux personnages du pays. Ce fait est absolument certain. Nous l'avons déjà vu, l'écrit du *Journal de Québec* est extrêmement injurieux pour le Conseil de l'Instruction publique et les nombreux catholiques, tant prêtres que laïques, qui ont élevé la voix pour protester contre cette législation malsaine. Et voici maintenant qu'un employé du département de l'Instruction publique fait de la propagande en faveur de ce bill désavoué par le Conseil et condamné par l'opinion catholique ! Nous n'avons guère besoin d'insister sur ce fait anormal et absolument contraire aux plus simples convenances pour faire comprendre à nos lecteurs qu'il y a dans le département de l'honorable M. Ouimet quelque chose qui va de travers, quelque chose qui exige une enquête sérieuse et un vigoureux coup de balai. Cette enquête et ce coup de balai, les députés doivent les exiger à la prochaine réunion de la législature.

Cette propagande malsaine faite par un employé du département de l'Instruction publique indique clairement que les *laïciseurs* qui hantent ces bureaux, où devrait pourtant régner un tout autre esprit, n'ont pas renoncé à leurs funestes projets, et qu'ils méditent quelque nouvelle entreprise contre les droits de l'Eglise et des pères de famille. Qu'on ait l'œil sur eux ; ils reviendront indubitablement à la charge, à la prochaine réunion des chambres, avec un nouveau projet de loi habile et perfide, où, au milieu d'un amas de choses indifférentes et même acceptables, se cachera une petite clause, une phrase, un seul mot peut-être qui comportera tout un monde de dangers. Qu'on soit donc sur ses gardes et qu'on se montre d'une sévérité inexorable pour tout projet de loi sur l'enseignement, quelque anodin qu'il puisse paraître de prime abord.

UNE QUESTION DE PÉDAGOGIE

4 novembre 1882.

Il ne faut pas que le *Courrier de Montréal* s'imagine que nous avons perdu de vue son article du 13 octobre intitulé : " Les déléguées françaises." Si nous n'y avons pas répondu plus tôt, c'est uniquement parce que l'espace nous a fait défaut. Examinons un peu cet écrit.

D'abord, on y trouve la dose ordinaire et obligée d'aménités à notre adresse : Nous manquons de charité et de bon sens, nous faisons des appréciations absurdes, nous n'avons eu d'autre but que d'insulter deux dames des plus respectables, *parce qu'elles sont françaises*, etc., etc.

Laissons passer ces choses-là et plaignons sincèrement celui qui est obligé, pour défendre sa cause, de descendre à de tels moyens de polémique.

L'écrivain du *Courrier* affecte de nous plaindre à cause de notre ignorance en matière d'enseignement ; il trouve amusant de nous voir " nous lancer à pieds joints dans le domaine de la pédagogie." Notre confrère, lui, consulte un " professeur de ses amis, " un professeur laïque, sans doute, et ce brave professeur a déclaré solennellement à M. le rédacteur du *Courrier* que notre appréciation des livres de madame Pape-Carpantier " ne saurait soutenir l'examen." Voilà qui est bien. Et notre confrère a cru, sans hésiter, aux affirmations de son ami le professeur. Foi touchante et naïve !

Seulement, si, par hasard, M. Tardivel avait consulté, lui aussi, un " professeur de ses amis," non pas un professeur *laïque*, imbu des idées modernes, ou d'une expérience assez mince et d'une formation intellectuelle médioere, mais un professeur de plus de vingt ans d'expérience, un homme d'études plus qu'ordinaires et qui s'y connaît parfaitement en fait de *méthodes* et *d'enseignement ?* Si M. Tardivel avait consulté un tel professeur avant d'écrire sur les œuvres de madame Pape-Carpantier, que dirait le *Courrier ?*

Mais allons plus avant.

Le *Courrier* commence par défendre MM. Archambault et Ouimet contre ce qu'il appelle nos *sarcasmes.* M. Archambault, dit-il, a été bien accueilli en France, lors de son voyage en Europe. Cela se peut ; mais M. Archambault n'a pas été assez sur ses gardes ; il nous est revenu avec des idées qui sont celles des *ennemis* de la vraie France, et on lui reproche, avec raison, d'avoir conservé ces idées, de vouloir les faire prévaloir ici et de manifester ses sympathies pour ces ennemis de la France, qui sont aussi les nôtres. Il n'y a pas là le moindre sarcasme, mais de simples vérités, désagréables à entendre, peut-être, mais utiles.

Puis vient M. Ouimet. " Sa position, dit le *Courrier*, lui faisait un *devoir* de se montrer gentilhomme." Et son devoir de chrétien, qu'en faites-vous ?

Ce " devoir de se montrer gentilhomme " joue, parfois, de mauvais tours à M. Ouimet. Le printemps dernier, tout Québec se le rappelle encore, M. le surintendant avait prôné un conférencier américain qui a trouvé bon d'insulter nos institutions religieuses et les Canadiens-français. Cet incident aurait dû servir de leçon à M. Ouimet.

Les communautés religieuses—le *Courrier* les connaît —qui n'ont pas voulu recevoir la visite compromettante de ces dames, ont-elles manqué de savoir-vivre ? Qui est en faute ? d'elles ou de MM. Ouimet et Archambault ?

Enfin, abordant la véritable question, la question de savoir si les livres de madame Pape-Carpantier sont bons ou mauvais, l'écrivain du *Courrier* émet l'étrange proposition que le livre à mettre entre les mains des petits enfants est une chose *indifférente* ; que, " comme le livre n'est qu'un instrument, qu'un outil entre ses mains, (de l'instituteur) le maître habile saura tirer de chaque leçon un sens moral des choses les plus communes et les plus ordinaires."

C'est comme qui dirait qu'il importe peu qu'un piano soit discord ou non, car le piano est un simple instrument, un outil entre les mains du musicien qui, s'il est habile, saura tirer des flots d'harmonie de la plus vilaine " chaudière."

Sans doute, le maître *bon* peut faire le bien au milieu des enfants avec un livre médiocre ou indifférent, mais il fera *mieux* avec un bon livre. De là l'importance que l'Eglise a toujours attaché au choix des livres d'école ; de là aussi la préférence que les *bons* maîtres accordent aux bons livres. Les maîtres qui ne manifestent pas cette préférence pour les *bons* livres, ne nous donnent que trop raison de suspecter leur zèle à tirer parti d'un livre médiocre ou indifférent, c'est-à-dire mauvais plus ou moins.

Le *Courrier* prétend que tous les instituteurs au Canada sont catholiques. Cette affirmation est quelque peu hasardée, mais quand bien même tous les instituteurs catholiques seraient littéralement farcis de bonnes intentions, il y aurait toujours lieu de les surveiller, et surtout de surveiller ceux qui cherchent à leur inculquer des idées malsaines.

C'est ce que nous avons fait—croyant remplir un devoir de charité—en dénonçant la propagation de livres en opposition formelle avec les directions pontificales les plus nettes et les plus précises. Il suffit de relire l'analyse que nous avons faite des ouvrages prônés par les déléguées françaises pour se convaincre que nous n'en avons rien dit de trop.

Le *Courrier* dit ensuite :

" Pour l'enseignement religieux, il ne faudra pas que l'instituteur dépasse les limites que l'Eglise lui prescrit. Il doit enseigner les prières et *la lettre du catéchisme*, expliquer de son mieux le sens, la signification des mots et rien de plus. Si, dans son zèle, l'instituteur allait plus loin, il dépasserait les bornes de ses attributions, et s'exposerait à tomber dans l'erreur : de plus, ce serait empiéter sur le domaine du prêtre et par là même faire du laïcisme."

Il ne faut pas que l'instituteur *dépasse* les limites que l'Eglise lui prescrit. C'est parfait, et la *Vérité* ne demande pas, non plus, qu'il dépasse ces limites ; mais nous voulons, comme tout catholique doit le vouloir, que les maîtres n'enseignent *pas moins* que ce qu'exigent l'Eglise, Pie IX et Léon XIII. Or, ces deux grands pontifes, dont les connaissances pédagogiques égalent au moins celles du professeur ami du *Courrier*, déclarent que dans " ces écoles (les écoles du peuple) il faut que tous les enfants des classes du peuple reçoivent, même dès la plus tendre enfance, une connaissance sérieuse des mystères et des commandements de notre très sainte religion " et " que c'est surtout l'étude de la religion qui doit dominer et tenir le premier rang dans l'éducation, de telle sorte que les autres connaissances que la jeunesse reçoit paraissent n'être que des accessoires." [1]

Comme on le voit, il n'est guère à craindre que les maîtres d'écoles amis du *Courrier* dépassent les limites que l'Eglise leur prescrit !

" Expliquer de son mieux le sens ", c'est déjà beaucoup plus que ne veut madame Pape-Carpantier qui *défend* aux instituteurs, dans son *Manuel des maîtres*, de donner aucune doctrine religieuse, qui leur commande de s'abstenir de toute " interprétation des textes religieux " et de " laisser au catéchiste le soin d'expliquer les dogmes." La raison de cette grande prudence de madame Pape-Carpantier, c'est que les maîtres sont exposés à tomber dans l'erreur et à *encourir les censures*. Ce beau zèle contre les abus a un grave inconvénient, c'est qu'il implique un blâme contre l'Eglise qui commande aux maîtres, sans distinction, de donner aux enfants une " connaissance sérieuse des mystères et des commandements de notre sainte religion."

Et comment les maîtres peuvent-ils donner cette connaissance sérieuse des mystères de notre sainte religion s'ils se tiennent dans le vague, s'ils s'abstiennent de

1—Lettre de Pie IX à l'archevêque de Fribourg, en 1864, citée par Léon XIII dans la constitution apostolique du 8 mai 1881.

toute interprétation de textes religieux, comme le veulent madame Pape-Carpentier et le professeur ami du *Courrier.*

C'est nous, qui demandons que l'on suive les enseignements de Pie IX et de Léon XIII, que le *Courrier* accuse de *laïcisme ! !* Evidemment, le docte inspirateur de notre confrère, qui se vante de pouvoir distinguer entre la *méthode* et *l'enseignement*, confond le *laïcisme*. qui est l'exclusion de toute idée religieuse de l'enseignement, de la politique, etc., avec la *participation des laïques* aux œuvres où la religion est concernée.

Ce sont les disciples de madame Pape-Carpantier qui se rendent coupables de laïcisme en voulant restreindre, autant que possible, l'enseignement religieux dans les écoles sous prétexte de laisser ce soin au *catéchiste* et d'éviter les *abus ;* et non pas ceux qui disent, après Pie IX et Léon XIII, que l'étude de la religion doit occuper le *premier rang* dans les écoles.

TOUJOURS DE LA PÉDAGOGIE

11 novembre 1882.

Continuons notre réponse à l'article du *Courrier de Montréal* du 13 octobre, au sujet de madame Pape-Carpantier. Notre confrère dit :

" Voici deux arguments que M. Tardivel croit très forts :

" La direction de madame Pape-Carpantier a été jugée
" si peu chrétienne par les loges de France qu'elles s'en
" sont servies pour préparer les voies à la *morale civique*
" de Paul Bert."

" Ce qui frappe surtout dans ces petits ouvrages, c'est
" le *grossier naturalisme* de l'auteur."......

" Lorsque M. Tardivel a trouvé ces deux forts arguments, il ne savait pas—que de choses il ignore, ce M. Tardivel—que la plupart des *communautés religieuses* de France et du Canada, y compris la *communauté de Montréal* dont il parle, font usage de la méthode, des livres et des tableaux de Mme Pape-Carpantier. Comme elles vont être étonnées, ces bonnes sœurs, d'apprendre qu'elles sont tombées dans un *grossier naturalisme* et qu'elles sont entachées de franc-maçonnerie, parce qu'elles ont osé adopter une méthode d'enseignement sans consulter M. Tardivel ! ! ! "

Nos deux arguments sont assez forts pour que le *Courrier* n'y trouve rien de sérieux à répondre. Du reste, des prêtres qui ont passé leur vie dans l'enseignement ont bien voulu nous faire dire qu'ils trouvent très juste notre appréciation des livres de madame Pape-Carpantier. Ces témoignages nous consolent un peu des points d'exclamation que le *Courrier* nous inflige.

Il se présente ici une question de fait. Ce que le *Courrier* dit à propos des communautés religieuses de Montréal est *faux*. Notre confrère a-t-il été trompé par son docte ami le professeur, ou a-t-il voulu tromper le public, c'est plus que nous ne pouvons dire. Quoi qu'il en soit, voici la vérité :

PREMIÈREMENT : — La communauté de Montréal en question, c'est-à-dire l'asile de la rue Visitation, tenue par les Sœurs de la Providence, ne met AUCUN *des livres de madame Pape-Carpantier* entre les mains des *élèves*, et en cela cette communauté agit comme les sœurs grises, les sœurs de la Congrégation, les sœurs du Sacré-Cœur, non seulement à Montréal et dans les environs, mais dans tout le pays. Il est absolument faux, donc, de dire que la plupart des communautés religieuses du Canada, y compris la communauté de Montréal dont parle M. Tardivel, font usage des livres de madame Pape-Carpantier. Le *Courrier* a voulu insinuer que les livres de madame Pape-Carpantier par nous critiqués et dont nous avons relevé le grossier naturalisme sont entre les mains des élèves de nos couvents. Encore une fois, c'est faux, absolument faux. Plus que cela, aucune communauté religieuse de Montréal ne met entre les mains des élèves les *autres* livres de madame Carpantier, ni ceux du cours *élémentaire*, ni ceux du cours *préparatoire*, ni ceux du cours *intermédiaire*. Est-ce assez catégorique ?

Et la plupart de ces communautés ne connaissent pas plus les *tableaux* et les *manuels de direction* ou de *méthodes* de madame Pape-Carpantier que ses autres livres. Est-ce assez clair ?

Deuxièmement :—Quant aux *tableaux* de madame Pape-Carpantier, s'ils sont en usage ce ne peut être que dans la communauté où M. U.-E. Archambault semble avoir réussi à exercer une certaine influence comme *surintendant local*. Nous apprenons qu'il a fort recommandé dans cette maison les ouvrages de madame P. C. et qu'il a même, dans un accès de générosité, fait cadeau aux bonnes sœurs de quelques-uns des livres de cette dame.

Troisièmement :—Dans deux communautés de Montréal seulement, toujours grâce à l'influence de M. Archambault, se trouvent, parmi les livres A CONSULTER PAR LES MAÎTRESSES, quelques ouvrages de madame P. C., tels que le *Manuel de l'Institutrice*, *Histoires et leçons explicatives*, *Enseignement pratique dans les salles d'asile*, etc. Mais qu'on le remarque bien, les élèves n'ont pas accès à ces livres ; et un autre point important, sur lequel nous appelons spécialement l'attention du *Courrier* et de son docte pédagogue, c'est que les sœurs de ces deux communautés affirment ne *point faire usage de ces livres ! ! !* Est-ce assez concluant ?

Ainsi, pour résumer en deux mots : 1° Livres de madame Pape-Carpantier entre les mains des élèves *nulle part* dans les communautés de Montréal ni dans les maisons qui en dépendent. 2° Manuels et autres livres de direction pour les maîtresses dans deux communautés seulement où les sœurs attestent ne pas les suivre.

On voit donc ce que vaut l'argument du *Courrier.*

Nous n'avons ni dit ni insinué que " nos bonnes sœurs sont tombées dans un grossier naturalisme," mais nous avons dénoncé et nous dénonçons encore ceux qui, comme M. U.-E. Archambault, le *Courrier de Montréal* et son pédagogue, font des efforts pour les y faire tomber. La même remarque s'applique, *mutatis mutandis*, à ces autres paroles que le *Courrier* nous attribue, que " nos sœurs sont entachées de franc-maçonnerie."

L'assertion du *Courrier* au sujet de la plupart des communautés religieuses de France ne suffit pas, car on l'a vu, notre confrère fait des assertions en l'air et ses dires ont besoin d'être contrôlés.

Du reste, quand même cela serait vrai pour les communautés religieuses en France, que faudrait-il en conclure ? N'a-t-on pas vu des collèges catholiques de France forcés, par les programmes officiels, à s'humilier au point d'avoir à faire suivre à leurs élèves, se préparant aux examens, *Le siècle de Louis XIV* par l'infâme Voltaire ?

Citons encore de la prose délicate du *Courrier :*

" Ceux qui comme M. Tardivel et ses amis n'ont jamais étudié que les mots, sont sujets à des erreurs qui les compromettent, ainsi que ceux qu'ils veulent défendre.

" Mais ne soyons pas trop sévère pour M. Tardivel, qui confond la *méthode* avec l'*enseignement*, ou plutôt qui voudrait faire croire que *méthode* et *enseignement* sont synonymes. Retenez bien ceci, M. Tardivel. Une méthode pédagogique n'est, moralement parlant, ni bonne, ni mauvaise en soi, tout dépend de la manière dont on en fait usage."

Nous avons déjà vu, dans un précédent article, que celui qui tient la plume du *Courrier*, bien qu'il se vante de son savoir et s'appitoie sur l'ignorance d'autrui, ne sait pas distinguer entre le *laïcisme*, qui est l'exclusion de la religion de l'enseignement, de la politique, etc., et la *participation des laïques* aux œuvres où la foi est concernée. Nous l'avons entendu soutenir la proposition absurde que le livre étant un instrument, un outil, est bon ou mauvais, selon que le maître est bon ou mauvais. Le voilà qui renchérit sur cette énormité à propos de méthode et d'enseignement.

Méthode signifie *en général* : manière de tendre vers un but ; et *spécialement* en fait d'enseignement : " marche que l'on suit pour enseigner une chose " ou encore, " mode, procédés, moyens divers qu'on emploie pour atteindre le but" qui est l'enseignement.

Nous ne confondons pas méthode avec enseignement, mais nous constatons que le *Courrier*, dressé sans doute par " le professeur de ses amis ", a recours à l'équivoque au sujet du mot *méthode*. On le sait, les équivoques jouent un grand rôle dans les raisonnements de la gent libérale qui a une horreur invincible pour les propositions claires et précises.

Méthode a plusieurs sens en pédagogie, ou si l'on veut, on le prend dans un sens plus ou moins étendu. Car si ce mot, pris dans un sens très restreint, s'emploie souvent pour marquer simplement divers *modes* d'enseignement, comme l'*individuel*, le *mutuel*, le *simultané*, le *simultané-mutuel*, il s'emploie aussi dans un sens beaucoup plus étendu, pour désigner, " le *choix, l'ordre et l'enchaînement des matières, ou des points d'une même matière*, qu'il convient de traiter et dont l'*ensemble* constituera, soit le *programme général des études*, soit celui d'une spécialité," comme s'exprime fort bien Achille V. A., professeur d'école normale, dans son " Traité théorique et pratique de méthodologie " (3me édition 1880). Le professeur ami du *Courrier* devrait savoir cela.

Si le *Courrier* a voulu désigner par *méthode* un simple *mode* d'enseignement, il parle pour ne rien dire du tout, puisqu'il s'agit de tout autre chose.

Nous parlons des livres de Madame Pape-Carpantier, de leur esprit ; le *Courrier* ne peut donc pas nous répondre en nous parlant du système *individuel* ou du système *mutuel*. Il faut, par conséquent, qu'il donne au mot *méthode* un sens plus étendu. Or qui oserait dire sérieusement que *le choix des matières à enseigner*, LE PROGRAMME GÉNÉRAL DES ÉTUDES, est chose " moralement parlant **NI BONNE NI MAUVAISE EN SOI** ? " Pourtant c'est là la belle doctrine que proclame le *Courrier*.

Voilà ce que c'est que de savoir choisir parmi les professeurs de ses amis " pour connaître la valeur pédagogique d'un écrit ! "

On peut espérer qu'à l'avenir le *Courrier* se mettra en garde contre certains professeurs qui s'aventurent *far beyond their depth*, ou qui savent aveugler les simples. Ignorance ou mauvaise foi, le résultat serait le même pour le public—la propagation rapide de l'erreur—si on laissait sans réponse les élucubrations malsaines de ces messieurs, surtout si on les aidait comme font le *Courrier*, la *Minerve* et le *Monde*. [1]

1—Il est bien entendu que les notes pédagogiques de cet article m'avaient été fournies par un professeur éminent.

TRAITRES OU AVEUGLES

18 novembre 1882.

Nous avons promis de parler d'un article perfide sur l'éducation publié dans le *Monde* du 25 octobre dernier. Disons-en un mot aujourd'hui.

Le *Monde* commence par citer un magnifique article de l'*Univers*, de Paris, sur l'enseignement athée que la franc-maçonnerie veut inaugurer en France. C'est pour se donner un petit air d'orthodoxie, et c'est là la perfidie. Après cette citation, le *Monde* fait la leçon, sans à propos aucun, aux « illuminés, aux quelques alarmistes » qui disent que nous avons chez nous le germe des terribles maux dont la malheureuse France est affligée en ce moment, et que l'article de l'*Univers* flétrit si éloquemment.

« On n'est pas près d'arriver à de telles aberrations dans le Canada français » s'écrie le *Monde* ; et continue-t-il, « les quelques alarmistes qui cherchent laborieusement à faire accroire le contraire, ne savent pas ou ne veulent pas comprendre que l'état de la société et la tournure des idées sont ici bien différents de ce qu'ils sont dans la France moderne. »

Sans doute, nous n'en sommes pas rendus où en est rendue la France, et personne ne le prétend. Mais c'est fermer les yeux à la lumière, c'est nier ce qui est notoire que de soutenir, comme font le *Monde* et certains autres journaux, que nous n'avons pas chez nous des gens imbus de doctrines fausses, radicalement fausses en matière d'éducation ; de doctrines qui, si on ne les combat pas pendant qu'il en est encore temps, nous conduiront infailliblement, par degrés presque insensibles, par un enchaînement fatal, à l'abîme d'impiété où est allé s'engouffrer le gouvernement français.

Dans un article subséquent, répondant au *Journal des Trois-Rivières*, le *Monde* admet l'existence de cette école dangereuse, mais il prétend que les membres de cette école se recrutent uniquement parmi les libéraux avancés. " Ah ! dit-il, si les radicaux de l'école de la *Patrie* pouvaient se hisser au pouvoir, on aurait raison de craindre quelque changement désastreux dans l'organisation de notre système scolaire." Or, quoi qu'en dise le *Monde*, il peut fort bien se faire que les radicaux parviennent à se hisser au pouvoir [1]. On les y a déjà vus, et dans les pays constitutionnels il faut toujours s'attendre à l'imprévu. Donc, le danger n'est pas imaginaire, donc nous ne combattons pas des moulins à vent. Car pour traiter cette question importante de l'éducation, il n'est pas nécessaire d'attendre que le feu soit aux quatre coins du pays. Ce serait alors trop tard pour crier. Il faut préparer l'opinion pendant qu'il en est encore temps.

Du reste, les radicaux n'ont pas le monopole des mauvaises tendances en matière d'enseignement. Ce ne sont pas eux qui ont présenté le fameux projet de loi scolaire

1—En effet, les libéraux sont arrivés au pouvoir, à Québec, deux fois depuis 1882. Ils y sont actuellement, sans doute pour longtemps. Heureusement, la possession du pouvoir semble les avoir assagis. Même " les radicaux de l'école de la *Patrie* " ont dû changer de ton. Quelques-uns ont déménagé. L'école radicale existe toujours, mais il ne paraît pas dicter ses volontés à ceux qui gouvernent. Depuis la tentative faite par le cabinet Marchand, au commencement de son existence, de rétablir un ministre de l'instruction publique, tentative qui a échoué au Conseil législatif, on dirait que les libéraux de gouvernement ont renoncé au projet de bouleverser notre système scolaire. Puissent-ils garder toujours cette sage résolution !

contre lequel le *Monde* n'a pas osé protester. Ce sont de prétendus conservateurs qui sont les auteurs de cette audacieuse entreprise contre les droits des pères de famille.

D'ailleurs, une triste expérience nous prouve qu'un trop grand nombre de chefs soi-disant conservateurs sont toujours prêts à céder aux libéraux les plus avancés les *réformes* qu'ils réclament, quelque démoralisatrices que soient ces prétendues réformes. N'avons-nous pas vu une chambre *conservatrice* voter enfin l'abolition du cens d'éligibilité ? N'avons-nous pas entendu un premier ministre *conservateur* donner clairement à entendre qu'il serait prêt à sacrifier le Conseil législatif? N'avons-nous pas été tout dernièrement encore témoins du spectacle stupéfiant de l'organe en chef du parti conservateur acceptant comme candidat ministériel un homme notoirement imbu des idées les plus avancées?

En face de ces faits qui parlent plus haut que les discours les plus éloquents, c'est le devoir du journaliste catholique de crier au loup. Et bien coupables sont ceux qui, pour des raisons que nous ne cherchons pas à connaître, veulent sans cesse endormir leurs compatriotes dans une fausse sécurité. Ou ces-gens là savent ce qu'ils font, et alors ce sont des traîtres dans le camp ; ou bien ils sont tellement aveugles qu'ils ne peuvent voir le soleil en plein jour, et alors ce sont des guides peu sûrs pour le peuple. Traîtres ou aveugles, ils sont extrêmement dangereux.

LE "JOURNAL DE L'INSTRUCTION PUBLIQUE"

---

25 novembre 1882.

Notre confrère du *Journal des Trois-Rivières* administre une bonne râclée, bien méritée, à cette feuille qui s'intitule pompeusement : " Organe des instituteurs catholiques de la province de Québec." Après avoir constaté que le *Journal de l'Instruction publique*, dans son dernier numéro, ne souffle pas mot de la protestation du Conseil de l'Instruction publique contre le fameux projet de loi que l'on connaît, notre ami ajoute que cette même feuille n'a pas manqué de tenir ses lecteurs au courant de certaines propositions faites par quelques membres du Conseil, telle que l'inspection de nos couvents par l'Etat ; elle a même su glisser dans ses colonnes une note de la rédaction tendant à démontrer la nécessité d'une semblable inspection pour nos collèges. " Son zèle, dit le *Journal des Trois-Rivières*, n'est jamais en défaut toutes les fois qu'il s'agit de pousser dans le sens des laïciseurs." Et notre confrère conclut de ces faits que si l'organe des instituteurs catholiques n'a pas parlé de la protestation du Conseil contre le fameux projet de loi, c'est qu'il ne trouve pas cette protestation opportune. On peut donc juger de l'esprit de cet *organe*. Autre *fait*, dit le *Journal des Trois-Rivières*, qui permet de se faire une idée assez juste de l'esprit qui anime l'organe des instituteurs catholiques, c'est qu'il a reproduit les articles du *Courrier de Montréal* et de la *Minerve* sur les *Décorations françaises* et les *Déléguées françaises*, et n'a pas dit un mot des réponses faites à ces écrits.

Pourtant, dans le temps, l'article de la *Minerve* avait été démoli de fond en comble et celui du *Courrier*, sérieusement entamé.

A notre tour, et pour appuyer les observations du *Journal des Trois-Rivières*, nous avons un très grave reproche à formuler contre le *Journal de l'Instruction publique.*

Il se vend, dans une certaine librairie de Montréal, un ouvrage infâme, intitulé : " Histoire de l'Education et de l'Instruction, par le Dr Frédéric Dittes, 1ère édition, Genève et Paris, 1879." L'auteur de cet ouvrage est un protestant allemand. Pour donner une idée du caractère détestable de ce livre, nous croyons devoir en publier quelques extraits. A la page **110**, on lit :

" En tout, le clergé chrétien procédait ainsi qu'ont procédé de tout temps les prêtres et les confessions : ils ont d'abord hâté, puis paralysé le développement des peuples. Aussitôt que les hommes étaient préparés pour l'Eglise au moyen de certaines institutions, ils devaient simplement persister dans leur croyance et se soumettre aveuglement à l'autorité de leurs pasteurs."

Et à la page **126** :

" 324. DE L'IMPORTANCE PÉDAGOGIQUE DE LA RÉFORME DE L'EGLISE.

" La réforme de l'Eglise, au XVIe siècle, entreprise presque en même temps dans l'Allemagne centrale (par Luther) et dans la Suisse (par Zwingli) fut aussi une réforme entière de l'école. . .

" La domination de l'Eglise au moyen-âge, fit l'homme impubère, passif et mort spirituellement. . . La hiérarchie romaine supprimait l'esprit du christianisme et le caractère fondamental de la nation germanique. Il est du mérite de la Réforme de les avoir fait valoir de nouveau tous deux. . .

" Le nouvel esprit (de la Réforme) pénétra tous les

domaines de la vie, et ses propagateurs reconnurent dans une éducation réglée de la jeunesse, la base indispensable de la régénération du peuple."

Et plus loin, à la page 130 :

" Luther, de beaucoup le plus grand réformateur de l'Eglise, et, en même temps, pédagogue de premier rang, était issu d'une modeste famille."

A la page 128 :

" On comprend pourquoi, dans des pays protestants, la culture générale du peuple fût plus développée que dans des pays catholiques, et pourquoi les protestants ont exercé une plus heureuse influence que les catholiques, sur tous les domaines de la vie intellectuelle, surtout dans la science et dans la poésie.

" Notons aussi l'importance particulière de la décision qui abrogea l'état dénaturé du *célibat* des ecclésiastiques. Luther, en se mariant, rétablit la vie de famille et, par suite, développa la vocation générale pédagogique."

Nous demandons pardon au lecteur de ces citations immondes; mais le temps est venu de parler à bouche ouverte. Si le scandale arrive, malheur à ceux par qui il arrive, et non à ceux qui le dénoncent pour l'empêcher de grandir.

Eh bien ! ce livre infâme est en vente dans une librairie *catholique* de Montréal et EST ANNONCÉ DANS LE DERNIER NUMÉRO DU JOURNAL DE L'INSTRUCTION PUBLIQUE (numéro de novembre 1882, page 351.) Voilà la propagande malsaine que fait l'*organe des instituteurs catholiques de la province.* Et nous savons que plusieurs de ces instituteurs *catholiques* achètent ce livre abominable et d'autres semblables !

N'avions-nous pas raison de considérer comme *hasardée* l'assertion du *Courrier de Montréal*, que " nos instituteurs, Dieu merci, sont tous catholiques ! "

L'organe des instituteurs catholiques de la province se faisant ouvertement le propagateur d'un livre scandaleux, d'un livre hérétique, d'un livre infâme, voilà certes un spectacle peu édifiant. Mais on en verra bien d'autres avant longtemps.

Et le *Monde* nous dit de ne pas " alarmer inconsidérément les consciences catholiques ! ! "

N'avons-nous pas raison de crier au loup ? [1]

SUS AUX ENDORMEURS !

---

2 décembre 1882.

Nous croyons devoir reproduire intégralement la correspondance suivante qui a paru dans l'*Univers* du 16 septembre dernier. Cette citation montre comment il faut être sur ses gardes, par le temps qui court, pour ne

1—La maison J.-B. Rolland & fils ayant publié dans le *Journal de l'Instruction publique*, livraison de décembre, un article où elle offrait de reprendre tout autre mauvais ouvrage qui pourrait être sorti de sa librairie, un collaborateur de la *Vérité* signala à l'attention de ces messieurs les ouvrages suivants vendus par eux et annoncés dans le *Journal de l'Instruction publique*. 1° *Entretiens sur les éléments des sciences destinés à l'éducation première, publique et privée*, par Patrice Larroque, ouvrage où la libre-pensée la plus dangereuse se manifeste, où l'on s'attaque directement au dogme de la création ; 2° *Emile ou l'Education*, par J.-J. Rousseau, ouvrage dont le fond, dit Feller, " est une source de corruption " ; 3° *La Famille et l'Education*, par Henri Baudrillart, qui renferme des propositions fort risquées ; 4° *Conférences pédagogiques faites aux instituteurs délégués à l'Exposition de Paris et aux instituteurs primaires venus à Paris pour l'Exposition universelle de* 1879, œuvre de la maçonnerie française.

pas se laisser aller insensiblement au courant des idées *modernes :* elle servira aussi pour appuyer notre réponse à Paul-Emile qui a publié, dans le *Journal de Québec* du 24 octobre, une jolie tirade en faveur de madame Pape-Carpantier et de ses livres.

Nous lisons donc dans l'*Univers* du 16 septembre :

" Un de nos lecteurs nous adresse la note suivante sur un manuel d'enseignement dont nous avons loué ce qui était louable sans faire les réserves nécessaires sur ce qui ne l'était pas :

" L'INSTRUCTION CIVIQUE," *par C.-F. Audley.*

" Plusieurs journaux viennent de recommander un nouveau manuel, l'*Instruction civique*, dont l'auteur est M. Audley. Assurément le livre de M. Audley est inspiré par un tout autre esprit que les manuels Paul Bert, Compayré et Laloi. Nous sommes heureux de reconnaître que M. Audley se sépare de ses prédécesseurs sur des points essentiels. Son manuel est chrétien, c'est le principal ; mais en dehors de là, combien il laisse à désirer.

" M. Audley nous paraît accorder de trop faciles concessions aux idées *modernes*, c'est-à-dire aux idées révolutionnaires.

" Son livre en offre mille preuves ; choisissons-en quelques-unes. M. Audley constate que la Révolution de 1789 s'acharnait à renverser l'Eglise ; mais là même il montre une singulière indulgence pour les révolutionnaires : " Au milieu de ces hommes bien intentionnés, dit-il, mais inexpérimentés, on vit paraître d'abord la confusion, puis l'anarchie, puis les scènes sanglantes de la Révolution (p. 19)." Que penser de ces deux épithètes " bien *intentionnés* mais *inexpérimentés*," les seules que M. Audley juge bon d'appliquer aux hommes qui ont perdu la France ? Aussi, aux pages suivantes M. Audley approuve-t-il avec une grande complaisance " l'ensemble de réformes et de lois " sorti de la Révolution.

" Il admire tout le système *moderne*, le partage forcé

de l'héritage paternel, le vote qui ne se trompe que dans des *cas rares*, la caisse des écoles, l'instruction moderne, les volontaires de 92 et la fête du 14 juillet.

" Bref, tout est pour le mieux dans la meilleure des républiques.

" Prenons un exemple :

" D'après la loi de 1850, loi restée célèbre, dit M. Audley, l'instruction *primaire*, comprend l'instruction morale et *religieuse*, etc... Voilà ce que vous apprenez."

" Hélas ! non. Les enfants à l'école publique n'apprennent pas le catéchisme. La loi de 1850 est restée célèbre, sans doute ; mais elle n'est pas restée debout.

" M. Audley trompe les enfants en leur faisant croire que cette loi est en vigueur et que l'Etat moderne autorise l'enseignement religieux.

" Son erreur dénote un parti-pris d autant plus évident qu'il n'ignore point la loi du 28 mars 1882. Il en parle longuement. Cette loi, dit-il, " a introduit dans l'instruction primaire le principe de l'obligation... Autre principe adopté par une loi du 17 juin 1881, la gratuité."

" Et le troisième principe, la *laïcité ?* M. Audley l'escamote comme une simple muscade. Impossible à un chrétien de louer l'école sans Dieu ; mais M. Audley, qui tient à louer la société *moderne* et l'école *moderne*, supprime la loi athée et rétablit la loi de 1850 " restée célèbre." Ce n'est pas plus malin que cela.

" Le livre de M. Audley altère donc la vérité d'une manière grave, et il est singulièrement propre à fausser l'esprit des enfants. Aussi ai-je été extrêmement surpris de le voir recommander par des journaux catholiques. Le *Français* en fait un long éloge. L'*Union* le loue aussi, mais plus brièvement : peut-être d'autres journaux en ont-ils parlé. J'espère que l'*Univers* voudra bien désabuser les esprits inattentifs que ces recommandations auraient trompés.

" UN CURÉ BRETON."

Maintenant, occupons-nous un peu de M. Paul-Emile du *Journal de Québec.* C'est un *personnage*, évidemment, puisque sa prose a été reproduite dans le dernier numéro du *Journal de l'Instruction publique*, organe des laïciseurs et propagateur d'un livre hérétique.

Ce correspondant, après avoir cité l'opinion du *Courrier*, de Montréal, sur les livres de madame Pape-Carpantier, dit : " Mais voici une *haute* autorité qui vient d'ajouter un nouveau poids à la réplique de la feuille montréalaise, c'est l'*Education*, un des journaux pédagogiques les plus catholiques de Paris."

Or, dit Paul-Emile, ce journal renvoie *sept* fois dans un seul article aux ouvrages de madame Pape-Carpantier. " Il ne se gêne pas, non plus, continue le correspondant, de citer MM. Rousseau et Buisson."

Ne pas se *gêner* de citer Rousseau et Buisson, des *laïciseurs* à outrance, c'est une preuve, en effet, qu'on n'est pas *gêné*, mais cela est loin d'indiquer qu'on est catholique. Paul-Emile, sans le vouloir, a jeté là un lourd pavé sur la tête de son ami de l'*Education*, et, par ricochet, sur la tête de madame Pape-Carpantier qui se trouve, par le fait même, mise sur un pied d'égalité avec MM. Rousseau et Buisson, ce qui n'est certes pas faire un compliment à cette dame.

Paul-Emile cite ensuite quelques passages de l'*Education* où l'on fait l'éloge des livres de madame Pape-Carpantier, puis il ajoute, en manière de péroraison :

" Voilà, M. le rédacteur, la doctrine prêchée dans les livres que l'on vient, tout dernièrement, de signaler comme dangereux ; voilà aussi où nous en sommes rendus ! on se bat avec des moulins à vent. On se démène, on crie au loup, et l'on commet les plus grossières bévues, en condamnant des ouvrages que les plus zélés défenseurs de la cause catholique en Europe citent comme modèles de l'enseignement le plus pur et le plus irréprochable."

Or, la *doctrine* de madame Pape-Carpantier, on l'a vu plus d'une fois déjà, est une doctrine vague, une religiosité qui peut convenir aussi bien à un disciple de Confucius qu'à un adorateur d'Allah ; ce n'est pas le christianisme. Mais c'est le christianisme qu'il faut dans les écoles chrétiennes. " Dans ces écoles, disent Pie IX et Léon XIII, il faut que tous les enfants des classes du peuple reçoivent, même dès la plus tendre enfance, une connaissance *sérieuse* des mystères et des commandements de notre très sainte religion " ; et " c'est surtout, disent ces mêmes pontifes, l'étude de la religion qui doit dominer et tenir le premier rang." On n'arrivera certainement pas à ce résultat avec la morale vague de madame Pape-Carpantier.

Faut-il suivre l'enseignement si formel des papes ou les théories de madame P.-C., de Paul-Emile et de l'*Education ?* La réponse doit être assez facile.

Et ce journal l'*Education*, qu'est-il, après tout ? Voici : Il a pour rédacteur en chef ce même M. Audley dont il est question dans la correspondance du *curé breton* citée plus haut. On peut voir par là si l'autorité de cette feuille est aussi *haute* que le prétend Paul-Emile, et si l'on peut raisonnablement classer de tels écrivains parmi " les plus zélés défenseurs de la cause catholique en Europe."

M. Audley, qui ne *se gêne* pas de citer Rousseau et Buisson, n'est pas une autorité ni haute, ni moyenne, ni basse. Des personnes compétentes, des juges sûrs, ici au Canada, se sont plus d'une fois étonnés de l'influence bien grande qu'exercent les idées *modernes* sur M. Audley, rédacteur de l'*Education.* Dans presque chacun des numéros de ce journal il y a quelque chose qui choque le sens catholique. La correspondance du *curé breton* n'est pas trop sévère.

L'*Education* de Paris est à peu près du même acabit

que notre *Journal de l'Instruction publique*, qui se dit organe des instituteurs catholiques de la province de Québec. Après ce que nous avons vu dans notre dernier numéro, pense-t-on qu'un catholique aurait bonne grâce de citer cette dernière feuille comme une *autorité ?*

Il faut donc ranger Paul-Emile parmi les endormeurs qui cherchent sans cesse à faire croire au public que la province de Québec est entourée d'une espèce de muraille de Chine que les mauvaises doctrines ne pourront jamais franchir.

Or, cette muraille n'existe pas plus au Canada qu'il n'a existé dans les pays d'Europe.

UN ENDORMEUR EN PEINE

23 décembre 1882.

Paul-Emile—pas celui du *Courrier du Canada*, mais l'endormeur du *Journal de Québec*—quitte un instant ses occupations *normales* pour revenir à la charge à propos des livres de madame Pape-Carpantier et du journal l'*Education*. Ou plutôt, M. Paul-Emile lâche prudemment madame Pape-Carpantier et concentre, dans un long article, toutes ses énergies sur un seul point : il cherche à réhabiliter M. Audley, rédacteur de l'*Education*, dont la *haute autorité* a été considérablement entamée par la lettre du *curé breton* à *l'Univers*, lettre que nous avons reproduite dans notre numéro du 2 décembre.

Mais M. Paul-Emile a une singulière manière de procéder.

Il n'essaie pas de prouver que la critique du curé breton est injuste ; il n'y touche même pas, en quoi il fait preuve d'une certaine dose de sagesse. Mais tant qu'il n'aura pas détruit cette critique, elle restera tout entière contre son cher M. Audley, qui est convaincu d'être imbu des idées dites *modernes*.

Que fait M. Paul-Emile? Je vous le donne en mille. Il élabore péniblement toute une colonne pour prouver que M. Audley est membre et même directeur de la "Société générale d'éducation et d'enseignement" de Paris. Cette société, qui compte parmi ses membres des catholiques éminents, comme MM. Chesnelong et Lucien Brun, a été organisée pour combattre l'enseignement athée du gouvernement français. Le *but* est excellent, et il a dû être approuvé par tous les évêques de France. Voilà des points que nous admettons volontiers. Mais de ce que M. Audley fait partie d'une telle société, faut-il en conclure que tous ses actes, tous ses écrits soient revêtus d'une espèce d'infaillibilité? Peut-on raisonnablement prétendre que tout ce que M. Audley dit est approuvé par l'épiscopat français? C'est la prétention de Paul-Emile, mais c'est une prétention souverainement absurde.

Ainsi, le Cercle catholique et l'Institut canadien de Québec sont approuvés par l'autorité diocésaine. Mais quel est l'homme sensé qui voudra soutenir que tout ce que chacun des directeurs de ces deux sociétés pourra dire ou écrire est approuvé par l'Ordinaire? Assurément, Paul-Emile, avec toute sa naïveté, n'oserait émettre une telle proposition, parce qu'il sait bien quel éclat de rire homérique l'accueillerait. Son raisonnement au sujet de la Société générale d'éducation et d'enseignement, bien qu'il nous crève moins les yeux, à cause de la distance qui nous sépare de la France, n'en est pas moins extravagant.

Du reste, Paul-Emile a été très malheureux dans le choix de ses preuves. Cette Société, bien qu'organisée dans un excellent but, bien qu'elle compte dans son sein des catholiques sincères, est loin de répondre à l'attente d'un très grand nombre de catholiques français. Il est absolument faux que tous les évêques aient approuvé la ligne de conduite que cette Société a tenue dans une circonstance très grave qu'il est inutile de rappeler ici. Si Paul-Emile avait suivi des journaux éminemment catholiques comme l'*Univers* et le *Pèlerin*, il saurait que le fait seul d'appartenir à cette Société n'est pas précisément un certificat de fermeté et de clairvoyance dans la lutte. Si Paul-Emile veut en avoir une preuve, qu'il lise les lumineuses consultations au sujet de la loi athée du 28 mars que M. Lucien Brun, entre autres jurisconsultes, a signées. Il les trouvera dans la *Revue catholique des institutions et du droit.*

Il est donc inutile pour notre contradicteur de nous citer un passage du *Bulletin* de cette Société où l'on fait l'éloge du journal de M. Audley. Ça ne prouve absolument rien.

Un autre point : M. Paul-Emile prétend qu'il n'a pas lancé un lourd pavé sur la tête de madame Pape-Carpantier en la mettant en compagnie de MM. Rousseau et Buisson, attendu, dit-il, qu'on peut citer les auteurs les plus pervers lorsque la force de la vérité leur arrache des aveux. Sans doute ; mais il faut qu'on les cite de manière à faire voir qu'on s'appuie sur leurs *aveux* et non pas sur leur *autorité.* Or, il a négligé de nous dire de quelle manière l'*Education* cite ces auteurs. Il dit tout simplement, après avoir annoncé que l'*Education* cite madame Pape-Carpantier, que ce journal "*ne se gêne pas non plus de citer Rousseau et Buisson.*" Si cela veut dire quelque chose, cela signifie que l'*Education* met madame P.-C., Rousseau et Buisson dans le même sac, qu'elle les cite tous les trois comme des *autorités.* Or, nous le répétons, c'est là un lourd pavé sur la tête de cette pauvre madame Pape-Carpantier.

M. Paul-Emile termine en disant que nous aurions dû étudier nous-mêmes la question au lieu de nous fier à nos " aviseurs " (triste barbarisme pour un professeur) ; que si nous avions agi de la sorte, nous nous serions convaincu " que M. Audley et son journal sont l'un et l'autre dignes de la confiance des catholiques." Paul-Emile se trompe. Bien qu'on nous accuse très souvent d'être bouffi d'orgueil, nous sommes ainsi fait que nous aimons toujours mieux nous en rapporter au jugement d'hommes d'expérience et mûris par de longues études, que de nous fier exclusivement à nos propres lumières. Nous croyons que c'est beaucoup plus sûr et beaucoup plus digne d'un journaliste catholique.

Cela ne nous empêche pas de nous rendre compte par nous-même de la vérité des faits que nous avançons et de la justesse des raisonnements que nous déduisons de ces faits. C'est ce que nous n'avons pas manqué de faire dans la question qui nous occupe, et nous prions Paul-Emile de croire que notre opinion personnelle de M. Audley et de son journal coïncide exactement avec l'opinion de nos " aviseurs."

Si Paul-Emile y tient absolument, nous publierons des extraits de ce fameux journal l'*Education*, et il pourra se convaincre que notre opinion est pleinement justifiée.

Maintenant, un mot de conseil : Que Paul-Emile retourne tranquillement à ses occupations *normales* et qu'il ne nous force pas à lui dire des choses désagréables.

Dans notre premier article à son adresse nous avons dit que Paul-Emile devait être un " personnage." Depuis, nous avons acquis la certitude qu'il est moins *personnage* que nous pensions.

L'ÉTAT HORS DE L'ÉCOLE

25 novembre 1882.

Quelqu'un nous écrit :

" La proposition: l'Etat hors de l'école *serait* condamnée à Rome."

Distingo. Si vous voulez dire que l'Etat ne doit pas aller à l'Ecole de l'Eglise pour y apprendre ses devoirs, *concedo ;* cette proposition est certainement condamnée. Si vous voulez dire que l'Etat n'a pas le droit inhérent de se faire maître d'Ecole, de former l'esprit et le cœur de la jeunesse, *nego ;* on ne trouvera nulle part la condamnation de cette proposition.

Le même correspondant ajoute que dans l'enseignement l'Etat doit être soumis à l'Eglise comme le corps à l'âme. Oui, mais il faut encore distinguer.

L'Etat doit *aider* l'Eglise et les pères de famille dans l'accomplissement de leur *droit* d'enseignement ; il ne doit pas chercher à *absorber* ce droit sous prétexte de le *protéger.*

L'Etat à côté de l'école, autour de l'école, *appuyant* et *protégeant* l'école, *concedo.*

L'Etat *dans* l'école, l'Etat *enseignant*, *nego.*

Il n'y a que *trois* personnes qui aient le *droit* inhérent d'être *dans* l'école : L'Eglise, le père de famille et l'enfant.

Quand nous disons l'*école*, nous voulons dire l'enseignement et l'éducation de la jeunesse, sa formation intellectuelle et morale, ce procédé par lequel l'âme de l'enfant est façonnée pour le temps et pour l'éternité, pour son bonheur ou son malheur dans ce monde et dans l'autre. Et nous disons hardiment que *dans* l'école ainsi entendue il n'y a pas de place pour l'Etat, si ce n'est comme simple délégué de l'Eglise ou du père de famille.

---

16 décembre 1882.

Il y a quelque temps, un correspondant du *Courrier du Canada*, dans une étrange épître adressée au rédacteur de la *Vérité*, a tenté d'établir que la proposition : " l'Etat hors de l'école" a été condamnée par Rome. Voici cette communication en entier :

À M. J.-P. TARDIVEL.

" La proposition : L'*Etat hors de l'école serait condamnée à Rome.* Pour prouver mon assertion, je n'ai qu'à publier les paroles suivantes d'une *Commission Pontificale*, paroles citées par Mgr Baillargeon, à la suite de son mandement du 31 mai 1870 :

NOTE DE LA COMMISSION SUR L'ENSEIGNEMENT.

" *Non negari debet jus potestatis laïcœ providendi institutioni in litteris ac scientiis ad suum legitimum finem, et ad bonum sociale, ac proinde negari non debet eidem potestati laïcœ jus ad directionem scholarum, quantum legitimus ille finis postulat.*

" TRADUCTION. On ne peut nier le *droit du pouvoir laïque* de pourvoir à l'enseignement dans les lettres et les sciences pour qu'il atteigne sa fin légitime et pour le bien social, et par conséquent on ne doit point nier au même pouvoir laïque le *droit à la direction des écoles* autant que le demande cette fin légitime."

" Voilà pour M. Tardivel. Qu'on n'aille pas cependant tomber dans l'excès contraire et accorder à l'Etat plus de pouvoir qu'il n'en a, car la même Commission Pontificale dit : " Mais on doit revendiquer l'autorité de l'Eglise pour la direction des écoles *autant que la fin de l'Eglise* le demande, et par conséquent l'on doit affirmer *son droit et son devoir* de veiller à la foi et aux mœurs chrétiennes de la jeunesse catholique, et par cela même de pourvoir à ce que ces biens précieux ne soient pas corrompus dans les écoles par l'enseignement.

" Ce droit de l'Eglise considéré en lui-même ne s'étend pas moins aux écoles supérieures qu'aux classes inférieures."

" Ce quelqu'un qui a écrit."

Le correspondant s'est appuyée sur la note d'une commission pontificale, mais dans son empressement de mettre en évidence notre pauvre personnalité, il a oublié deux points extrêmement importants : il a négligé d'abord de faire connaître notre opinion qu'il combattait ; il n'a pas dit ce que nous entendions par *école*, ni de quelle manière nous voulons que l'Etat soit hors de l'école. Impossible donc aux lecteurs du *Courrier* de juger si réellement les paroles citées sont une condamnation de la proposition que nous avons soutenue. Ensuite, le correspondant n'a rien dit touchant les circonstances qui ont provoqué la note de cette commission pontificale.

Or, il est absolument nécessaire de connaître ces circonstances pour pouvoir saisir la véritable pensée de la commission, car les paroles citées par le correspondant sont susceptibles d'interprétations différentes, selon le point de vue où l'on se place. Nous n'avons pas l'intention de donner une interprétation à ces paroles ; ce n'est pas là notre rôle. Mais nous dirons que leur véritable sens *ne doit pas* être opposé à l'enseignement des théologiens que l'Eglise considère comme des lumières. Il nous suffira donc de connaître ces enseignements, car nous pouvons être bien certains que dans une matière de cette importance le pape infaillible ne permettrait pas à des hommes aussi haut placés et aussi influents que les deux personnages sur lesquels nous allons nous appuyer, d'enseigner publiquement une doctrine entachée d'erreur ; car si le pape permettait à des hommes éminents qui, par leur position, pourraient entraîner à leur suite un grand nombre d'âmes, d'enseigner des *propositions condamnées par Rome*, c'est qu'il aurait manqué à sa mission de *paître les brebis* de Jésus-Christ. Or, nous en avons la promesse du Sauveur, le pape *ne peut pas* manquer à cette mission.

Voyons d'abord ce que dit dans son livre sur l'*Eglise et l'Etat*, le R. P. Liberatore. Le Père Liberatore n'est pas *évêque*, sans doute, mais il écrit, pour ainsi dire, sous les yeux du pape ; il est considéré comme une autorité, et il n'est pas raisonnable de supposer que le pape n'élèverait pas la voix pour avertir les fidèles si cet écrivain remarquable venait à soutenir des *propositions condamnées par Rome.* Voici ce que dit le Père Liberatore :

" Le second principe : que l'école est une appartenance de l'Etat n'est pas moins faux que l'absolue indépendance qu'il revendique.

" Qu'est-ce que l'école ? Un moyen de développer et de former l'intelligence de l'enfant. L'école ne relève donc que de celui qui par nature est chargé du développement et de la formation de cette intelligence. Or, celui-là est le père de famille, ce n'est pas l'Etat. Le devoir et le droit qui forment cette attribution sont indépendants de la constitution de l'Etat et antérieures à la notion même de l'Etat. Ils appartiennent au droit privé de la société domestique et subsisteraient dans leur intégrité, quand même il n'y aurait pas de société civile. Ils résultent de l'autorité du père, en tant que cette autorité touche à ce qu'exige de lui l'être qu'il a mis au monde. L'Etat, qui a charge de protéger et d'aider les familles unies en société, doit respecter et défendre cette attribution du père, mais non l'usurper. L'Etat pourra en favoriser l'exercice par les moyens qu'il offrira et par l'éloignement de ce qui peut faire obstacle, mais la prendre pour lui et se substituer lui-même à qui elle revient par nature, jamais et en aucune façon."

En relisant ce que nous avons écrit à la date du 25 novembre on se convaincra facilement que nous n'avons pas soutenu autre chose.

Le Père Liberatore continue :

" Et il ne faut pas, pour reconnaître à l'Etat le droit de diriger le développement intellectuel dont il s'agit, s'appuyer sur la raison de sujétion qui est directe dans le père, indirecte dans le fils. Pour qu'une partie donnée de la personnalité humaine soit soumise à la direction d'un pouvoir donné, il ne suffit pas que la personne lui soit soumise de n'importe quelle manière ; mais il faut que ce soit sous le rapport même que l'on revendique. Or voudrait-t-on que l'homme soit soumis à l'Etat sous le rapport de l'intelligence ? L'intelligence n'est soumise qu'au vrai. L'intelligence par conséquent est soumise à Dieu, elle est soumise aussi à l'Eglise qui est l'infaillible maîtresse du vrai divin, et qui a reçu de Dieu la mission de le promulguer aux peuples. Dans la formation de l'intelligence de son fils, le père peut donc et doit recevoir la direction de l'Eglise, mais aucunement de l'Etat, qui n'a été constitué organe infaillible de vérité ni par grâce, ni par nature."

Voilà de la haute philosophie, et nous croyons qu'elle vient à l'appui de la thèse que nous avons dernièrement soutenue et que le mystérieux correspondant du *Courrier du Canada* considère comme condamnée par Rome.

Ecoutons maintenant Son Eminence le cardinal Manning qui est certes une très haute autorité dans l'Eglise et une des grandes lumières du siècle.

Dans une lettre pastorale écrite en 1880, l'éminent archevêque de Westminster disait :

" On nous parle d'un droit de l'Etat à élever ceux qui doivent être ses citoyens. Mais Dieu impose à l'Eglise, en vertu d'un droit supérieur, le devoir d'élever ses enfants.

" L'Etat, comme Etat, n'a reçu aucune mission pour l'éducation. Dans l'ordre naturel, c'est aux parents qu'appartient le droit d'élever leurs enfants. C'est pour eux une obligation de le faire. L'Etat, comme tel, n'a directement ni droit ni devoir en matière d'éducation ; encore moins a-t-il des droits contraires aux droits des parents. Il n'a en éducation qu'un devoir, celui de se protéger...

" Mais ce droit de l'Etat n'existe point et ne saurait exister vis-à-vis de l'Eglise qui a reçu de Dieu la charge d'élever tous ses membres. Le commandement divin : " Allez, enseignez toutes les nations, " voilà la charte de l'Eglise, jamais une telle charte et une telle mission n'ont été données à aucun autre. Et cette mission divine de l'Eglise regarde la formation tout entière, la formation spirituelle et intellectuelle de tous ses enfants. La distinction de l'éducation laïque et religieuse n'a aucun fondement dans la mission de l'Eglise. L'éducation, c'est la formation de chrétiens, et si les éléments qui la composent peuvent être distingués, ils ne sauraient être séparés. Elle fait partie de la charge pastorale, qui préserve les droits et la liberté des parents contre toute atteinte et en dirige l'exercice."

Nous appelons d'une manière toute spéciale, sur les dernières paroles du cardinal Manning, l'attention de certaines personnes qui voudraient restreindre, autant que possible, la mission de l'Eglise en matière d'éducation, et qui ne voient que l'enseignement purement dogmatique dans le célèbre : *Allez, enseignez.*

Voilà deux autorités bien respectables qui nous paraissent corroborer en tous points ce que nous avons dit sur les prétendus droits de l'Etat dans l'enseignement. Sans doute, ces autorités ne sont pas infaillibles, mais comme l'autorité infaillible, loin de les condamner, les entoure d'une très grande estime, nous croyons pouvoir les suivre en toute sûreté de conscience.

Il y a une autre leçon importante à tirer des paroles du cardinal Manning. C'est qu'il faut proclamer la doctrine catholique *tout entière.* De ce que, à cause des circonstances où nous nous trouvons, il est impossible d'*appliquer* toute la doctrine catholique, il ne s'ensuit nullement qu'il ne faille pas *proclamer* l'enseignement catholique dans toute son intégrité. Le cardinal Manning habite un pays dont la population est certes bien plus *mixte* que celle de notre pays, et cependant il proclame toujours la doctrine *tout entière.*

---

23 décembre 1882.

Depuis que l'article précédent est écrit, le *Courrier du Canada* nous est arrivé avec l'important document que voici :

“ Sous ce titre (l'Etat hors de l'Ecole) la *Vérité* essaie de prouver que la proposition : *L'Etat hors de l'Ecole*, telle qu'elle est expliquée par M. Tardivel dans le numéro du 25 novembre dernier, peut se soutenir en dépit de la note de la commission pontificale que j'ai publiée dans le *Courrier du Canada* du même jour. Ni le temps, ni l'obéissance ne me permettent d'aller plus loin. Je propose alors à M. Tardivel un moyen bien facile de régler le différend : qu'il consulte *le seul juge autorisé pour le diocèse à dirimer de pareils cas*, Monseigneur l'archevêque, et qu'il publie la réponse de Sa Grandeur. Je prie d'avance le *Courrier du Canada* de publier, à la suite de la *Vérité*, cette réponse *quelle qu'elle soit*, à laquelle j'adhère d'avance parfaitement. Si M. Tardivel est sincère (je n'en doute pas) et s'il reconnaît l'autorité de l'Ordinaire, il doit être très heureux d'en donner une preuve aux lecteurs de la *Vérité*.

“ CE QUELQU'UN QUI A ÉCRIT. ”

Cette reculade n'est pas habile ; c'est à peine si elle atteint à la hauteur d'une perfidie.

D'abord on voudra bien remarquer avec quel soin ce " quelqu'un qui a écrit " évite de faire connaître aux lecteurs du *Courrier* ce que nous disons ; pourtant nous ne craignons pas de mettre sous les yeux de nos amis ses élucubrations, à lui, dans toute leur sublime naïveté.

On voudra aussi remarquer que le correspondant persiste à insinuer que nous soutenons une proposition " condamnée à Rome." C'est une accusation très grave, et il doit la prouver ou la retirer, s'il ne veut passer aux yeux du public pour un homme d'une légèreté inexcusable.

Le correspondant a cru devoir porter son accusation contre nous devant le tribunal de l'opinion publique. C'est devant ce tribunal que le débat doit se vider, et nous avons la ferme détermination de tenir notre contradicteur devant ce tribunal, qu'il a librement choisi, jusqu'à ce qu'il ait perdu pour toujours le goût d'y retourner. Après cela, nous verrons s'il y a lieu de faire juger par l'autorité compétente, non *notre* cas, mais *son* cas à lui, le cas d'un homme qui porte des accusations graves qu'il est dans l'impossibilité de prouver.

Le correspondant a une singulière idée du rôle d'accusateur qu'il a assumé si étourdiment. Il a commencé par nous accuser de soutenir une proposition qui " serait condamnée à Rome," et aujourd'hui il nous invite à fournir les preuves du bien fondé de son accusation ! Vraiment, c'est trop fort ! Qu'il fournisse lui-même ses preuves ; qu'il établisse lui-même son accusation, ou qu'il la retire. Le simple bon sens et la justice la plus élémentaire l'exigent.

Quant à notre sincérité et à notre respect pour l'autorité de l'Ordinaire, ils sont assez connus de nos lecteurs, pour que nous n'ayons pas besoin "d'en donner une preuve" aujourd'hui ; le correspondant essaie, très charitablement, de les révoquer en doute en nous faisant, pour nous permettre de les établir, une proposition inacceptable dans la forme qu'il a choisie pour nous la présenter. Nous nous sommes toujours fait un devoir rigoureux de publier *tous* les documents qu'il a plu à l'Ordinaire de nous adresser, et rien dans notre conduite ne justifie notre contradicteur de croire que nous ne suivrons pas à l'avenir cette même ligne de conduite. Mais n'est ce pas manquer singulièrement au respect dû à l'autorité que de vouloir nous engager à la faire intervenir dans cette chicane d'Allemand que le correspondant du *Courrier* nous a suscitée avec plus de zèle que de discernement. Faut-il que nous ayons recours à notre Ordinaire chaque fois qu'il plaira à des correspondants anonymes de nous accuser de soutenir des propositions condamnées par Rome ? Dieu merci, nous avons une idée plus digne du rôle épiscopal. Il nous semble que les évêques ont de trop graves devoirs à remplir pour pouvoir passer leur temps à régler les querelles de la presse. Pour nous, nous n'avons aucun doute à éclaircir ; nous n'avons fait que nous appuyer sur des autorités compétentes, comme le P. Liberatore et le cardinal Manning ; nous *savons* qu'en répétant leurs enseignements nous ne pouvons pas être accusé, avec justice, de soutenir des "propositions condamnées à Rome." Si le correspondant du *Courrier*, lui, a quelques doutes à faire lever, s'il commence à croire qu'il a agi avec trop de précipitation en lançant contre nous une très grave et très injuste accusation, qu'il consulte l'Ordinaire ; c'est son affaire.

Notre contradicteur déclare que l'obéissance l'empêche d'aller plus loin. Il nous semble que cette même obéissance aurait dû l'empêcher de commencer.

En terminant, nous invitons encore une fois le correspondant du *Courrier* à nous parler de cette commission pontificale dont il invoque l'autorité contre nous, de nous dire ce que c'est que cette commission, de nous apprendre à quelle occasion cette note a été rédigée, quel en est le caractère ?

---

30 décembre 1882.

Notre contradicteur, " ce quelqu'un qui a écrit " dans le *Courrier du Canada*, pour nous accuser, en compagnie du Père Liberatore et du cardinal Manning, de soutenir une proposition qui " *serait* condamnée à Rome," ne doit pas s'imaginer un seul instant qu'il va se retirer de l'impasse où son imprudence l'a placé en se renfermant dans un mutisme qu'il croit peut-être un " noble silence ", mais qui n'est, au fond, qu'un aveu de faiblesse. Nous entendons poursuivre le débat jusqu'au bout, afin de montrer au public à quels *étranges* adversaires nous avons affaire. Qu'on n'oublie par les rôles. " Ce quelqu'un qui a écrit " a déclaré solennellement dans le *Courrier du Canada* que la proposition : " l'Etat hors de l'école " telle que nous l'avons expliquée, en nous appuyant sur des autorités très graves et éminemment respectables, " *serait* condamnée à Rome." Il appuie son assertion sur la note d'une commission pontificale, mais il refuse de donner sur cette note et cette commission des renseignements absolument nécessaires pour nous permettre de juger de la valeur de sa preuve. Encore une fois nous lui demandons ces renseignements.

Non seulement le mystérieux correspondant refuse de donner, sur le caractère de la commission, les explications demandées, mais il néglige également de faire voir *comment et en quoi* la note contredit l'enseignement du P. Liberatore et du cardinal Manning ; il s'abstient aussi de nous dire comment il se fait que des hommes aussi éminents que les auteurs sur lesquels nous nous appuyons aient pu soutenir une " proposition condamnée à Rome " sans qu'on l'ait su avant aujourd'hui. Il y a dans tout cela un mystère qui a besoin d'être expliqué.

Trouve-t-on qu'il convienne à un correspondant anonyme d'insinuer ainsi, devant tout un public, que des théologiens de la valeur du P. Liberatore et du cardinal Manning sont tombés dans une erreur grossière ? Est-ce que ce correspondant, qui lance ses traits en cachette et qui se dérobe ensuite en prétextant " l'obéissance," a reçu la mission d'interpréter officiellement les documents pontificaux et d'imposer son interprétation aux fidèles comme une loi rigoureuse? A-t-il l'autorité voulue pour faire la leçon à l'un des plus célèbres écrivains catholiques de notre siècle, à un prince de l'Eglise, instruisant, comme évêque, les fidèles confiés à sa charge? S'il a cette autorité il serait important que le public en fût averti. S'il ne l'a pas, il risque de scandaliser ses lecteurs en insinuant, comme il l'a fait dans sa dernière communication, que la pastorale de l'archevêque de Westminster renferme une doctrine condamnée à Rome. Si nous avons bonne mémoire il existe quelque part une défense formelle de traiter ainsi les enseignements officiels des évêques.

Au cas où ce " quelqu'un qui a écrit " jugerait à propos de revenir sur sa détermination de ne pas " aller plus loin," nous l'invitons à considérer encore, pour les concilier avec son *sentiment*, les autorités que nous allons lui signaler.

On connaît le remarquable ouvrage intitulé : *Institutes du droit naturel privé et public et du droit des gens*, par M*** B***. L'auteur de ce travail qui fait autorité parmi les jurisconsultes catholiques, est aujourd'hui connu pour être un savant religieux de France. Voici ce que nous lisons à la page 39, Vol. II, édition de 1876 :

" Le droit, comme l'obligation de pourvoir à l'éducation physique et surtout morale des enfants, appartient naturellement aux parents seuls. Les personnes étrangères à la famille, et, par conséquent, l'autorité politique du pays où elle vit, n'y peuvent rien prétendre.

" Le fils, dit saint Thomas, tant qu'il ne peut se gouverner par lui-même, est la chose du père, *res patris* ; c'est donc à celui-ci qu'il appartient de soigner son corps et de former son âme, et il ne s'agit nullement de les *frapper à l'effigie de l'Etat*, comme le voulait M. Thiers dans son fameux rapport sur la liberté de l'enseignement. L'Etat ne peut s'arroger le droit d'élever les enfants, que lui attribuent les politiques modernes, plus ou moins imbus des utopies socialistes de Platon, de Licurgue et de Fourrier. Tout son pouvoir se borne à encourager indirectement les familles dans l'accomplissement de leurs devoirs à ce sujet, et à les y aider en fondant des écoles auxquelles elles puissent confier le soin de leurs enfants.

" En vain objecterait-on que la bonne éducation de la jeunesse importe au bien public. Rien n'est plus vrai ; mais ce bien ne peut se trouver dans le renversement de l'ordre naturel, qui attribue aux parents le droit d'élever leurs enfants et qui les astreint à l'indissolubilité du mariage, précisément en vue de cette éducation."

En consultant notre numéro du 25 novembre, on se convaincra que nous n'avons rien dit de plus que la thèse ci-dessus exposée.

Mais voici quelque chose de plus *ad rem* encore ; c'est l'opinion de Scavini. Voir *Theol. Mor.* 1er vol. Edit. 12, p. 558 :

" Statim ac fides Christi cœpit propagari, scholæ christianæ seu studiorum sedes in præcipis locis, uti Alexandriæ, Cesaræ, Edessæ, Romæ, Nisibi, Mediolani, Novariæ, etc., florescere cæperunt ; quorum directio semper Ecclesiæ fuit. At hodie tempora immutata sunt, et civilis potestas scholarum moderamen, directionem, institutionem USURPAVIT."

Si, d'après Scavini, " le pouvoir civil a USURPÉ, de nos jours, la gouverne, la direction et l'établissement des écoles," c'est évidemment parce que, selon ce grave théologien, l'Etat, ou le pouvoir civil, n'est pas à sa place DANS *l'école*. N'est-ce pas dire, en d'autres termes, l'*Etat hors de l'école?*

En voilà assez pour aujourd'hui, mais nous sommes loin d'avoir fini. Nous promettons des émotions à " ce quelqu'un qui a écrit." Il a cru ne frapper que notre humble personne. Il doit comprendre, aujourd'hui, que ses coups imprudents portent sur l'enseignement des plus graves théologiens. Dans un prochain numéro, nous mettrons notre contradicteur en face de quelque chose de plus imposant encore.

---

5 janvier 1883.

Notre contradicteur : " Ce quelqu'un qui a écrit ", on a pu le constater, a plus de zèle que de souffle. Après nous avoir porté deux bottes qui devaient être mortelles, il s'est retiré de la lutte, épuisé par ses propres efforts.

Nous voyant encore debout et disposé à continuer le combat, un ami, évidemment très intime de notre premier agresseur, se précipite à la rescousse avec un grand désintéressement, et saisit l'épée que l'autre avait laissé tomber par terre.

Le nouveau venu, qui signe " Un journaliste " et dont le souffle promet d'égaler le zèle, ferraille bravement. Il nous sert, du premier coup, deux colonnes et demie dans le *Courrier du Canada* du 29 décembre.

Ce journaliste se trahit un peu : en parlant du *Courrier du Canada*, il dit *notre* journal, et il appelle " Ce quelqu'un qui a écrit," *notre* correspondant. Il est donc attaché à la rédaction de cette feuille. Il est toujours plus agréable d'avoir affaire à des adversaires connus qu'à des ennemis qui se cachent. Cependant, comme nous combattons les idées et non les hommes, nous ne nous faisons jamais scrupule de répondre à des écrits anonymes. Nous luttons à visage découvert, il est vrai, mais si nos contradicteurs préfèrent garder l'*incognito*, nous ne leur engendrons jamais chicane à ce sujet, tant qu'ils ne descendent pas sur le terrain des personnalités.

Nous constatons avec plaisir qu' " Un journaliste " est assez courtois. Il nous reproche, il est vrai, des *inexactitudes* qui n'existent que dans son imagination, et insinue que nous avons *oublié* volontairement un point important. Mais au fond ce sont des bagatelles.

Du reste " Un journaliste " déclare qu'il a toujours été notre *ami*, et qu'il ne veut que du bien à notre journal. S'il nous châtie, c'est uniquement pour nous ramener dans la bonne voie. Tant de sollicitude nous touche profondément. Comme notre ami a si bien réussi dans ses interprétations du P. Liberatore et du cardinal Manning, nous ne pouvons résister à la tentation de lui passer quelques autres autorités dans l'espoir qu'il ira jusqu'au bout ; et de notre côté, nous nous engageons à répondre, en temps et lieu, à *tout* son premier article.

Mais comme nous aimons par-dessus tout les positions nettes et les situations sans équivoque, nous prions " Un journaliste " de nous dire si, *oui* ou *non*, il prétend que l'enseignement *religieux* peut être séparé de l'enseignement *des lettres et des sciences* dans les écoles *élémentaires* et *secondaires ?* Car, bien entendu, dans toute cette discussion, il ne s'agit pas de ces écoles spéciales que peuvent fréquenter les jeunes gens, dont *l'éducation* est déjà faite, pour se perfectionner dans quelque science particulière, v. g. le génie civil. Quand nous parlons, dans cette discussion, de l'*école*, nous entendons la formation intellectuelle de l'enfance, comme nous l'avons expliqué dans notre article du 25 novembre, article que nous prions "Un journaliste" de vouloir bien lire, ou de relire s'il l'a déjà lu.

Eh bien ! nous répétons notre question :

Peut-on, dans *l'école* ainsi entendue, séparer l'enseignement *religieux* de l'enseignement *des lettres et des sciences ?* Ce point est très important, et si "Un journaliste" veut nous donner là-dessus une réponse catégorique, nous promettons de discuter avec lui jusqu'à complet épuisement du sujet.

D'après le ton de son premier article, il est évident qu' "Un journaliste" est d'opinion qu'on *peut* faire cette séparation, mais, encore une fois, nous lui serions très obligé s'il voulait nous donner carrément là-dessus un *oui* ou un *non*.

En attendant, continuons, sans plus de préambule, le règlement de notre petit différend avec "ce quelqu'un qui a écrit" pour dire que la proposition : "l'Etat hors de l'Ecole," telle que nous l'avons expliquée, "serait condamnée à Rome," prétention dont "Un journaliste" prend toute la responsabilité.

Nous avons promis à notre premier contradicteur de le mettre en face de quelque chose de plus imposant encore que l'opinion de graves théologiens. Voici ce quelque chose. C'est un décret du concile de Tours, tenu en 1583 et approuvé par le pape Grégoire XIII. Le concile s'exprime en ces termes :

"Nous ne voulons aucunement qu'il soit libre à *personne, quel que soit son titre d'honneur ou de dignité,* de nommer quelqu'un pour la régie des écoles *sans l'approbation de l'évêque ;* car c'est à l'évêque que ce concile commet ce soin, qui doit être pour lui l'objet d'une si grande prévoyance et sollicitude, que la jeunesse ne puisse s'écarter de la véritable religion, mais soit formée aux bonnes mœurs, *aux bonnes lettres* et à une honnête discipline. Mais afin que notre présente constitution ne soit point combattue sous prétexte de quelque droit ou loi municipale, nous voulons que les personnes, de quelque état ou de quelque condition qu'elles soient, qui prétendent avoir le droit de nommer un maître d'écoles, désignent et présentent à l'évêque ceux qu'elles auront cru devoir nommer, afin qu'après mûr examen de leur foi, de leur religion, de leur *connaissance des lettres* et de leurs mœurs, s'ils sont trouvés capables d'enseigner la jeunesse, ils soient nommés *par l'évêque lui-même*, et que ainsi personne ne puisse douter de leur suffisante capacité." (Concil. Labb. tom. XV, page 1051).

Puisque, d'après le concile de Tours, confirmé par Grégoire XIII, *personne* n'a le droit d'enseigner la jeunesse sans l'approbation de l'évêque et sans que l'évêque se soit enquis de sa foi, de sa religion et de sa *connaissance des lettres*, il nous paraît clair comme le jour que l'Etat, qui prétend à ce droit, sort de son rôle et se rend coupable d'une usurpation. Et comme corollaire, il nous paraît évident que la proposition : " L'Etat hors de l'Ecole "—le mot *école* étant pris, comme nous l'avons toujours pris, dans le sens de *formation intellectuelle* et *morale des enfants*—il nous paraît évident, disons-nous, que la proposition : " L'Etat hors de l'Ecole," loin d'être *condamnée* à Rome, y est formellement *sanctionnée.* S'il y a une autre manière logique et raisonnable d'interpréter ces paroles du concile de Tours, nous prions nos contradicteurs de nous la faire connaître au plus tôt.

Ce qui nous fait croire davantage que notre interprétation est la véritable interprétation qu'il faut donner à cette constitution du concile, c'est que l'Etat, en France, malgré ses tendances gallicanes, l'a admise et proclamée, par un arrêt du conseil d'Etat du 8 mars 1695, où il est dit expressément que de " tout temps les lois canoniques et civiles ont particulièrement commis au soin des évêques l'*instruction de la jeunesse*, en sorte qu'il n'est permis à *personne de s'y ingérer, ni de tenir les collèges et les écoles, qu'ils n'aient obtenu l'approbation et permission de l'évêque diocésain.*" (Mémoire du clergé de France, tom. I, page 1642.)

C'est que, voyez-vous, les rois de France, malgré leurs errements, étaient bien moins gallicans que nos laïciseurs modernes.

Si nos contradicteurs veulent d'autres documents du genre de ceux qui précèdent, ils n'ont qu'à le dire, et ils les auront.

Voici maintenant autre chose. C'est moins grave, sans doute, que le décret d'un concile confirmé par le pape, mais c'est très instructif comme enseignement, et très *respectable* comme autorité. Nos amis, ainsi que nos contradicteurs, pourront le lire avec profit.

Le R. P. Petitalot, S. M., publiait, à Paris, en 1877, un remarquable ouvrage intitulé : "*Le Syllabus, base de l'Union catholique.*" Ce livre porte l'approbation du Père Favre, supérieur général des Pères Maristes.

Le R. P. Petitalot dit, dans son introduction, (p. XIV) :

" Aux amis et aux ennemis nous présentons une doctrine tout à fait catholique, et par conséquent tout à fait romaine. Suivant pied à pied le *Syllabus* dans son esprit et dans sa lettre, nous aurons autant de chapitres qu'il a de paragraphes ; et pour les développements nous puiserons sans cesse dans les documents pontificaux auxquels il renvoie et dont il est le résumé fidèle. Tout notre désir est de l'entendre comme Rome l'entend, d'y voir ce que

Rome a voulu y mettre, rien que ce qu'elle a voulu y mettre, tout ce qu'elle a voulu y mettre. Nous sommes catholique comme le Pape, ni plus ni moins."

Or, quelle est, selon le R. Père, la " doctrine tout à fait catholique et par conséquent tout à fait romaine " sur la question de l'enseignement? La voici, citée textuellement, sur le point qui nous occupe. (Voir p. 146) :

" Que de gens parmi nous ont des idées peu exactes sur ces importantes questions ! La responsabilité retombe sur les gouvernements qui, sans aucun droit, ont accaparé le monopole de l'enseignement. Dans les discussions parlementaires qui ont eu lieu en 1874 et 1875 au sujet de la liberté de l'enseignement supérieur, les ennemis de la liberté, faute de meilleur argument, n'ont cessé d'invoquer le droit de l'Etat. Or, ils savent comme nous que le droit de l'Etat est une PURE FICTION. *L'enseignement n'est pas une attribution de l'Etat.* Ici le droit de l'Etat, ou plutôt le devoir des chefs du gouvernement, c'est de sauvegarder les droits qui sont en cause, savoir le droit de l'Eglise qui est divin, le droit des parents qui est naturel, le droit des contribuables qui est civil et politique."

Parlant ensuite du droit divin de l'Eglise sur l'enseignement, le R. Père dit :

" L'Eglise a reçu de Dieu le droit d'enseigner *toutes les nations*, et de leur apprendre *toute vérité, toutes les choses qu'elles doivent* observer, comme parle l'Evangile. Ce droit de l'Eglise, tout gouvernement catholique doit le reconnaître et le respecter.

" Ce droit est entier, universel, sans restriction; car l'Eglise doit préserver ses enfants de toute erreur religieuse ou morale, et des erreurs de ce genre peuvent se mêler à tout enseignement. L'Eglise a donc le droit de surveiller tout enseignement. Elle est de droit divin juge des doctrines, gardienne de la morale et dépositaire de la science."

Au sujet du droit des parents, le R. Père s'exprime ainsi :

" L'enseignement de l'enfance et de la jeunesse est une charge de la paternité et de la maternité ; les instituteurs, autres que les parents, ne sont que les suppléants des parents."

Telle est, nous le répétons, la doctrine donnée comme *tout à fait catholique* par le R. P. Petitalot, dans un ouvrage publié avec la permission de son supérieur général et après un mûr examen par deux théologiens choisis, naturellement, parmi les plus compétents de la congrégation des Pères Maristes.

Or, nous le demandons, dire, avec le P. Liberatore, que l'*école n'est pas une appartenance de l'Etat* ;—avec son Eminence le cardinal Manning, que l'Etat, comme Etat, n'a reçu aucune mission pour l'éducation—*The State, as the State, has no commission to educate* ;—avec le R. P. jésuite, directeur du *Catholic Progress*, de Londres, que " l'Etat n'a nullement le droit d'élever les enfants ;"—avec les Pères du concile de Tours, que personne n'a le droit d'enseigner la jeunesse sans la permission de l'évêque diocésain ;—et enfin, avec le P. Petitalot et les théologiens de sa congrégation, que le droit de l'Etat en matière d'enseignement est *une pure fiction*, que l'*enseignement n'est pas une attribution de l'Etat*, n'est-ce pas toujours, en termes divers mais équivalents, affirmer la vérité de notre proposition : L'ETAT HORS DE L'ECOLE ?

---

13 janvier 1883.

Comme on devait s'y attendre, " Un journaliste " revient à la charge, dans le *Courrier du Canada :* il y revient même par deux fois. C'est du luxe. Mais " Un journaliste " paraît bien déterminé à racheter le temps et le terrain perdus par son ami, son *alter ego*, " Ce quelqu'un qui a écrit."

Nous ne regrettons qu'une chose, c'est de ne pas avoir à notre disposition un journal quotidien, pour pouvoir suivre notre contradicteur pas à pas et l'aider ainsi plus efficacement à sortir du dédale où il s'est engagé. Mais s'il veut bien prendre patience, rester calme, et nous donner le temps nécessaire, nous finirons par le sortir d'embarras.

Pour l'empêcher de s'égarer davantage, nous lui remettrons en main le fil conducteur qu'il semble vouloir lâcher. Ne le lâchez pas, ce fil-là, mon ami ; si vous ne le tenez pas fermement, vous resterez toute votre vie dans le labyrinthe.

Voici : Vous, ou votre ami, c'est tout un, vous avez commencé par dire que notre proposition : " l'Etat hors de l'Ecole " *serait condamnée à Rome.* C'est le point de départ, ne l'oubliez pas, et c'est à ce point qu'il faut revenir. Aujourd'hui, vous prenez une autre position, vous semblez dire que notre opinion *peut* se soutenir, mais que l'opinion opposée *doit* prévaloir. Ce n'est point cela du tout. Vous avez dit que notre thèse serait *condamnée à Rome*, par conséquent que l'on ne pouvait la soutenir sans encourir quelque censure. C'est là le point qu'il faut prouver. Il faut que vous nous disiez *quelle* censure nous avons encourue : Notre thèse est-elle hérétique, ou erronée, ou téméraire, ou malsonnante, pour les oreilles pieuses, etc. ? Si vous ne pouvez pas déterminer la censure qui s'attache à notre thèse, vous feriez peut-être mieux de retirer votre accusation et de poser la question autrement, car il nous serait très facile de vous citer une grave autorité qui défend aux écrivains catholiques de porter des *censures* contre les opinions qui n'ont pas été *censurées* par Rome. On peut, sans doute, *combattre* une opinion que Rome n'a pas condamnée, mais on ne doit pas faire plus, tant que l'Eglise ne s'est pas prononcée.

Or, nous prétendons que vous n'avez pas prouvé que l'Eglise a condamné notre thèse.

Un autre point à régler : Vous discutez, sans doute, uniquement pour éclairer vos lecteurs et non pour nous engendrer une chicane d'Allemand. Alors, pourquoi ne voulez-vous pas reproduire intégralement notre thèse, telle que nous l'avons exposée dans notre numéro du 25 novembre ; ce n'est pas long, et en mettant sous les yeux de vos lecteurs *tout* ce que nous avons dit à ce sujet, vous leur permettriez de juger par eux-mêmes si notre thèse est en contradiction avec les autorités que vous citez ; ils verraient, de plus, ce que nous entendons par *école*, et quels droits nous reconnaissons à l'Etat en matière d'éducation ; car nous avons formellement reconnu à l'Etat le droit de protéger et d'aider l'Eglise et le père de famille dans l'exercice de leurs droits.

Vous dites que vous admettez nos autorités, mais que ces autorités n'appuient nullement notre thèse. Libre à vous de penser ainsi, mais vous trouverez peu de personnes compétentes qui partageront votre manière de voir.

Quand, par exemple, le P. Petitalot dit que le *droit* de l'Etat en matière d'enseignement,—non pas le droit *exclusif*, comme vous lui faites dire,—mais le *droit* de l'Etat, tout simplement, est une *pure fiction* ; quand la même autorité affirme que *l'enseignement n'est pas une attribution de l'Etat*, et que le *droit* de l'Etat, c'est de *sauvegarder* les droits de l'Eglise et des pères de famille ; quand le P. Petitalot parle ainsi, vous êtes parfaitement libre de trouver que cela ne corrobore nullement ce que nous avons soutenu ; mais nous vous le répétons, vous trouverez peu de personnes qui diront comme vous, pourvu que vous leur soumettiez loyalement notre thèse.

Maintenant, nous admettons tout ce que vous dites sur les droits de l'Eglise ; mais il y a un autre droit que vous passez systématiquement sous silence, c'est le droit des parents. Nous prétendons, en nous appuyant sur les autorités déjà citées, que, de droit naturel, l'éducation appartient directement à l'autorité paternelle, dont le droit, comme le devoir, est antérieur et supérieur à toute prescription humaine ; nous prétendons, de plus, que de droit divin, l'éducation appartient également à la famille et relève, dans un ordre supérieur de choses, de l'autorité spirituelle de l'Eglise, en vertu de l'universalité de son pouvoir doctrinal ; *nous prétendons, encore, que de droit naturel, l'Etat n'a aucun droit direct sur l'éducation, qu'il n'a qu'un droit de protection correspondant à son devoir fondamental de protéger les intérêts des familles et des individus ; et enfin que l'Etat ne peut exercer une action directe sur l'éducation qu'en vertu d'un droit de délégation basé exclusivement sur une concession tacite ou explicite, librement faite par le père de famille, librement consentie de la part de l'autorité religieuse, droit de délégation essentiellement revêtu du caractère d'un mandat, c'est-à-dire essentiellement révocable.*

Voilà la thèse que nous avons soutenue sur lès droits de l'Eglise, des pères de famille et de l'Etat en matière d'éducation. Et qu'on le remarque bien, nous avons eu bien soin de dire, dès le commencement de cette discussion, que nous prenions le mot *école* dans le sens d'*éducation*, ou formation intellectuelle et morale de l'enfant.

" Un journaliste " est très désireux de connaître notre *opinion* sur une circulaire de Mgr Baillargeon. Nous n'avons pas l'habitude de donner des *opinions* sur les documents épiscopaux, car en pareille matière nos *opinions* ne valent pas plus que celles d' " Un journaliste." Et c'est parce que nous n'attachons aucune importance à nos opinions que nous nous sommes appuyé exclusivement sur l'enseignement d'autorités compétentes.

---

20 janvier 1883.

Voyant qu'il était absolument impossible d'amener nos contradicteurs à exposer notre thèse devant les lecteurs du *Courrier du Canada*, nous avons pris le parti d'adresser au rédacteur en chef de ce journal la lettre qu'on va lire. Nous remercions ici M. le Dr Dionne de la courtoisie qu'il nous a manifestée en cette circonstance.

(Après avoir résumé notre thèse et les autorités sur lesquelles nous l'avions appuyée, nous ajoutions) :

Pour ce qui est des droits de l'Eglise en matière d'éducation, mes contradicteurs prétendent admettre tout ce que j'ai dit. Mais le point sur lequel nous sommes divisés, c'est de savoir à qui revient, de droit, ce qu'il y a de *profane*, de *physique* et de *matériel* dans l'éducation. M'appuyant sur tous les philosophes catholiques modernes, je prétends que cette partie de l'éducation appartient, de droit, aux parents seuls, toujours sous la surveillance de l'Eglise, et non pas à l'Etat, qui n'a que le droit inhérent de protéger les droits des parents et d'aider ceux-ci à remplir leurs devoirs. Mes contradicteurs passent entièrement et systématiquement sous silence les droits des parents.

" Un journaliste ", dans sa correspondance de samedi, parle de la délégation des pouvoirs à l'Etat par la multitude. Il s'agit ici de tout autre chose. Le droit sur l'éducation que moi, père de famille, je délègue à l'Etat, est un droit essentiellement révoquable à chaque instant; il n'est donc pas de la nature des droits *politiques* que la multitude, d'après certains théologiens, délègue à l'Etat et qui, une fois délégués ne peuvent plus être révoqués à chaque instant et par chaque individu en particulier. Ce n'est pas comme citoyen, comme partie de la multitude que je délègue à l'Etat un droit sur l'éducation (en supposant que l'Etat soit *apte* à recevoir cette délégation, point que je discuterai peut-être plus tard), mais en ma qualité de chef d'une société qui existe indépendamment de l'Etat, qui lui est antérieure et supérieure : la société domestique. Je n'écris donc pas pour les *badauds* en disant que l'Etat *ne peut* (je n'affirme pas qu'il *le peut*), exercer une action directe sur l'éducation qu'en vertu d'un droit de délégation, mais pour les gens sensés qui comprennent la portée des mots et la valeur des termes.

Maintenant, vos correspondants ont parlé de la note d'une commission pontificale, et ils ont reproduit une lettre de Mgr l'archevêque de Québec à M. Archambault, prétendant que ces documents sont une condamnation formelle et expresse de la thèse développée plus haut. Il est assez singulier, alors, que mes adversaires n'aient jamais songé à mettre ma proposition sous les yeux de vos lecteurs afin que ceux-ci puissent juger par eux-mêmes si réellement ce que j'ai soutenu se trouve condamné.

Dans votre numéro de samedi, " Un journaliste " me fait une longue leçon sur le respect dû à l'autorité des évêques et me cite même un extrait de la dernière encyclique du Saint-Père. Qu' " Un journaliste " veuille bien m'en croire, j'avais déjà lu cet admirable document, en entier, dans les colonnes de l'*Univers*. Je l'ai même lu deux fois avec la plus grande attention, et je me propose de la reproduire tout au long dans la *Vérité*, afin que mes lecteurs puissent profiter, comme moi, des précieux enseignements qu'il contient. J'ai vu dans cette encyclique que Léon XIII commande l'obéissance aux évêques. Je n'ai jamais manqué à cette obéissance, et j'espère qu'avec la grâce de Dieu je n'y manquerai jamais. Mais je n'ai pas vu, par exemple, dans cette encyclique, que le Saint-Père m'ordonne d'obéir à " Un journaliste " ou même à " Ce quelqu'un qui a écrit ". Non seulement je ne l'y ai pas vu, mais je suis certain que ça n'y est pas.

Que l'Ordinaire condamne la thèse que j'ai développée ci-dessus et je me mettrai en règle immédiatement. Tant qu'il ne l'aura pas condamnée, je prétends avoir le droit de la soutenir. Il est vrai qu' " Un journaliste " affirme que l'Ordinaire a condamné d'avance ma proposition par sa lettre à M. Archambault. Si mon contradicteur eût réfléchi un peu plus, il n'aurait pas, je crois, fait une assertion aussi téméraire. Est-ce ainsi que les évêques procèdent en pareille matière ? Non, et le prétendre, c'est traiter leur très grave autorité avec une regrettable légèreté. Quand un évêque trouve quelque chose de condamnable dans un écrit, il le condamne formellement et expressément, dans un document *ad hoc*, et dans une forme qui permette l'appel à Rome, si l'appel est jugé nécessaire. Jamais, depuis que l'Eglise existe, un évêque n'a confié à *un journaliste* quelconque le soin de porter des sentences en son nom.

Que votre correspondant ait donc la bonté de ne pas se mettre à la place de son Ordinaire, et qu'il s'abstienne de déclarer que par une lettre écrite en 1881 sur *tel point*, l'évêque a voulu condamner une thèse soutenue en 1883 sur *tel autre point*. Qu'on soit convaincu d'une chose, c'est que l'archevêque de Québec n'a pas peur du rédacteur de la *Vérité*, et ne manquera pas de le condamner quand il jugera à propos de le faire, sans l'intervention par trop empressée d' " Un journaliste."

En attendant, qu' " Un journaliste" reste dans son rôle et qu'il n'usurpe pas la place de l'Ordinaire, afin de ne point tomber lui-même sous le coup des censures portées par Léon XIII contre ceux qui manquent de respect aux évêques. C'est un conseil d'ami que je lui donne en retour des avis paternels qu'il me prodigue; il en fera ce que bon lui semblera.

Deux mots, et j'aurai fini. Il est absolument faux que mes amis aient demandé grâce pour moi au propriétaire du *Courrier*. Je mets " Un journaliste " au défi de donner des noms.

" Un journaliste " me menace d'une petite guerre personnelle si je continue cette discussion. Je dois avouer que cette épée de Damoclès, quelque terrible qu'elle puisse paraître aux yeux de mon zélé adversaire, ne m'empêchera pas de dormir.

Maintenant, cher confrère, je vous remercie de la bienveillante hospitalité que vous m'avez accordée. Les autres points qui restent à régler avec vos correspondants se règleront dans mon propre journal. Je ne vous importunerai plus, à moins qu'il ne survienne quelque chose de tout à fait imprévu.

---

27 janvier 1883.

Comme nous l'avions prévu, et comme, du reste, il nous en avait fait la menace, " Un journaliste " a entrepris de nous faire une petite guerre personnelle; ne trouvant plus rien de sérieux à dire sur le fond même de la question, notre adversaire considère, évidemment, que c'est son devoir de nous *éreinter*. Nous ne nous laisserons pas entraîner sur le terrain des personnalités ; non que nous craignions d'y rencontrer notre contradicteur, mais parce que les luttes du genre de celle où " Un journaliste " nous convie ne sont ni profitables ni édifiantes.

Cependant, nous ne pouvons, en justice pour nous-même, laisser sans réplique certaines observations d'"Un journaliste," dans le *Courrier* du 19.

Nous y répondrons une fois pour toutes, et après cela nous continuerons l'exposition de notre thèse, sans nous occuper davantage des attaques anonymes dont nous pourrons être l'objet.

" Un journaliste " fait quatre affirmations. Il dit d'abord " que M. Tardivel trompe ses lecteurs en prétendant avoir été attaqué. C'est lui qui a commis l'indiscrétion de publier un fragment de lettre confidentielle pour avoir le plaisir d'y répondre dans la *Vérité*."

De l'aveu même d' " Un journaliste ", nous n'aurions fait que répondre publiquement à une attaque faite privément ; mais cela ne change nullement les rôles, et nous restons toujours sur la défensive.

Et de quelle indiscrétion sommes-nous coupable ? Une certaine personne nous écrit une lettre confidentielle dans laquelle elle nous fait une foule d'observations ; entre autres choses, elle nous dit que la proposition : l'*Etat hors de l'école*—proposition qui avait déjà parue dans nos colonnes—*serait condamnée* à Rome. Comme cette question intéresse au plus haut degré le public, et comme nous savions que cette personne, tout en nous écrivant *confidentiellement*, parlait beaucoup contre notre journal, nous avons répondu dans la *Vérité* à cette partie de la lettre, en ayant bien soin, toutefois, de ne point désigner le *quelqu'un* qui nous avait écrit. Et nous l'avons tellement peu désigné, que le correspondant du *Courrier*, s'il était sous serment, ne pourrait pas affirmer que c'est à lui que nous répondions dans notre numéro du 25 novembre, attendu que d'autres auraient pu nous écrire dans le même sens que lui. Nous n'avons donc commis aucune indiscrétion; il n'y a pas un journaliste au monde qui ne fasse tous les jours ce que nous avons fait : répondre dans son journal à des attaques faites privément.

Cette accusation qu'"Un journaliste" porte contre nous nous remet en mémoire l'incident de Boucherville-Chapleau qui s'est produit l'an dernier. Au cours d'un débat, l'honorable M. de Boucherville donne lecture d'une lettre privée, en ayant bien soin de ne point faire connaître l'auteur de cette lettre. Aussitôt, M. Chapleau, qui avait écrit la missive, se met à crier au scandale et accuse l'honorable conseiller d'avoir "forligné." Mais bien que la presse ministérielle ait fait grand tapage autour de cette affaire, les honnêtes gens ont été d'accord pour dire que M. de Boucherville n'avait en rien manqué aux lois de l'honneur, tandis que M. Chapleau y avait sérieusement manqué. "Un journaliste" pourra méditer ce "précédent" avec profit.

Notre adversaire dit ensuite "que M. Tardivel, n'ayant voulu en aucune manière expliquer *en son sens* la note de la commission pontificale et la circulaire du 31 mai 1870, peut, à bon droit, être regardé comme n'acceptant pas la doctrine qui y est contenue."

Voilà, certes, du nouveau, en fait d'interprétation. Ainsi, du moment que vous ne commentez pas un document, vous êtes censé le rejeter ! Cela est contraire au vieux proverbe, fondé sur le bons sens : "Qui ne dit mot consent." Et cela ne nous paraît pas tout à fait conforme aux règles que le pape Benoit XIV a tracées aux consulteurs de l'*Index*, dans la constitution *Sollicita*, où il est dit que "la doctrine d'un auteur ne doit pas être

jugée d'après quelques passages détachés mais d'après l'ensemble de l'ouvrage entier, et qu'à des paroles équivoques on ne doit pas attacher un sens défavorable lorsque les sentiments catholiques de l'auteur sont connus." " Un journaliste " est bien plus sévère : il attache un sens défavorable, non à des paroles équivoques, mais au silence !

Du reste, comme " Un journaliste " n'a jamais fait voir en quoi cette note et cette circulaire condamnent notre thèse, nous n'avions pas à les commenter.

" Un journaliste " dit en troisième lieu " que M. Tardivel, ayant refusé de se rendre avec nous à l'Archevêché pour vérifier l'affirmation que nous avons faite le mercredi de la semaine dernière, est censé admettre cette assertion. Et il persiste cependant à combattre la doctrine de NN. SS. les évêques de la province."

D'abord, que faut-il penser d'un écrivain *anonyme* qui se donne le luxe de faire des invitations ?

Nous l'avons déjà dit, et nous le répétons, les évêques ont de trop graves devoirs à remplir pour avoir le temps de régler les querelles entre journalistes.

Nous ne combattons pas la doctrine de NN. SS. les évêques, et " Un journaliste " le sait aussi bien que nous.

Si nous venions à combattre leur doctrine, NN. SS. les évêques nous le feraient savoir par un autre moyen qu'une correspondance anonyme. Prétendre le contraire, c'est insulter l'épiscopat. " Un journaliste " commet une grave inconvenance en mettant en avant l'*autorité* sans autre forme que celle d'une correspondance à un journal et sans autre caractère d'authenticité que celui d'un écrit anonyme.

En quatrième lieu " Un journaliste " dit que notre conduite est difficile à concilier avec les enseignements de Léon XIII. Nous ne discuterons pas ce point avec notre adversaire, car nous avons pu constater l'autre jour, *de visu*, que celui qui inspire les écrits d' "Un journaliste" n'est pas dans un état d'esprit qui lui permette de juger froidement les choses lorsque notre personne est en cause. Nous lui recommandons seulement plus de calme et surtout plus de justice s'il veut édifier son prochain dans ses polémiques. Il a porté contre nous des accusations très graves et sans aucun fondement ; il nous a accusé de soutenir une proposition condamné par Rome ; il n'a pas pu prouver son accusation ; aujourd'hui, au lieu de retirer cette première accusation, il y ajoute une autre en prétendant, sans l'ombre d'une raison, que nous combattons la doctrine des évêques. Et après cela il déclare que notre conduite est difficile à concilier avec les enseignements de Léon XIII ! ! C'est le temps de dire : Médecin, guéris-toi toi-même.

Nous demandons pardon au lecteur d'être entré dans ces explications personnelles ; nous les croyions nécessaires pour rétablir les rôles ; mais c'est une fois pour toutes. Nous allons maintenant continuer l'exposition de notre thèse : l'*Etat hors de l'école*, sans nous occuper des attaques qu'on dirigera contre nous.

---

3 février 1883.

" Un journaliste " joue bien son rôle. Nous trouvons dans le *Courrier* du 29 janvier le petit chef-d'œuvre que voici : C'est signé, comme toujours : " Un journaliste."

" On a attiré notre attention sur un article de la *Vérité* dans lequel il n'est question que d'affaires personnelles. Ce n'est pas notre genre. Nous attendrons que M. Tardivel donne de nouveaux éclaircissements (?) sur la question l'*Etat hors de l'Ecole* pour continuer la discussion."

D'abord, voyez comme notre adversaire s'est tout à coup retiré des affaires de ce monde. Il faut maintenant qu'on *attire* son attention sur nos articles pour qu'il les voie. Chez un journaliste attaché à la rédaction d'un journal quotidien cette indifférence subite est fort singulière.

Et n'est-ce pas qu'on dirait que c'est *nous* qui avons attaqué personnellement " Un journaliste ", tandis que la vérité c'est que les " affaires personnelles ", qui ne sont pas le genre de notre contradicteur, viennent toutes de lui. Nous n'avons fait que nous défendre contre ses injustes attaques. Aujourd'hui il pose en victime !

C'est un moyen assez habile de se tirer d'une fausse position. Ne pouvant ni justifier ses accusations, ni répondre à nos dernières observations, il affirme que ces affaires-là ne sont pas " son genre." Ah !

Ici se place un incident drôlatique que je résume. pour ne pas surcharger ce chapitre. Voyant que mon adversaire " Un journaliste " me faisait une querelle d'Allemand et qu'il ne voulait pas retirer son injuste accusation, savoir que la thèse que je soutenais sur les droits de l'Etat en matière d'éducation, était contraire à la doctrine catholique, j'eus recours au moyen classique pour mettre fin au débat : je lui tendis un piège. Dans mon écrit du 13 janvier, qu'on peut lire plus haut, j'intercalai un passage tiré mot pour mot d'un ouvrage qui portait *l'imprimatur* de Mgr l'archevêque de Québec (*Conférences sur l'instruction obligatoire*, par le R. P. Paquin, O. M. I., page 60 et suivantes). Cette citation, que je donnai comme le résumé de ma thèse, commence par les mots : " nous prétendons encore que de droit naturel l'Etat n'a aucun droit direct sur l'éducation, qu'il n'a qu'un droit de protection, etc., et se termine ainsi : " C'est-à-dire, essentiellement révocable." Tout ce passage emprunté à l'opuscule du Père Paquin est souligné. Il ne l'était pas, bien entendu, dans la *Vérité*, du 13 janvier 1883.

Or dans le *Courrier du Canada* du 6 février 1883, " Un journaliste " crut devoir extraire ce *résumé de ma thèse*, tiré d'un ouvrage revêtu de l'*imprimatur* de Mgr Taschereau, et le mettre en regard d'un passage tiré d'un autre ouvrage également approuvé par l'autorité épiscopale : *Le Manuel du Citoyen Catholique.* Puis, ayant fait cette mise en regard des deux passages qui, seule, devait me réduire au silence, il s'écriait triomphalement : " Nous croyons qu'il y en a là suffisamment pour faire voir à nos lecteurs si l'enseignement de M. Tardivel s'accorde ou non avec celui de l'épiscopat de la province."

Quand je lui fis savoir, dans la *Vérité* du 10 février 1883, de quelle source orthodoxe j'avais tiré *mon enseignement*, " Un journaliste " resta quelque peu abasourdi. Il essaya de se tirer d'embarras en disant que le P. Paquin n'avait désigné, dans ce passage, que l'Etat *impie.* Mais cette explication, comme je le fis voir dans la *Vérité* du 24 février 1883, ne tenait pas debout : il s'agissait, visiblement, dans l'opuscule du P. Paquin, de l'Etat *en général—in genere.*

L'incident se termina de la façon qu'on va voir dans l'article suivant auquel on ne jugea pas à propos de répondre.

LA LETTRE DE M. L'ABBÉ ROULEAU

---

10 mars 1883.

Nous aurions voulu nous exempter de répondre à la lettre de M. l'abbé Rouleau, car, quoi qu'on en dise, nous n'aimons pas les polémiques purement personnelles, surtout avec des membres du clergé. Mais la presse s'est emparée de cette lettre et l'a interprétée d'une façon fort injuste pour nous. Plusieurs personnes de bonne foi, mais qui ne réfléchissent pas assez avant de se former une opinion, croient sincèrement que la *Vérité* est sous le coup de quelque censure ecclésiastique.

Si cette opinion erronée ne portait préjudice qu'à la personne du rédacteur de la *Vérité*, nous serions disposé à ne rien dire, car il faut faire des sacrifices d'amour-propre, particulièrement pendant le carême. Mais l'impression produite par la lettre de M. Rouleau pourrait nuire à notre œuvre et à la cause que nous défendons. Or, cette œuvre et cette cause n'appartiennent pas exclusivement à nous ; nous ne pouvons donc pas permettre qu'elles souffrent quelque atteinte par notre silence. C'est pourquoi nous nous trouvons dans la nécessité de répondre à la lettre de M. l'abbé Rouleau et de détruire l'effet qu'elle a pu produire sur certains esprits.

Commençons par reproduire cette lettre. La voici :

Québec, 24 février 1882.

A Léger Brousseau, Ecr,

Editeur-propriétaire du *Courrier du Canada*.

Cher monsieur,

Monseigneur l'Archevêque me permet aujourd'hui de déclarer publiquement :

1° Que Sa Grandeur a soutenu " Un journaliste " et directement et par mon entremise.

2° Que Sa Grandeur a fait examiner par un de ses théologiens les plus distingués les articles publiés dans la *Vérité* sur la question : l'*Etat hors de l'école*, depuis le 25 novembre dernier jusqu'au 13 janvier inclusivement.

3° Que ce théologien a donné gain de cause à " Un journaliste."

4° Que Sa Grandeur m'a remis le *travail* de ce théologien avec permission d'en faire l'usage que l'auteur me permettrait.

5° Que tout en remerciant Sa Grandeur, j'ai refusé de faire usage de ce document vu qu'il n'était pas revêtu de l'autorité nécessaire pour convaincre M. Tardivel.

6° Que Sa Grandeur a eu la complaisance de faire connaître, par mon entremise, à " Un journaliste " une appréciation plus que bienveillante de son article du 5 février courant.

7° Que c'est ce dernier article, (du 5 février courant) que M. Tardivel a considéré comme *une chute dans un piège*.

J'espère que ces affirmations catégoriques publiées sous les yeux et avec la permission de l'Ordinaire seront suffisantes pour calmer les frayeurs d'un certain nombre et dissiper les doutes que l'on fait planer sur l'orthodoxie d' " Un journaliste " et de votre humble serviteur qui l'a inspiré.

Que M. Tardivel continue la discussion, s'il le veut, mais il ne doit pas tromper ses lecteurs, et par conséquent il ne peut pas chercher à leur faire croire qu'il enseigne la même doctrine que Mgr l'Archevêque de Québec.

J'ai l'honneur de me souscrire votre très humble serviteur,

TH.-G. ROULEAU, Ptre.

Remarquons d'abord que pour garantir l'exactitude de toutes les affirmations de M. l'abbé Rouleau, nous n'avons que la parole de M. Rouleau lui-même. Sa simple déclaration ne saurait d'elle-même s'imposer comme une autorité décisive sur le mérite de la question débattue. Avec la meilleure bonne foi du monde, M. Rouleau peut n'avoir pas mieux saisi le vrai sentiment de Mgr l'Archevêque qu'il ne semble avoir saisi le sens véritable, et pourtant évident, des longs extraits du cardinal Manning, du P. Liberatore, du P. Petitalot etc., etc., qu'il avait sous les yeux.

Ensuite, M. Rouleau eût-il saisi et exprimé d'une manière exacte et précise, dans sa lettre au *Courrier*, le sentiment de Mgr l'Archevêque, une chose resterait incontestable et incontestée, nous l'espérons, entre M. Rouleau et nous : c'est que ce sentiment de Monseigneur ne nous aurait pas encore été communiqué régulièrement par cette simple déclaration de M. Rouleau.

Nous le savons, nos adversaires répandent le bruit que le rédacteur de la *Vérité* est déterminé à ne point tenir compte de la direction de l'Ordinaire, et que c'est pour cette raison que celui-ci ne communique pas directement avec nous. Il suffit pourtant de réfléchir un instant pour se convaincre de la futilité de ce raisonnement.

A part la très grave injustice qu'on nous fait en nous attribuant gratuitement des dispositions que nous n'avons jamais manifestées jusqu'ici, on nous prête, pour l'occasion, une importance que nous sommes loin d'avoir. On dirait, vraiment, à entendre parler nos contradicteurs, que nous sommes un personnage fort redoutable dont l'Ordinaire aurait peur.

C'est très absurde, n'est-ce pas ? Et, cependant, c'est la conclusion logique à laquelle il faut arriver si l'on accepte les prémisses de nos adversaires qui veulent absolument nous faire croire que Mgr l'Archevêque se conduit envers nous autrement qu'à l'égard des autres écrivains de son diocèse.

Nous avons à peine besoin de renouveler notre déclaration, faite dans notre première lettre au *Courrier*, en date du 15 janvier, que nous sommes parfaitement disposé à nous soumettre à notre Ordinaire ; non seulement nous sommes disposé à obéir à un *ordre*, mais à un simple *désir* de Sa Grandeur qui nous serait communiqué par *la voie régulière*, nous réservant le droit de faire nos respectueuses observations à Monseigneur, s'il y a lieu, droit que Sa Grandeur ne nous refuserait certainement pas si nous voulons en user selon l'esprit de la sainte Eglise.

L'Eglise, par cela même qu'elle est mère, nous aide, nous dirige, nous défend, nous, ses enfants. Or, c'est Mgr l'Archevêque en qui se personnifient pour nous la sagesse, le zèle et la tendre charité de l'Eglise. C'est assez dire que Sa Grandeur, si Elle a des conseils, des ordres ou des désirs à nous communiquer, nous donnera l'occasion de lui faire nos respectueuses observations si nous le désirons ; et surtout, qu'Elle saura, si Elle juge à propos de nous donner un conseil ou un ordre, ou de nous faire connaître un désir, nous envoyer sa parole par une autre voie que celle d'une lettre écrite à un journal par un tiers qui, non seulement n'est revêtu d'aucun caractère officiel, mais se donne comme partie dans la cause.

Quant aux affirmations de M. Rouleau, elles sont loin d'être précises.

Il dit dans son *premièrement :* " Sa Grandeur a soutenu Un journaliste." Mais en quoi ? En tout ? Sans réserve ? Sa Grandeur a-t-elle soutenu " Un journaliste " lorsque celui-ci nous accusait de *souffleter* Monseigneur en publiant une de ses conférences ? Sa Grandeur a-t-elle soutenu la thèse d' " Un journaliste " comme une opinion libre ou comme un enseignement qu'il faut tenir ? Sa Grandeur a-t-elle soutenu que notre thèse *serait condamnée à Rome*, comme " Un journaliste " l'a affirmé, ou a-t-elle seulement dit qu'on pouvait combattre notre thèse ? Voilà bien des points d'interrogation et nous pourrions en poser d'autres. On le voit, le *premièrement* de M. l'abbé Rouleau ne précise rien du tout.

Dans son *deuxièmement*, M. l'abbé parle d'un théologien qui aurait étudié les articles de la *Vérité*, et dans son *troisièmement* il affirme que ce théologien a donné gain de cause à " Un journaliste."

D'abord, comment ce théologien a-t-il pu *donner gain*

de cause à " Un journaliste," qui a écrit dans le *Courrier*, en n'étudiant que la *Vérité* dans laquelle " Un journaliste " n'a pas écrit un mot ? En condamnant notre thèse, dira-t-on. Cela ne s'ensuit pas nécessairement. Par exemple, ce théologien a peut-être trouvé que nous n'avions pas suffisamment restreint les droits de l'Etat. Ce serait une condamnation pour nous, mais nullement un *gain de cause* pour " Un journaliste."

Du reste, ce travail du théologien nous est inconnu ; et, au fond, on n'a encore ici que l'autorité de M. l'abbé Rouleau, qui, juge et partie dans la même cause, a pu se tromper, de toute bonne foi, en interprétant ce document dans son sens *particulier*. Nous l'avons déjà vu commettre des erreurs d'interprétation, comme, par exemple, lorsqu'il faisait dire à " Un journaliste " que le P. Paquin voulait parler de l'Etat *impie* quand de toute évidence il parlait de l'Etat *en général*.

Dans son *quatrièmement*, M. l'abbé Rouleau nous assure que Sa Grandeur lui a donné la *permission* de faire du travail du théologien l'usage que l'auteur *permettrait*. Cela nous paraît tout à fait probable, mais avec cette double permission, ne pourrait-il pas nous laisser voir l'*usage* qu'il fait du document.

Dans son *cinquièmement*, M. l'abbé reconnaît que l'autorité du document ne suffit pas pour *convaincre* M. Tardivel. M. Tardivel ne prétend pas pourtant être convaincu autrement que les autres gens raisonnables, c'est-à-dire par de bonnes raisons. Que M. Rouleau nous fasse connaître ses *bonnes raisons* s'il veut nous ranger de son avis.

Pour ce qui est du *sixièmement* et du *septièmement* de M. l'abbé Rouleau, il suffit de dire qu'ici encore tout repose sur la parole de notre contradicteur qui a pu donner à cette " appréciation " une portée toute différente de celle qu'elle a réellement, comme il l'a déjà fait pour des documents importants.

Ces affirmations de M. l'abbé Rouleau paraissent donc plus *catégoriques* qu'elles ne le sont en réalité ; en tout cas, si elles peuvent " calmer les frayeurs " de certaines gens qui ne pèsent pas les raisons des choses, elles n'ont pas " l'autorité nécessaire pour convaincre " les personnes qui réfléchissent.

M. Tardivel *continuera*, en effet, la discussion et " ne trompera pas ses lecteurs " en donnant comme jugement de Mgr l'Archevêque ce qui peut n'être que le sentiment d'un autre.

Cette réponse à M. l'abbé Rouleau, devenu aujourd'hui, j'aime à le dire, un ami de la *Vérité* et de son directeur, était suivie de l'article que voici :

10 mars 1883.

Après tout ce que nous avons déjà dit, il serait assez inutile de répéter encore aujourd'hui, il nous semble, que la *Vérité* n'a nullement, ni ne prétend avoir en aucune manière, l'autorité voulue pour définir ou imposer un enseignement quelconque de l'Eglise. Tout notre rôle comme journaliste catholique, nous le comprenons parfaitement, et jamais nous ne l'avons compris autrement, se borne à recueillir avec fidélité, amour et respect, la vérité catholique, l'enseignement autorisé de l'Eglise, pour aider à le faire pénétrer partout, pour empêcher que nos lecteurs ne le perdent jamais de vue, et enfin aussi pour le défendre, au besoin, selon la mesure de nos forces, contre ces attaques de chaque jour surtout, que des occupations multiples ou des raisons de prudence, de dignité et de hautes convenances, ne permettent pas toujours à l'autorité ecclésiastique de repousser directement.

C'est un devoir, et, par conséquent, un droit aussi pour tout chrétien de défendre sa foi, pour tout homme de prendre en main la cause de la vérité et de la justice. Ce droit, que personne ne peut contester au chrétien, au citoyen, au père de famille, à l'homme en général, quelle que soit sa position dans la société, ce droit, disons-nous, personne ne saurait sans doute le contester au journaliste catholique, tant que, bien entendu, ce journaliste respecte l'autorité religieuse dans les choses qui sont de son ressort, et qu'il est prêt à rectifier toute erreur, même de détail, qui lui serait signalée dans ses écrits.

Notre unique but, c'est de favoriser la cause du bien, c'est d'aider à la diffusion des idées saines, des principes vivifiants dont les sociétés ont aujourd'hui un si pressant besoin. On a beau dire, certains adversaires ont beau essayer de mettre le public sous l'impression que nous cherchons seulement à faire prévaloir nos idées particulières et à servir nos intérêts personnels, la raison de notre zèle, ou ce que quelques-uns appellent notre *opiniâtreté*, doit s'expliquer autrement. Certes, depuis que nous faisons du journalisme, nous n'avons pas amassé de capitaux, et la direction donnée à notre journal ne paraît guère propre à nous préparer des succès pécuniaires, même dans un avenir éloigné. Quel parti avons-nous courtisé ?

Encore une fois, nous ne tenons pas plus qu'il ne faut, c'est-à-dire que nous tenons médiocrement à nos idées propres ; mais, en revanche, nous tenons beaucoup à la vérité et à sa diffusion. Nous avouerons même, au risque de passer pour hypocrite, cagot ou *ultramonté* aux yeux de certaines gens, que notre idée fixe, à nous, c'est qu'on ne tiendra jamais trop à ces choses-là.

La position que nous avons prise tout d'abord comme

rédacteur de la *Vérité* nous semble encore la meilleure : nous ne croyons pas l'avoir abandonnée en aucun cas ; et, tout spécialement, dans la question de l'éducation, nous avons bien, comme toujours, entendu la garder. Pour répondre aux justes désirs de nombre de parents sincèrement chrétiens, nous avons entrepris de défendre les droits des pères de famille à l'éducation de leurs enfants. Aucun homme éclairé parmi nous ne prétend que nous sommes ici rendus aussi loin dans la voie des envahissements des droits paternels par l'Etat qu'en Europe ; mais encore faut-il reconnaître, si on ne ferme pas délibérément les yeux à l'évidence, que les idées fausses en éducation se propagent rapidement au milieu de nos bonnes populations et que les tendances de plusieurs de nos hommes publics sont des plus dangereuses—témoin ce qui s'est passé dans les chambres depuis quatre ans surtout, pour faire adopter, par leur influence et grâce à leur initiative, les mauvais projets de loi que l'on sait.

Dans les circonstances, quel était notre devoir ?—Signaler d'abord le mal, sans doute ; jeter le cri d'alarme. Mais évidemment nous ne pouvions nous arrêter là ; ce n'était que la moitié de notre devoir. Il fallait, de plus, sous peine de n'aboutir à aucun résultat sérieux, il fallait éclairer l'opinion sur les principes, revendiquer franchement, clairement et intégralement les justes droits des pères de famille en matière d'éducation. C'est tout simplement ce que nous avons entrepris de faire en affirmant et en maintenant, contre les attaques que l'on connaît, la proposition l'*Etat hors de l'Ecole*, proposition adoptée comme devise dans ces derniers temps, spécialement par les catholiques d'Allemagne et de Belgique, sans aucune réclamation, que nous sachions, de la part de l'autorité ecclésiastique ;—proposition énoncée de nouveau et justifiée absolument, dans le sens restreint que nous lui donnons nous-même, par M. l'abbé Pillet, professeur à l'Université catholique de Lille, dans son rapport au congrès des jurisconsultes catholiques de France, réunis à Lyon il y a 18 mois, rapport dont on trouvera un extrait plus loin [1].

Nous n'ignorons point que les droits paternels en éducation sont des droits naturels et que l'Eglise est l'interprète du droit naturel comme de la vérité révélée ; mais les droits que nous revendiquons pour les parents nous semblent tout à fait évidents. Ces droits, d'ailleurs, nous avons entendu les exposer dans le sens des graves autorités que nos lecteurs connaissent déjà. D'un autre côté, nous ne voyons pas du tout comment les documents qu'on nous oppose contredisent en rien nos affirmations ou les autorités citées par nous ; loin de là : ces documents, nous avons à peine besoin de le répéter, nous les admettons ; et, s'il était nécessaire, nous pourrions montrer comment un catholique peut les concilier avec nos autorités et doit, au besoin, les défendre.

On conçoit facilement, après cela, que nous ne nous sentons pas disposé à soutenir une doctrine différente de celle que nous avons soutenue jusqu'ici sur les droits en matière d'éducation, avant qu'on nous fournisse une preuve *claire, précise et revêtue de tous les caractères d'authenticité voulus*, que la thèse de la *Vérité*, *au jugement de notre Ordinaire*, doit être tenue pour *contraire à l'enseignement catholique*.

Nous nous croyons d'autant plus autorisé à continuer, en attendant une telle preuve, que notre adversaire, sans qu'il faille pour cela révoquer sa bonne foi en doute, nous a déjà donné plusieurs dires sur lesquels il ne nous paraî-

1—Pour cet extrait, voir la *Vérité* du 10 mars 1883.

trait pas sûr de nous appuyer, en commençant par le premier de ses dires — " la proposition l'*Etat hors de l'Ecole* serait condamnée à Rome."

RÉPONSE À L' " ENSEIGNEMEMT PRIMAIRE "

---

16 décembre 1882.

Un ami a appelé notre attention sur un article dans l'*Enseignement primaire*, publié à Québec, intitulé : " La religion dans les écoles primaires." L'auteur de cet écrit, sans nommer la *Vérité*, nous vise évidemment. C'est pourquoi nous croyons devoir répondre aussi brièvement que possible. Notre contradicteur commence par dire que ceux qui ont traité cette matière dans les grands journaux ont *mêlé les cartes*. Il serait facile de retorquer l'argument, mais à quoi bon ?

Certes nous ne prétendons pas que cet article soit entièrement mauvais ; loin de là, il renferme plusieurs vérités élémentaires que tout catholique doit admettre, telle que la nécessité de la religion dans l'enseignement ; mais nous craignons que, malgré ses excellentes intentions, l'auteur n'ait sur cette question de l'enseignement des notions quelque peu confuses, et que sa manière peu claire d'exprimer ses pensées ne produise la confusion dans l'esprit de ses lecteurs.

Ainsi, personne, que nous sachons, ne " voudrait voir dans l'instituteur *un prêtre* à qui aurait été dit comme aux apôtres : *Allez, enseignez toutes les nations.*" Cependant, l'auteur de l'écrit que nous examinons, affirme que tel est le cas, pour les *uns*, tandis que " d'autres ne voient dans l'école qu'un atelier de chiffres, de dictées, etc., etc." Sans doute, ces derniers sont trop nombreux dans notre pays, comme ailleurs ; mais ceux qui les combattent ne prétendent pas, comme le leur fait dire l'écrivain de *l'Enseignement primaire*, que *l'instituteur* soit *un prêtre* et que les paroles de Notre-Seigneur lui aient été adressées. Il y a là une très regrettable confusion dans les idées. Ce que nous prétendons, à l'encontre de ceux qui ne voient dans l'école qu'un atelier de chiffres, c'est que l'éducation des enfants, c'est-à-dire leur formation morale et intellectuelle, appartient à l'Eglise en vertu de sa mission divine. Pour plus de détails, nous renvoyons notre honorable contradicteur à notre première page, où il trouvera sur ce point l'enseignement du cardinal Manning[1].

L'écrivain de *l'Enseignement primaire* dit ensuite :

" Certains, enfin, voient le *laïcisme condamné par l'Eglise* dans les écoles tenues par des instituteurs laïques, bons chrétiens, hommes honorables à tous les points de vue."

Encore une regrettable confusion :—Ce n'est pas là ce qu'entendent par *laïcisme* ceux dont nous partageons les opinions. L'écrivain de l'*Enseignement primaire* confond la *participation des laïques* aux œuvres religieuses avec le *laïcisme* ou l'exclusion de la religion de l'enseignement, de la politique, etc. Nous avons toujours évité avec soin cette confusion. Sans doute, les laïques, lorsqu'ils sont soumis à l'Eglise, lorsqu'ils reçoivent d'elle leur mission, peuvent enseigner. Personne n'a jamais prétendu que ce fût là le *laïcisme condamné par l'Eglise.* Mais se rendent coupables de ce laïcisme condamné, ceux qui travaillent, soit directement, soit indirectement, soit

1—Voir article intitulé ci dessus : *L'Etat hors de l'école.*

sciemment soit inconsciemment, à dépouiller l'Eglise de ses droits souverains sur l'enseignement au profit du pouvoir laïque, ou même au profit de l'autorité paternelle qui doit être soumise, comme l'autorité civile, à l'autorité de Jésus-Christ représenté sur la terre par son Eglise infaillible. Voilà ce que nous entendons par *laïcisme.* Et l'écrivain de l'*Enseignement primaire* doit comprendre que pour être coupable de ce véritable laïcisme, il n'est pas même nécessaire qu'on soit *laïque.*

***

M. M***, l'auteur de l'écrit que nous examinons, étudie ensuite la question de savoir quelle place la religion doit occuper dans l'éducation de l'enfant. Ici, encore, les idées exprimées sont vagues et peu satisfaisantes. Que signifie, par exemple, cette vérité de la Palisse : " On ne peut jamais enseigner l'erreur ni ce qui y conduit ? " Et pourquoi M. M*** ajoute-t-il aussitôt : " Mais il n'est pas nécessaire de faire toujours le catéchisme." ? Puis, vient une longue dissertation sur cette pensée de madame Pape-Carpantier, que " l'instituteur ne doit pas, sous prétexte de piété, s'exposer à tomber dans l'erreur en commentant *les textes religieux.* Il doit se borner à *expliquer la lettre du catéchisme.*"

L'embarras évident où se trouve l'auteur de concilier le principe qu'il a émis plus haut, savoir que " tout enseignement doit être imprégné du *sentiment* (DOCTRINE eût été un mot plus approprié) catholique," avec les dangers auxquels sont exposés les instituteurs laïques s'ils abandonnent *la lettre* du catéchisme, cet embarras, disons-nous, devait lui faire comprendre que l'*éducation* appartient à l'Eglise, et que si des laïques peuvent y prendre part, ce n'est qu'à la condition de recevoir de l'Eglise leur mission, d'être formées par elle à ces fonctions redoutables, et d'être constamment surveillés par Elle et soumis à son autorité. On avouera, sans peine, ce nous semble, qu'un enseignement sera difficilement "imprégné du sentiment catholique," si l'instituteur "se borne à expliquer la lettre du catéchisme." Il est vrai, que plus loin, toujours pour se tirer d'embarras, notre écrivain dit que l'instituteur doit attirer souvent l'attention des élèves sur le côté religieux des questions, etc., ce qui est très bien ; malheureusement, il terminé cette jolie tirade par l'étrange phrase que voici :

" S'il [l'instituteur] *est pieux et éclairé*, il trouvera une multitude de circonstances qui lui fourniront ample matière à former ses élèves pour Dieu et la société et il le fera naturellement, *sans paraître les chercher* [les circonstances sans doute, et non les élèves] ce qui lui donnera une *autorité beaucoup plus grande* et assurera le succès de son travail ".

Pourquoi ce soin que l'instituteur doit mettre à ne pas paraître chercher les circonstances où il peut parler à ses élèves de Dieu et de la religion ? Il nous semble plus naturel de dire que le maître aurait une " autorité beaucoup plus grande," s'il faisait naître ces circonstances, s'il les recherchait, pour que ses élèves fussent bien convaincus que la religion est une chose qui ne s'enseigne pas, pour ainsi dire, en cachette et incidemment, mais au grand jour et systématiquement.

Enfin, l'auteur de cet article parle des " *désirs* des Souverains Pontifes," mais il ne fait connaître ces *désirs* par aucune citation. Nous croyons devoir rappeler, non les *désirs*, mais les prescriptions formelles de Pie IX et de Léon XIII dans leurs propres paroles. Nous avons déjà publié à plusieurs reprises ces paroles remarquables, mais évidemment il faut y revenir souvent. Voici donc ce que disait Pie IX dans sa mémorable lettre à l'archevêque de Fribourg, en 1864, et ce que Léon XIII redit dans la constitution apostolique du 8 mai 1881 : — " Dans ces écoles (populaires) il faut que tous les enfants des classes du peuple reçoivent, même dès la plus tendre enfance, une connaissance sérieuse des mystères et des commandements de notre très sainte religion... Dans ces écoles c'est *surtout* l'étude de la religion qui doit *dominer et tenir le premier rang dans l'éducation, de telle sorte que les autres connaissances que la jeunesse y reçoit paraissent n'être que des ACCESSOIRES.*"

Voilà, d'après les papes, la place que doit occuper la religion dans l'*enseignement primaire.* Ces paroles sont plus claires et plus satisfaisantes que les singulières propositions de M. M***. Dans l'enseignement des Souverains Pontifes on ne trouve rien qui nous porte à croire que les maîtres ne doivent pas *paraître chercher* les circonstances où ils peuvent parler de religion ; loin de là.

Il va sans dire que nous n'entendons nullement accuser les *intentions* de M. M***. Nous voulons seulement lui faire comprendre qu'il ne suffit pas d'accuser les autres de *mêler les cartes* pour n'être pas exposé à les mêler soi-même.

LE GOUVERNEMENT MOUSSEAU ET L'ÉDUCATION

---

5 janvier 1883.

Le *Canadien*, du 28 décembre, contenait un singulier article intitulé : *L'épiscopat satisfait.* D'après notre confrère, M. Mousseau aurait répondu à la résolution du

Conseil de l'Instruction publique par une déclaration qui est un " programme," et que ce programme aurait donné la plus grande satisfaction à l'épiscopat.

Jusque-là, c'est très bien. Seulement, puisque le *Canadien* était en voie de faire des confidences, il aurait peut-être pu nous faire connaître ce programme. On le sait, il est très facile de faire des programmes " satisfaisants ", mais il est encore plus facile, malheureusement, de ne point les suivre. Si ce programme était rendu public, le gouvernement aurait plus de zèle à le remplir. La publicité est une excellente chose pour aiguillonner les hommes politiques à bien faire et à ne pas mettre en oubli les " principes " dont ils font profession. Nous espérons donc que notre confrère aura assez d'influence sur le cabinet, dont il paraît être l'organe le plus accrédité, pour l'engager à rendre public son programme en matière d'éducation. Pour notre part, nous désirons le voir, non pour le critiquer, car il doit être excellent si nos évêques l'ont approuvé, comme l'affirme le *Canadien*, mais pour le rappeler, de temps à autre, au souvenir du gouvernement au cas où il semblerait vouloir le mettre aux oubliettes. Notre demande nous paraît tout à fait raisonnable.

Comme notre confrère du *Journal des Trois-Rivières* le démontre si bien en ce moment dans sa série d'articles sur nos lois scolaires, il y a dans le département de l'Instruction publique une puissance occulte dont les agissements, de plus en plus audacieux, sont de nature à inquiéter sérieusement les pères de familles catholiques aussi bien que les autorités religieuses. Nous voulons bien croire que M. Mousseau est très disposé à combattre cette néfaste puissance ; mais il ne faut pas qu'il s'arrête aux bonnes intentions et qu'il se contente de faire des déclarations " satisfaisantes." Il faut que ces bonnes intentions se traduisent par de bons actes, et que ces magnifiques déclarations soient suivies d'une politique vigoureuse dans le sens catholique.

M. Mousseau a une sérieuse besogne à faire pour dissiper les très légitimes craintes qu'ont fait naître les machinations de la puissance occulte qui trône quelque part dans le bureau de M. Ouimet.

Par exemple, va-t-il réparer le grave scandale causé par le gouvernement Chapleau qui a démis illégalement l'inspecteur d'écoles Pilon ? Nous nous rappelons que, dans le temps, le *Canadien* s'est très fortement et très justement élevé contre cette destitution, et a déclaré que par là le gouvernement avait foulé aux pieds, non seulement la loi, mais l'autorité des évêques, en leur qualité de membres du Conseil de l'Instruction publique.

Puis le gouvernement Mousseau, qui avait promis une enquête impartiale sur l'affaire des écoles de Montréal, va-t-il reconnaître que l'enquête qui se fait actuellement est dérisoire, et rendre enfin justice aux contribuables de Montréal ?

Enfin, va-t-il nous donner une enquête véritable sur le bureau de M. Ouimet, pour que l'on connaisse une bonne fois pour toutes les auteurs et les inspirateurs des divers projets de loi à la Jules Ferry qui ont été soumis à la législature, à la sourdine, depuis trois ou quatre ans ? Il serait aussi très important de savoir quel est le fonctionnaire public qui se permet de faire de la propagande en faveur du dernier bill sur l'éducation si justement flétri par l'opinion catholique.

Comme on le voit, M. Mousseau ne manquera pas d'occasions pour prouver sa sincérité et sa bonne foi, et convaincre les plus sceptiques que sa déclaration si " satisfaisante " n'est pas une tromperie. Nous espérons que, dans l'intérêt du pays et dans son propre intérêt, il se mettra sans délai résolument à l'œuvre, pour que nous ayons le plaisir de l'applaudir à deux mains.

---

13 janvier 1883.

Le *Canadien* fait la leçon au *Journal des Trois-Rivières* et à la *Vérité*—sans les nommer—parce que ces deux journaux ont demandé à voir le programme de M. Mousseau concernant l'éducation. Pour notre part, nous nions formellement au rédacteur du *Canadien*, depuis qu'il a lâchement trahi la cause catholique pour suivre la bande à Sénécal, le droit de nous faire la leçon, ou même de nous donner des conseils. Qu'il se débatte dans le bourbier des *affaires* où il s'est plongé, mais qu'il ne vienne pas nous parler de la " bonne cause " et de nos devoirs de catholique. Ces choses-là ne sont plus de son domaine ; il s'est mis au rang de l'*Evénement*, du *Journal de Québec*, de la *Minerve* et des autres organes de la clique. Qu'il fasse sa besogne, et qu'il nous laisse en paix continuer la lutte qu'il n'a pas eu le courage de soutenir jusqu'à la fin.

Ce que nous avons dit du programme Mousseau était pleinement justifié par les circonstances. Nous voulons voir ce document, et nous ne cesserons de le demander jusqu'à ce qu'on l'ait publié.

Nous savons aussi bien que M. Tarte que " les évêques sont les chefs dans l'Eglise ;" mais nous savons aussi que les journalistes catholiques sont des soldats dans l'Eglise. Aux chefs le commandement, aux soldats d'exécuter les ordres des chefs. Or, les chefs, d'après le *Canadien*, ont approuvé le programme de M. Mousseau. Il faut donc que ce programme soit exécuté. C'est là que notre rôle commence, et nous n'entendons pas y renoncer pour faire plaisir à M. Tarte.

Encore une fois, nous ne souffrirons pas les insolences du rédacteur du *Canadien ;* c'est déjà assez que nous ayons à endurer le spectacle de sa trahison ; c'est déjà assez que nous ayons à supporter la vue d'un des nôtres dans les rangs ennemis. Mais que de ces rangs il ose nous parler de nos devoirs, cela dépasse toute mesure !

L'ENQUÊTE SUR LES ÉCOLES CATHOLIQUES À MONTRÉAL

---

20 janvier 1883.

Nous approuvons entièrement les remarques que fait notre confrère du *Journal des Trois-Rivières,* dans son numéro du 11, au sujet de l'enquête sur les écoles catholiques de Montréal qui se poursuit en ce moment. On le sait, M. Ouimet, qui avait d'abord présidé cette enquête, dans laquelle il était grandement intéressé, a fini par donner sa démission, mais ce n'est pas assez ; la commission d'enquête renferme encore deux protestants, MM. Davidson et White, donc les attaches à la franc-maçonnerie ne sont que trop connues.

Quelle affaire ont ces deux protestants dans une enquête sur des écoles catholiques ? voilà une question très grave que nous soumettons, avec notre confrère trifluvien, à l'attention du cabinet Mousseau. Depuis la loi sur l'éducation de 1875, le principe fondamental sur lequel repose tout notre système scolaire, c'est la complète séparation des écoles catholiques d'avec les écoles non-catholiques : les protestants n'ont absolument rien à voir dans les affaires scolaires des catholiques, de même que ceux-ci n'ont point à intervenir dans ce qui concerne les écoles des protestants.

Or, la présence de ces deux protestants dans une commission chargée de s'enquérir de l'administration des écoles catholiques de Montréal est une violation flagrante et manifeste de ce principe fondamental. C'est un abus qui ne saurait se tolérer sous aucun prétexte. Si on le laisse passer, on peut s'attendre à bien d'autres.

L'attention de M. Mousseau a déjà été appelée sur cette anomalie, et jusqu'ici il ne l'a pas fait disparaître. Il est grandement temps qu'il songe à réparer cette bévue.

On voit aujourd'hui la nécessité de connaître le programme de M. Mousseau sur l'éducation afin de pouvoir mieux le lui rappeler à la mémoire de temps à autre.

Il ne faut pas que le premier ministre se laisse endormir par les flatteries intéressées du *Canadien*. Des promesses, quelque belles qu'elles soient, ne suffiront pas ; ce temps-là est passé pour ne plus revenir, espérons-le. Aujourd'hui il faut des actes, surtout quand il s'agit d'éducation.

Les catholiques de cette province sont sur le *qui-vive* depuis le dernier projet de loi sur l'éducation ; les journaux ministériels ont eu beau garder le silence sur cette entreprise ténébreuse, l'alarme est donnée, et le gouvernement ne pourra plus louvoyer sans danger. Ceux qui lui disent qu'il peut se contenter de promesses ne sont pas ses véritables amis, et lui rendent un bien mauvais service. Encore une fois, il faut des actes, ou ça ira certainement mal. Et l'un des premiers actes que le cabinet doit faire, pour prouver sa sincérité, c'est de respecter le droit des catholiques de s'occuper *exclusivement* de leurs affaires scolaires.

M. Tarte est évidemment disposé à défendre tous les actes du gouvernement : il cherche à justifier la présence des deux protestants dans l'enquête scolaire à Montréal en disant que cette enquête se fait sur "les écoles catholiques *et protestantes*." C'est tourner dans un cercle vicieux, et M. Tarte, qui n'est pas un imbécile, le sait aussi bien que nous. Ce que le *Journal des Trois-Rivières* et la *Vérité* prétendent, c'est que faire de ces mélanges incongrus, c'est violer l'esprit de la loi de 1875 qui a pour base la séparation complète des écoles catholiques et des écoles non-catholiques. Si les protestants de Montréal voulaient une enquête sur leurs écoles, c'était de leur en accorder une faite par des protestants. Mais faire une enquête sur des écoles catholiques par une commission mixte, où il y a même des francs-maçons, quel que soit le prétexte invoqué, c'est violer, nous le répétons, l'esprit de la loi de 1875.

---

27 janvier 1883.

Le *Canadien* défend encore la présence des deux protestants dans la commission d'enquête nommée pour s'enquérir de l'administration de la commission des écoles catholiques de Montréal. C'est incroyable ! Il prétend que, comme il s'agit d'une question de taxes, les protestants de Montréal sont aussi intéressés que les catholiques dans le résultat de l'enquête et que, par conséquent, ils ont le droit d'être représentés dans la commission ! Mais le rédacteur du *Canadien* n'est pas sérieux ! Il sait aussi bien que nous que les protestants de Montréal ne paient pas un seul sou pour les écoles catholiques, que les deux commissions scolaires sont absolument séparées, et que s'il y avait une augmentation de taxes scolaires imposée par la commission catholique, cela ne ferait rien du tout aux protestants. Ceux-ci n'ont donc rien à voir dans les affaires des écoles catholiques, quel que soit le prétexte qu'on invoque ; il ne leur appartient nullement de dire si les contribuables catholiques doivent être taxés davantage ou non, de même que ce n'est pas aux catholiques à s'immiscer dans les affaires scolaires des protestants. Il faut être volontairement aveugle pour ne pas voir la force de ce raisonnement.

De tous les journaux de Montréal, le *Post* seul accorde à l'enquête scolaire l'attention qu'elle mérite, c'est le seul qui tienne ses lecteurs au courant de toutes les formidables révélations que cette investigation met au jour. Nous l'en félicitons sincèrement. Les autres journaux paraissent beaucoup plus occupés du " carnaval " que de l'importante question de l'éducation.

Le *Post* nous apprend que les dépenses de la commission des écoles catholiques de Montréal, du 6 janvier 1868 au 30 janvier 1882, ont été de $1,785,302, et qu'il y a de plus une dette de $500,000 ; les intérêts de cette dette absorbent plus de la moitié des revenus annuels. On voit bien aujourd'hui la nécessité de cette enquête. On a la preuve que l'argent des contribuables, au lieu d'être appliqué à l'éducation des enfants, passe entre les mains des capitalistes sous forme d'intérêt.

En attendant qu'on connaisse exactement ce qu'a coûté annuellement aux contribuables de Montréal l'*entretien* des écoles des commissaires catholiques de cette ville, voici le rapport *officiel*, déposé ces jours derniers par leur secrétaire-trésorier, M. Desnoyers, sur les frais d'installation de ces écoles. Ce sont là des renseignements jusqu'ici inconnus du public et pourtant instructifs pour tous, surtout pour les citoyens de Montréal, quoique la *Minerve*, le *Monde*, etc., pour des raisons qu'on devine, n'aient pas encore jugé à propos de les publier.

Frais d'installation d'après le rapport de M. Desnoyers.

I.—Le Plateau, $255,863.53.

C'est-à-dire :

1. Pour terrains, édifices et appareils de chauffage...........	$214,638.59
2. Mobilier................	21,776.83
3. Terrassement	19,448.11
	$255,863.53

Le Plateau a une école primaire, une école commerciale et l'école polytechnique : les frais d'installation de cette dernière, qui compte aujourd'hui CINQ élèves (!) se chiffrent comme suit :

1. Terrain.....................	$ 11,877.15
2. Edifices.....................	10,625.03
3. Mobilier....................	4,485.73
4. Terrassement	1,067.89
	$ 28,055.85

II. Ecole Montcalm (vieille maison en brique, achetée)....	$ 13,436.67
III. Ecole Champlain....	27,278.76
IV. " Sarsfield............	39,180.40
V. " Belmont............	86,323.22
VI. " Olier...............	76,777.70
VII. " du Sacré-Cœur.......	49,382.47

Et c'est en face de ces révélations accablantes que la *Minerve* demande que l'enquête soit discontinuée, attendu que la commission n'a jusqu'ici obtenu aucun résultat! Les lamentations de la *Minerve* sont une raison de plus de pousser l'enquête avec la plus grande vigueur.

C'est, du reste, nous assure-t-on, ce que le nouveau président de la commission, M. Coursol, à l'intention de faire, sans s'occuper des criailleries des journaux qui, comme la *Minerve*, chercheraient à exercer une pression sur la commission ou à entraver sa besogne.

M. Coursol inspire la plus grande confiance aux contribuables de Montréal, car sa fermeté de caractère est bien connue; qu'il continue comme il à commencé et il aura bien mérité du public qui s'intéresse vivement à cette enquête.

LA QUESTION DES ÉCOLES DANS LA COLOMBIE ANGLAISE

28 avril 1883

Dans la province de la Colombie anglaise, les catholiques se plaignent, avec bon droit, du système des écoles communes, système qui méconnaît les droits de l'Eglise et des pères de famille.

Nous voyons par le *Washington Catholic* que les évêques de cette province ont adressé une pétition à la législature provinciale demandant que l'on respecte les droits des parents et des enfants catholiques. Parmi les arguments employés par NN. SS. les évêques de la Colombie à l'appui de leur requête, nous citons les suivants, car ils sont d'une application générale, étant basés sur le droit naturel :

" 2. Que les parents, par le droit naturel, sont obligés en conscience de procurer à leurs enfants une bonne éducation.

" 3. Que, pour cette raison, les parents qui peuvent le faire, devraient payer pour l'éducation de leurs enfants, et que le peuple ne devrait pas être taxé pour cette fin.

" 4. Que l'Etat ne devrait assister que les parents qui sont incapables de procurer à leurs enfants une bonne éducation.

" 5. Que les parents devraient être tout à fait libres dans le choix des écoles.

" 6. Que l'établissement des écoles devrait être laissé à l'entreprise privée, et que l'Etat ne devrait établir des écoles que dans les endroits où l'entreprise privée fait défaut."

Tels sont les principes généraux émis par l'épiscopat de la Colombie anglaise. On le voit, ils ne diffèrent en rien de la thèse que la *Vérité* soutient.

MAUVAIS LIVRES DONNÉS EN PRIX

21 juillet 1883.

Il nous est tombé sous la main, ces jours derniers, un livre donné en prix à l'Ecole normale Laval, institution gouvernementale, comme on le sait.

Ce livre, intitulé : " Histoire universelle de la pédagogie, par Jules Paroz, " est un mauvais ouvrage, d'autant plus mauvais que le poison qu'il renferme est caché sous des fleurs. On y trouve même des phrases où l'auteur parle beaucoup de *christianisme.* Mais, au fond, la doctrine de l'auteur est toute *naturaliste* et anti-catholique, au suprême degré.

Pour mieux dissimuler ses véritables tendances, l'auteur affecte un air d'impartialité qui est de nature à tromper les gens. En parlant des jésuites, par exemple, il ne nie pas, jusqu'à un certain point, les mérites de l'ordre comme corps enseignant ; mais en même temps il débite, sur le compte des enfants de saint Ignace, plusieurs faussetés, qu'il donne comme des vérités admises par tout le monde.

L'auteur propage aussi, habilement, les erreurs monstrueuses accumulées par les ennemis de l'Eglise, touchant le moyen âge. Il parle de la *longue nuit* du moyen âge ; il condamne la scolastique qu'il considère comme un système " étroit qui ne suffisait pas aux besoins des esprits " (page 74). Il en souhaite la complète disparition (page 75). Son grand grief contre la scolastique, c'est qu'elle faisait de " la philosophie la servante de la théologie ". Or, c'est exactement la position que la philosophie doit occuper.

Mais c'est en parlant de Luther et de la Réforme que M. Paroz laisse encore mieux paraître le bout de l'oreille. Son enthousiasme l'emporte, et à chaque ligne on voit percer la haine de l'Eglise dont cet auteur est évidemment animé, quelques efforts qu'il fasse pour cacher ses véritables sentiments sous le manteau hypocrite de l'*impartialité.*

Le fait seul de vouloir se montrer *impartial*, c'est-à-dire *indifférent* en face de l'erreur et de la vérité, en face de Luther et des jésuites, est un acte d'hostilité ouverte contre l'Eglise. " Qui n'est pas avec moi est contre moi," a dit Notre-Seigneur.

Voici maintenant quelques citations pour bien faire

connaître le détestable esprit de ce livre qu'on donne en prix aux élèves de l'Ecole normale Laval :

" Luther est peut-être le premier qui pressentît l'indépendance des sciences et qui reconnût, si je puis m'exprimer ainsi, leur valeur intrinsèque ". (page 96).

Après une telle entrée en matière, il n'est pas suprenant de voir l'*impartial* M. Paroz donner le pas à Luther sur les jésuites.

Voici comment l'auteur parle de l'apostasie du moine :

" Le 19 octobre 1512, Martin Luther fut élevé au grade de docteur en théologie. Cinq ans plus tard (1517) il commença à prêcher contre les indulgences ; c'est le commencement de la réformation. On sait dans quelles luttes religieuses Luther fut alors entraîné, et quel fut le résultat. Le pédagogue ne fut cependant pas absorbé par le réformateur ; il continua, au contraire, à déployer la plus grande activité pour organiser une instruction publique qui répondît aux besoins de l'époque, et pour améliorer l'éducation domestique. Disons d'abord ce qu'il fit pour celle-là. Nous verrons ensuite par quelles paroles il encouragea cette dernière." (page 106).

L'auteur met le vénérable de la Salle, fondateur de l'Institut des Frères des Ecoles chrétiennes, à peu près sur un pied d'égalité avec Jean-Jacques Rousseau. Il prend la peine d'analyser longuement l'*Emile*, et il trouve beaucoup de bon dans les écrits de Rousseau.

M. Paroz, cela va de soi, admire aussi Pestalozzi qui, dit-il, " a jeté dans le monde des idées nouvelles et *fécondes* "... " Admirons, continue-t-il, son zèle, son activité, son génie créateur. Pestalozzi, le premier, a donné un corps à l'idée d'une culture naturelle, le premier il en a fait sortir un système, un monde entier ; il est le tronc de l'arbre pédagogique qui a poussé sur la place déblayée par Rousseau. En soumettant l'éducation aux lois de notre nature, il a rendu son œuvre indestructible, parce qu'elle repose sur une vérité éternelle."

A la page 528 on lit :

" Pour élever l'enfant, il faut connaître sa nature, ses besoins, ses dispositions et les lois de son développement. Ce sont là des vérités vulgaires, et, cependant, jusqu'à Pestalozzi, l'éducation était toute empirique, personne ne songeait à étudier la nature de l'enfant, afin de la traiter selon ses besoins. Aujourd'hui, c'est un fait acquis dans le domaine de l'éducation, que l'enfant doit être élevé conformément à sa nature. Malheureusement la *connaissance* de l'enfant n'est pas encore suffisamment *connue* et répandue, et cette ignorance donne lieu à de fâcheuses méprises. On sait que l'on doit développer tout à la fois la nature physique, les facultés intellectuelles et les facultés morales et religieuses. Mais qui connaît à fond les besoins de la nature physique, de la nature intellectuelle et de la *nature morale et religieuse de l'enfant ? Nous avons encore sur ce point de grands progrès à faire*, surtout dans le domaine psychologique. Les nombreux systèmes que j'ai développés dans cette histoire montrent assez qu'on n'est pas encore fixé sur ces questions délicates. Cependant on a fait des progrès et nous pouvons en attendre de nouveaux."

Nous n'avons pas besoin de faire ressortir tout ce qu'il y a d'injurieux pour l'Eglise et de vraiment impie dans ces lignes.

Les immenses et saints travaux de l'Eglise pour l'éducation pendant 18 siècles de l'*empirisme !* Avant Pestalozzi, il n'y a rien de bon en fait de pédagogie ! Peut-on calomnier plus effrontément ?

Et que faut-il penser de cette morale perfectible, plus ou moins connue, progressive ?

Enfin, une dernière citation pour bien faire saisir l'impiété de ce livre. Nous lisons à la page 526 :

" Ce principe nouveau du christianisme fut hautement proclamé dans les premiers temps de l'Eglise (*Rendez à*

César ce qui est à César et à Dieu ce qui est à Dieu), comme l'attestent des milliers de martyrs qui ne voulurent point, dans les affaires de foi et de conscience, obéir à César.

" Enfin César fut vaincu par le christianisme et il offrit son bras à l'Eglise pour avancer ses conquêtes : dès ce moment le principe matériel, le principe païen de l'obéissance obligatoire, de la soumission forcée que l'Eglise avait vaincu, reprit son empire ! C'est ce qui eut lieu pendant tout le moyen âge, et la chrétienté renfermée dans le cercle de fer de la scolastique, allait rentrer dans l'immobilité des anciennes théocraties, lorsque la renaissance, la réformation et la philosophie vinrent briser les fers de la scolastique et de l'obéissance matérielle."

Peut-on se montrer plus déloyalement hostile à l'Eglise ?

Voilà le livre qu'on donne en prix aux élèves d'une institution chargée de former les instituteurs et les institutrices de nos enfants !

Et ce livre n'est pas le seul de ce genre, nous en avons la preuve par devers nous.

Et après cela on viendra sans doute nous dire encore que l'Etat enseignant, même dans les conditions les moins désavantageuses, ne présente pas des dangers réels !

On nous traitera encore d'alarmiste, d'exagéré, etc. Soit.

Mais il nous semble que les gens réfléchis se convaincront enfin que l'Etat enseignant est une étrange anomalie, dans un pays chrétien, et qu'il est temps de songer sérieusement à l'avenir quand on voit de tels livres mis entre les mains de ceux qui doivent former l'esprit et le cœur de nos enfants.

QUESTIONS MAÇONNIQUES

M. CHAPLEAU ET LE « CHRONICLE »

9 septembre 1882.

Samedi dernier, M. Chapleau est parti pour l'Europe. En nous quittant, l'honorable ministre nous a fait des adieux singuliers. Le *Chronicle*, qui pose depuis quelque temps en organe de tous les ministères et de tous les ministres, publiait, samedi matin, un petit entrefilet évidemment inspiré. Après avoir donné l'adresse de M. Chapleau à Paris et à Londres, l'organe dit :

« Le secrétaire d'Etat passera quelque temps en Irlande et se rendra aussi à Rome.

« Le *Journal des Trois-Rivières*, qui est censé être l'organe de l'évêque Laflèche, et des journaux semblables, ont accusé M. Chapleau d'être affilié à la franc-maçonnerie, etc., et les amis de l'honorable ministre croient que, pendant son séjour à Rome, il pourra peut-être tâcher d'appeler l'attention sur l'opportunité de donner à de telles distinctions sociales (*dividing lines*) même un semblant d'appui de la part des autorités ecclésiastiques dans un pays où la population est aussi mixte qu'elle l'est ici. »

Il est évident, pour tout homme tant soit peu initié aux secrets de l'art typographique, que cet entrefilet a subi des remaniements considérables ; il y a des *espaces* qui nous font voir que celui qui a corrigé les épreuves de cette prose a retranché ou changé quelques mots ; c'est un paragraphe *travaillé* avec soin ; mais malgré toutes les précautions de l'auteur, le dit paragraphe renferme une erreur de fait et une erreur de doctrine.

D'abord, il est faux, absolument, de dire que le *Journal de Trois-Rivières* et d'autres journaux semblables ont accusé M. Chapleau d'être affilié à la franc-maçonnerie. Depuis que M. Chapleau a si fortement appuyé, devant la législature, le projet de loi sur l'éducation, projet digne des loges, le bruit s'est répandu dans le pays que notre ancien premier ministre est franc-maçon, et c'est une conviction bien arrêtée chez un grand nombre de personnes que tel est le cas. Mais jamais le *Journal des Trois-Rivières*, ni aucun autre journal, n'a accusé M. Chapleau, directement, ni par insinuation, d'être franc-maçon. C'est un mensonge. Et nous invitons le *Chronicle* et l'*Electeur*—qui a reproduit cette fausseté - à se rétracter.

On a entendu souvent parler de criminels tellement hantés par des spectres et tourmentés par le remords qu'ils ont fait des aveux compromettants ; l'entrefilet du *Chronicle* nous fait penser un peu à ces gens-là.

Qu'on le remarque bien, l'organe ne nie pas que M. Chapleau soit franc-maçon ; au contraire, il semble confirmer les bruits publics. En effet, que signifie cette menace faite aux autorités ecclésiastiques ! Cela veut dire, tout simplement, ceci : Quand bien même M. Chapleau serait triple franc-maçon, il ne faudrait pas le dire, car nous habitons un pays mixte où il est malséant de diviser la population en francs-maçons et en non francs-maçons.

Voilà ce que l'entrefilet inspiré nous dit. C'est une erreur monstrueuse, car la franc-maçonnerie est une violation du droit naturel, comme nous l'avons déjà prouvé, et elle serait mauvaise et condamnable quand même il n'y aurait pas un seul catholique au Canada.

Si ce paragraphe renferme un mensonge et une erreur de doctrine, de plus un défi à l'autorité ecclésiastique, il ne renferme rien qui puisse nous justifier de croire que les bruits qui courent ne sont pas fondés ; loin de là.

---

16 septembre 1882.

Nous lisons dans la *Minerve* du 5 :

" Il conviendrait que les soi-disant organes religieux s'*entendent.* (Pourquoi pas s'*entendissent ?*) Il y a d'un côté ceux qui insinuent que M. Chapleau est allé à Rome pour plaider la cause des francs-maçons, et de l'autre ceux qui prétendent que M. Chapleau est allé à Rome pour dénoncer ces mêmes francs-maçons. Evidemment, les frères alliés manquent d'accord. C'est de nature à nuire à leur petite guerre et au succès de leur petite confrérie."

Deux gros mensonges dans un petit entrefilet ! Aucun organe *soi-disant* religieux n'a dit que M. Chapleau s'en allait à Rome pour plaider la cause de la franc-maçonnerie. Le *Chronicle* l'a affirmé, mais nous ne sachons pas que ce journal soit autre chose qu'un organe *ministériel ;* il ne prétend nullement au titre d'organe religieux.

Quant à ceux qui veulent que M. Chapleau soit allé à Rome pour dénoncer les francs-maçons, ils n'existent que dans l'imagination de la vieille déesse. Personne n'a jamais songé un instant à accuser M. Chapleau de vouloir *dénoncer* la franc-maçonnerie ; ça n'aurait pas de sens commun.

UN TERRIBLE AVERTISSEMENT

16 septembre 1882.

Le 26 février 1781, la malheureuse reine de France, Marie-Antoinette, écrivait à sa sœur, Marie-Christine, la lettre suivante que nous engageons les optimistes du Canada, qui prétendent que la franc-maçonnerie ne vous menace pas, à lire et à méditer :

" Je crois, disait la Reine à sa sœur, que vous vous frappez beaucoup trop de la franc-maçonnerie pour ce qui concerne la France.

" On aurait raison de s'en alarmer si c'était une société secrète de politique. L'art du gouvernement est au contraire de la laisser s'étendre, et ce n'est plus que ce que c'est en réalité, une société de bienfaisance et de plaisir. Ce n'est nullement une société d'athées déclarés puisque, m'a-t-on dit, Dieu y est dans toutes les bouches. On y fait beaucoup de charités, on élève les enfants des membres pauvres ou décédés, on marie leurs filles ; il n'a pas de mal à tout cela. Ces jours derniers, la princesse de Lamballe a été nommée grande maîtresse dans une loge. Je crois qu'on pourrait faire du bien sans tant de cérémonies ; mais il faut laisser à chacun sa manière. Pourvu qu'on fasse le bien, qu'importe."

Voilà jusqu'à quel point était aveuglée la malheureuse Marie-Antoinette, une sainte femme, pourtant.

Douze années après avoir écrit cette lettre, elle voyait son mari, Louis XVI, monter sur l'échafaud, victime de la Grande Révolution, œuvre de ces mêmes francs-maçons !

Quelle leçon pour certains Canadiens qui ne veulent pas voir les dangers dont notre pays est menacé. Ils nous disent, comme Marie-Antoinette, que nous nous alarmons trop de la franc-maçonnerie, que c'est une simple société de bienfaisance, que les protestants peuvent en faire partie sans péché, que le Canada est à l'abri de tout danger.

En 1781, Marie-Antoinette ne prévoyait pas les malheurs de 1793, elle reprochait à sa sœur d'être " une mauvaise sentinelle ", selon l'expression d'un de nos confrères à notre adresse.

Mon Dieu, fasse que l'histoire de la France ne se répète pas au Canada ; mais malheur à nous si nous ne profitons pas des leçons du passé.

UN AVIS DE M. RENAN

30 septembre 1882.

Nous devons signaler, disent les *Annales catholiques*, dans un récent ouvrage de M. Renan sur Marc-Aurèle, un passage qui n'est pas sans jeter quelque lumière sur la tactique suivie par les francs-maçons de Belgique et de France dans leur guerre contre le christianisme :

" Si Marc-Aurèle, au lieu d'employer les lions et la chaise rougie, eût employé l'*école primaire et un enseignement d'Etat rationaliste, il eût bien mieux prévenu la séduction du monde par le surnaturel chrétien*... Montrer l'inanité de tout surnaturel, voilà la cure radicale du fanatisme...

" Celse n'enleva probablement pas un seul disciple à Jésus. Il avait raison au point de vue du bon sens naturel, mais le simple bon sens, quand il se trouve en opposition avec les besoins du mysticisme, est bien peu écouté. *Le sol n'avait pas été préparé par un bon ministère de l'instruction publique.*"

La manœuvre maçonnique est dévoilée.

LE BOUT DE L'OREILLE

21 octobre 1882.

Sous prétexte de revenir sur l'affaire des " décorations françaises," la *Minerve*, dans son numéro du 12 octobre, nous donne une leçon de sagesse païenne qu'il est à propos de recueillir afin qu'on n'ait plus d'illusion sur le compte de la vieille déesse.

Voici donc la partie la plus importante de cet écrit. Remarquez bien, c'est la *Minerve*, journal *catholique*, qui parle, et non la *Patrie*, comme on serait tenté de le croire peut-être. Ecoutez la *Minerve :*

" Il existe dans notre bonne province de Québec une classe d'individus qui se sont donné la mission de perdre de réputation, ou du moins de compromettre par la calomnie, la médisance et surtout les insinuations malveillantes, tous ceux qui, au lieu d'affirmer leurs convictions sur les toits, se contentent de pratiquer modestement.

" Pendant plusieurs années, leur cri de ralliement a été le *libéralisme catholique.* Les hommes les mieux disposés, les plus éclairés, ne pouvaient plus parler ou écrire sans être taxés de libéralisme. Ces fanatiques avaient fini par se convaincre que tous ceux qui ne pensaient pas comme eux, même les dignitaires ecclésiastiques, étaient entachés de libéralisme. Après tout, ils avaient peut-être raison, et comme les plus libéraux de tous les libéraux, ces messieurs ne pouvaient voir que le libéralisme partout.

" La ficelle du libéralisme étant usée, on s'est rejeté, depuis quelque temps, sur la franc-maçonnerie, et il paraît que l'on va vite en besogne. Déjà l'on compte sur la liste des *exécutés*, des Commandeurs de Saint-Grégoire le Grand, des commandeurs de Pie IX, des prêtres, des évêques, des cardinaux, etc. Le Pape régnant n'y est pas encore, mais son prédécesseur en faisait partie. Enfin tous ceux que l'on veut perdre dans l'esprit public sont francs-maçons, c'est entendu.

" Au mois de septembre dernier, le respecté Dr Giard, qui a rempli si dignement pendant 34 ans, la charge importante de secrétaire du département de l'Instruction publique, a reçu le titre d'officier d'académie. Aussitôt la presse *ultramontée* a crié au scandale ; le plus fanatique de la bande a même été jusqu'à dire, qu'en acceptant cette décoration si bien méritée, le Dr Girard s'était rendu coupable d'un *déshonneur national*, parce que pour recevoir une semblable marque d'estime, il fallait pour le moins avoir des relations étroites avec la franc-maçonnerie. Le Dr Giard franc-maçon ! En voilà un qui mérite bien d'appartenir à la loge de Pie IX et du cardinal Franchi ! !"[1]

Il faut qu'il y ait quelque part des consciences bien tourmentées par le remords ! Jamais, croyons-nous, n'a paru dans un journal canadien un article plus malhabile, plus perfide et plus malhonnête. C'est le langage du criminel qui veut encore payer d'audace, qui veut être méchant et lancer des injures, et qui ne réussit qu'à s'empêtrer dans ses phrases et à convaincre tous ceux qui l'entendent de sa culpabilité.

D'abord, réglons l'affaire du libéralisme. La *Minerve* dit que cette *ficelle est usée !* C'est-à-dire que lorsqu'on parlait de libéralisme catholique au Canada on faisait de la haute comédie. C'est-à-dire que lorsque les évêques du Canada mettaient solennellement nos populations en garde contre cette pernicieuse erreur, ils ne savaient pas ce qu'ils disaient ou jouaient tout simplement un rôle indigne.

La ficelle du libéralisme catholique est usée, dit la *Minerve*. Qu'est-ce à dire, si non que le libéralisme n'a jamais existé au Canada ? C'était donc de la pure hypocrisie que faisait la *Minerve* lorsqu'elle écrivait article sur

1—La *Patrie*, parlant de cet article de la *Minerve*, dit : " Nous féliciterions la *Minerve* si nous croyions à sa conversion, s'il devait y avoir rupture éternelle entre les bleus et les ultramontés."

article pour dénoncer cette erreur qu'elle voyait partout. Elle tirait tout simplement une ficelle, aujourd'hui usée. Elle exploitait donc la religion, véritablement, au profit de ses amis politiques. Elle se donnait donc de grands airs d'orthodoxie uniquement pour capter la confiance du clergé et de nos populations catholiques. Elle ne croyait donc pas un mot de ce qu'elle disait pendant les cinq années que son parti a été dans l'opposition. Elle faisait donc tout bonnement jouer une ficelle qui est aujourd'hui usée !

Voilà la *Minerve* jugée et condamnée par elle-même d'une jolie façon !

Voyons maintenant l'affaire de la franc-maçonnerie. Ici notre criminel s'embarrasse de plus en plus.

D'abord, faisons remarquer que la *Minerve* a fait jouer cette ficelle-là elle-même, il n'y a pas si longtemps. Pour gagner les élections du printemps dernier, pour capter la confiance des électeurs, elle a accusé un certain nombre de ses adversaires politiques d'être francs-maçons. Aussitôt les élections finies elle a retiré ses accusations. Elle faisait de la comédie, elle faisait jouer des ficelles.

Nous, nous procédons autrement. Nous n'avons aucune élection à gagner, aucun intérêt personnel à servir en dénonçant la franc-maçonnerie. Nous faisons une guerre sérieuse à cette secte, parce que nous avons la certitude qu'elle fait un mal énorme au pays et qu'elle nous prépare un avenir de malheur. Et nous voyons la *Minerve*, qui naguère jetait de hauts cris contre les francs-maçons pour gagner une élection, venir à la rescousse des loges et chercher à couvrir de ridicule la campagne que nous faisons contre la franc-maçonnerie. Que chacun tire de ces faits les conclusions qu'il voudra.

Dans l'espoir de nous embarrasser dans notre lutte

contre les loges, la *Minerve* a recours à la perfidie, au mensonge et à la calomnie. Nos lecteurs le savent, nous n'avons jamais porté des accusations de franc-maçonnerie contre des prêtres, des évêques et des cardinaux ; ni nous ne l'avons fait, ni aucun des journaux catholiques du Canada qui s'occupent de cette question n'a songé à le faire. C'est une pure invention de la *Minerve* qui cherche par ce moyen à soulever des préjugés contre nous et à paralyser le mouvement qui s'accentue de plus en plus contre la franc-maçonnerie. Encore une fois, que chacun tire de ces faits la conclusion qu'il voudra.

Jusqu'ici nous n'avons combattu la franc-maçonnerie que d'une manière générale ; nous avons dit et prouvé qu'elle fait des progrès alarmants dans notre pays : nous avons démontré de plus que dans telle ou telle circonstance tel homme public a agi comme agirait un franc-maçon. Voilà tout ce que nous avons fait. Si la *Minerve* juge à propos de coiffer ses amis du bonnet maçonnique nous ne pouvons pas l'en empêcher.

La *Minerve* donne habilement à entendre que les catholiques du Canada, qui s'alarment avec droit des progrès de la franc-maçonnerie, ont jadis accusé Pie IX d'être affilié à la secte ! Or, c'est là une perfide calomnie. La *Minerve* sait fort bien que ce sont les feuilles sectaires et protestantes qui ont lancé contre le saint Pie IX cette atroce accusation que pas un journal catholique du Canada n'a répétée et à laquelle pas un catholique n'a cru. Et la loge du cardinal Franchi ? quel est le journal catholique qui en a jamais parlé ? La *Minerve* ne peut pas nous en nommer un seul. Nous ne croyons pas qu'elle puisse même trouver une feuille protestante ou sectaire qui ait dit que le cardinal Franchi était franc-maçon.

Ce sont donc autant de calomnies et de mensonges que

la *Minerve* entasse les uns sur les autres dans l'espoir d'embarrasser les catholiques qui ont entrepris sérieusement la lutte contre la franc-maçonnerie. C'est fort malhonnête, mais c'est encore plus malhabile.

Un dernier mot: Nous n'avons jamais dit ni insinué que le Dr Giard fût franc-maçon. Nous sommes bien convaincu qu'il ne l'est pas. Mais nous avons prétendu que cette décoration était de nature à faire croire que quelqu'un du département de l'Instruction publique avait des relations avec les francs-maçons Jules Ferry, Paul Bert, etc. Nous l'avons dit et nous le disons encore.

CE QU'EST LA FRANC-MAÇONNERIE D'APRÈS GAMBETTA

20 janvier 1883.

Gambetta fait beaucoup parler la presse en ce moment. A propos de ce " grand homme ", il peut être utile de rappeler encore ce que disait, dans son discours, le 5 mai dernier, le F.·. Orat.·. de la L.·. les *Emules de Montyon*, Or.·. d'Orléans (Voir *Chaîne d'Union*, livraison d'août 1882, p. 269) :

"Il est de notre devoir"—c'est un maçon autorisé qui parle—" de faire connaître au monde profane ce qu'est la maçonnerie ; car il ne faut pas toujours juger des institutions par les résultats apparents qu'elles peuvent donner. Aussi se fait-on dans la société, et dans la société française surtout, une très fausse idée de la maçonnerie.

" Les uns la considèrent comme une association exclusivement politique ; les autres, comme une manière de société de secours mutuels ; quelques autres—je parle des naïfs—nous prennent pour des banqueteurs et des bons vivants.

" *Les cléricaux seuls ont donné la caractéristique exacte de cette institution en la définissant:* UN INSTRUMENT DE LUTTE CONTRE LES ASSOCIATIONS RELIGIEUSES, CONTRE L'ENVAHISSEMENT DU CLÉRICALISME DANS LA SOCIÉTÉ MODERNE.

" *Oui, mes FF∴, le grand orateur, l'éminent homme d'Etat,* LE SEUL HOMME *qu'ait produit notre troisième république au milieu de tous ces* MYRMIDONS ASSOIFFÉS DE PLACES ET CRAINTIFS *devant Tartufe! Gambetta, dis-je, a prononcé cette parole, qui résume lumineusement la lutte moderne contre le principe de réaction:* LE CLÉRICALISME, VOILA L'ENNEMI..."

Après de tels aveux, des gens viendront-ils encore nous dire que la franc-maçonnerie est une pure association de bienfaisance, une association qui ne vise nullement à jouer un rôle dans les questions politiques ou religieuses?

LE VRAI DANGER

28 avril 1883.

L'autre jour, notre confrère du *Chronicle* avait un premier-Québec sur les *sociétés secrètes.* Il voit avec alarme le progrès que font les sociétés secrètes en Irlande et parmi les Irlandais aux Etats-Unis et en Angleterre. Sans doute, les sociétés à dynamite en Irlande et ailleurs sont criminelles au plus haut degré ; mais il ne faut pas s'imaginer qu'elles constituent le plus grand danger qui menace les sociétés modernes. La franc-maçonnerie est encore plus redoutable que les bandes d'assassins et de dynamitards qui jettent l'Europe dans la terreur ; pour bien dire, ces sociétés ne sont que le produit naturel et inévitable de la franc-maçonnerie qui est la véritable église de Satan, " le pic destiné à renverser le vieil édifice social" basé sur le christianisme. Et, cependant, on ne fait guère attention à la franc-maçonnerie. Une bouteille de bière fait explosion au parlement d'Ottawa, des gamins tirent sur des rats musqués derrière Rideau Hall, aussitôt on parle de dynamite, d'explosions, de bombes-Orsini, de complots, d'attaques nocturnes. On s'alarme.

Et pendant ce temps-là la franc-maçonnerie fait son œuvre ; elle s'étend comme une tache d'huile ; les journaux protestants et les *révérends* la favorisent, tandis que les catholiques ne s'en alarment que médiocrement.

Dernièrement, la *Gazette de Montréal* rendait compte d'une réunion du " Conseil exécutif du Souverain Sanctuaire du Canada, " à Belleville, Ontario.

Nous voyons par ce compte rendu que le " Souverain Sanctuaire du Canada " a été reconnu par la franc-maçonnerie universelle et a été admis dans la " Ligue confédérée du Monde. " Le " Sanctuaire " du Canada comprendra dorénavant tous les rites égyptiens et autres. Son nom sera à l'avenir : " Le Souverain Sanctuaire de la franc-maçonnerie orientale pour la confédération Canadienne et l'Ile de Terreneuve."

A travers ce fatras de mots sonores, il est facile de saisir une chose : C'est que la franc-maçonnerie est *une et universelle* et qu'elle fait chaque jour de terribles progrès dans notre pays.

Et, cependant, nous nous endormons, ou bien nous voyons des dangers où il n'y en a guère pour le moment. Nous craignons la dynamite et les féniens, tandis que le péril est dans la franc-maçonnerie qui élève une race chaque peuple à son gènie particulier, mais que c'est une d'athées, qui, eux, engendreront une race de dynamitards.

Nous nous appitoyons sur le sort du vieux monde, et nous ne voulons pas comprendre que la franc-maçonnerie nous prépare un avenir semblable à l'état actuel de l'Europe. Insensés que nous sommes !

QUESTIONS POLITIQUES

MAUVAIS SYSTÈME

2 juillet 1882.

Nous donnons notre adhésion la plus complète aux observations suivantes que fait notre confrère du *Canadien*, dans son numéro du 21 du courant :

" Pas moins de trois députés à la législature de Québec viennent d'être nommés à des positions sous la couronne qui les obligent à renoncer à leur mandat.

" Nous ne voulons pas être plus sévère qu'il ne convient à leur endroit. Ils n'ont pas fait pis que leurs devanciers. Nos mœurs politiques tolèrent la coutume de donner des places aux membres des parlements, pendant la durée de leur mandat. Mais cette coutume est détestable et tend à démoraliser les chambres d'assemblée. Le député qui demande, qui attend une position lucrative des ministres, n'est plus un juge consciencieux, mais un aveugle approbateur, un instrument servile, une machine à voter n'importe quoi.

" Nous le répétons, notre désir n'est pas d'attaquer d'une manière spéciale MM. Loranger, Lalonde et Lecavalier. Nous voulons nous contenter de flétrir le système en vertu duquel ils peuvent,—six mois après avoir sollicité l'honneur de représenter chacun un comté—abandonner la vie publique pour prendre des charges lucratives."

Nous croyons devoir ajouter quelque chose aux remarques si judicieuses de notre confrère.

Si nos députés avaient réellement à cœur l'indépendance du parlement dont ils parlent si souvent, ils voteraient, sans délai, une loi défendant aux députés d'accepter un emploi public, non seulement pendant la durée du parlement pour lequel ils ont été élus, mais aussi pendant les cinq années qui suivraient l'expiration de ce parlement. Une semblable loi, mise rigoureusement à exécution, mettrait fin à bien des abus, protégerait les députés contre leurs propres faiblesses, et enlèvrait aux ministres un puissant engin de corruption.

Mais il ne faudrait pas s'arrêter là. On devrait voter, en même temps, une loi pour défendre aux gouvernements de donner des impressions à faire aux journaux, sous quelque prétexte que ce soit.

Nous avons aujourd'hui, il est vrai, un imprimeur de la Reine, qui n'est pas imprimeur du tout, et qui fait faire ses impressions chez les journaux amis du ministère. On devrait mettre fin à ce système qui ravale la presse et lui enlève les trois quarts, au moins, de son prestige et de son influence pour le bien. Il est possible qu'un journaliste ait assez de force de caractère pour faire des impressions du gouvernement et garder l'indépendance dont il a absolument besoin pour juger sainement la politique du ministère. Mais pour un journaliste de cette trempe exceptionnelle, si toutefois il y en a, vous en trouverez indubitablement quatre-vingt-dix-neuf qui feront passer l'amour de quelques misérables *jobs* avant l'intérêt du pays. Encore une fois, c'est un système déplorable auquel on devrait mettre fin.

Quelqu'un a dit que le gouvernement a besoin d'organes pour défendre et expliquer sa politique. C'est très bien ; les ministres ont certainement le droit, comme tout autre citoyen, d'avoir des journaux pour propager leurs idées, pourvu, bien entendu, que ces idées soient admissibles. Mais, au moins, le public devrait savoir que tel journal est l'organe du ministère, soutenu par l'argent, non du pays, mais des ministres. Il n'est pas juste que les ministres puissent subventionner leurs journaux au moyen d'impressions et d'annonces qui regardent la nation tout entière.

Du reste, ces journaux, ainsi subventionnés à même les fonds publics, se donnent souvent comme plus ou moins indépendants, tandis qu'en réalité ils sont payés pour dire telle chose et pour taire telle autre. Ces journaux-là font des affaires derrière une fausse enseigne ; ils ajoutent la supercherie à l'injustice que commet le gouvernement.

Pense-t-on sérieusement que, sans l'espoir du *picotin*, nous verrions tant de journaux qui n'ont qu'un seul *principe:* suivre le ministère quand même, à tort et à travers ; et pour le suivre, brûlant aujourd'hui ce qu'ils adoraient hier, proclamant blanc comme neige ce qu'ils se plaisaient naguère à faire passer pour noir comme jais.

Qu'on abolisse donc ce système. Un journaliste qui est appelé à éclairer l'opinion, à juger avec impartialité les actes du gouvernement, n'a pas plus le droit de recevoir des faveurs des ministres que les députés eux-mêmes.

Mais, dira-t-on, il faut que le gouvernement fasse faire ses impressions quelque part, et n'est-il pas plus raisonnable et plus moral qu'il récompense les journaux amis plutôt que de corrompre les organes hostiles ? A cela nous répondons qu'il ne devrait donner ses impressions ni aux uns ni aux autres. Le journaliste digne de ce nom qui appuie le ministère le fait parce qu'il croit que c'est dans l'intérêt du pays : il n'a pas besoin de récompense ; la conviction d'avoir accompli son devoir doit lui suffire.

S'il appuie le ministère ou un parti politique dans l'unique espoir des *jobs*, s'il prostitue à ce point la noble profession de journaliste, il est non seulement indigne de tenir une plume, il est même indigne de recevoir la pitance qu'il attend.

Que le gouvernement ait une imprimerie à lui, ou bien qu'il fasse faire ses impressions dans les ateliers dont les propriétaires n'ont rien à faire, ni de près ni de loin, avec les journaux. Rien de plus simple et de plus pratique.

A part les impressions, il y a les annonces. Presque tous les avis publiés par le gouvernement ne regardent que les entrepreneurs et ne devraient être insérés que dans les différentes gazettes officielles. Il se dépense chaque année au Canada, en pure perte, des milliers de piastres en annonces destinées, non à renseigner le public, mais à contenter les exigences des " amis."

Lorsqu'un avertissement officiel regarde le public en général, les journaux qui tiennent à renseigner leurs lecteurs le reproduiraient à titre de nouvelle.

La réforme que nous voudrions voir inaugurée produirait un effet salutaire, non seulement sur les journaux ministériels, mais aussi sur les organes de l'opposition.

Combien de journalistes suivent aveuglément un parti, même dans l'opposition, pour l'amour des *jobs*, quelque paradoxal que cela puisse paraître de prime abord. Ils se disent : si nous restons fidèles à notre *parti*, si nous approuvons systématiquement tout ce que notre parti fait, et si nous blâmons d'avance tout ce que fait l'autre parti, nous aurons notre récompense, lorsque notre parti arrivera au pouvoir.

Et voilà comment le terrible fléau du *patronage* détruit chez trop de nos journalistes la plus légitime indépendance de caractère [1].

1—En l'année 1901 le mal est toujours le même : trop de députés, attendant quelque faveur pour eux-mêmes ou pour un parent, ne sont que des machines à voter ; et la presse n'est guère plus indépendante aujourd'hui qu'elle l'était il y a dix-neuf ans.

LE CABINET MOUSSEAU

5 août 1882.

Malgré la déclaration formelle de la *Minerve*, qu'il n'y aurait pas d'autres changements ministériels que la retraite de M. Loranger, nous avons, non seulement un remaniement important, mais un cabinet tout battant neuf. Le ministère Chapleau n'est plus, il est remplacé par le cabinet Mousseau. M. Chapleau succède à M. Mousseau dans le cabinet fédéral, et M. Mousseau a prêté serment, lundi dernier, comme premier ministre de la province de Québec. Naturellement, la retraite de M. Chapleau a entraîné la chute de tout son cabinet. Le nouveau premier ministre a été chargé de la tâche de former un autre ministère ; tâche dont il s'est acquitté promptement.

Le nouveau cabinet se compose comme suit :

J.-A. Mousseau, premier ministre et procureur général ; J.-S.-C. Würtele, trésorier ; W.-W. Lynch, commissaire des terres de la Couronne ; Elz. Dionne, commissaire des travaux publics et de l'agriculture ; H. Starnes, commissaire des chemins de fer ; Jean Blanchet, secrétaire provincial.

L'entrée de M. Starnes dans le nouveau cabinet excitera l'étonnement, pour ne rien dire de plus, des vrais conservateurs. M. Starnes, qui n'est pas un géant politique, on peut le dire sans le calomnier, faisait partie, tout le monde le sait, du cabinet de M. Joly. Il a approuvé le coup d'Etat du 2 mars et toutes ses conséquences. Aujourd'hui, il est l'un des chefs du parti conservateur ! Singulière chose que la politique, en vérité !

M. Jean Blanchet ne portera pas beaucoup de force au cabinet ; sa renommée ne s'étend pas au loin. On explique difficilement, ou plutôt on n'explique pas du tout son entrée dans le cabinet, non plus que celle de M. Starnes.

MM. Flynn et Paquet ont été jetés par-dessus bord, sans cérémonie.

Des anciens ministres, il reste MM. Würtele et Dionne, entrés dans le cabinet Chapleau il n'y a que quelques mois, et M. Lynch, qui est le seul représentant du ministère formé à la suite de la chute du cabinet Joly.

Le cabinet Mousseau est, comme celui qu'il remplace, un cabinet libéral-conservateur, plutôt libéral que conservateur. Pour bien dire, M. Dionne est le seul ministre qui ait des tendances franchement conservatrices. Le premier ministre est un conservateur de l'école de la *Minerve* ; M. Blanchet est un conservateur de l'école de l'*Evénement ;* MM. Würtele et Lynch sont d'anciens libéraux, et M. Starnes n'est d'aucune école.

La composition de ce ministère ne nous enthousiasme pas, mais pour juger définitivement le nouveau cabinet nous l'attendrons à l'œuvre.

---

12 août 1882.

A part deux ou trois journaux dont la platitude est proverbiale, la presse de la province de Québec s'étonne de l'entrée de M. Starnes dans le cabinet Mousseau. On ne peut pas s'expliquer ce choix plus que singulier. Car, enfin, M. Starnes est une nullité parfaite, il est non seulement nul, il est ridicule, compromis et compromettant. Loin d'apporter du prestige au ministère, il l'affaiblit énormément.

Pourquoi donc, se demande chacun, M. Mousseau a-t-il fait ce choix impossible? Il faut qu'il ait eu une raison déterminante, car on ne peut pas supposer qu'il ait tiré les noms de ses collègues d'un sac, au hasard.

Il circule par les rues un bruit qui répond à cette question : Pourquoi M. Starnes a-t-il été choisi ? Mais ce bruit est tellement sinistre et scandaleux que non seulement nous ne voulons pas y croire, mais nous ne voulons pas même le publier.

Pourtant, le fait brutal est là : M. Starnes est ministre, et le public cherche le *pourquoi*.

·Les organes du cabinet devraient jeter un peu de lumière sur cette affaire mystérieuse, et faire cesser ces bruits scandaleux, en donnant, sans délai, le véritable motif qui a engagé M. Mousseau à accepter M. Starnes comme collègue. Il y va de l'honneur de la province.

---

26 août 1882.

Nous voyons que la *Gazette* de Montréal et surtout le *Courrier de Montréal* publient les bruits sinistres qui circulent dans le public depuis la formation du nouveau cabinet et l'entrée de M. Starnes dans un ministère conservateur. Nous croyons donc devoir à notre tour signaler ces on-dit.

On sait que MM. McGreevy et Duncan Macdonald, constructeurs du chemin de fer du Nord, avaient des réclamations contre le gouvernement pour travaux additionnels ; le premier réclamait près d'un million, le second $700,000. Le règlement de l'affaire avait été confié à des arbitres, les entrepreneurs et le gouvernement s'engageant à en passer par la décision des personnes choisies pour juger le différend. Les arbitres ont accordé à M. McGreevy, au lieu d'un million, $144,000, et à M. Macdonald, au lieu de $700,000, $138,000. Voilà les faits, voici maintenant les bruits.

On affirme que les entrepreneurs refusent d'accepter la somme qui leur est allouée par les arbitres, bien que l'arbitrage soit parfaitement inattaquable au point de vue légal. On ajoute qu'ils cherchent, par l'entremise de certain ministre dont la présence dans le cabinet intrigue bien du monde, à faire rouvrir l'enquête.

Inutile de dire qu'un nouvel arbitrage serait considéré par le public, et avec raison, comme un acte indigne. Le gouvernement qui s'en rendrait coupable tomberait sous le coup de la colère des honnêtes gens qui doivent être assez nombreux dans le pays pour empêcher l'accomplissement d'une pareille iniquité.

On fait aussi circuler le bruit que le gouvernement aurait fait des avances à M. McGreevy sur sa réclamation, et que ces avances atteindraient le chiffre de $500,000. Toute avance faite dans ces conditions serait parfaitement illégale. On mêle malheureusement à tous ces bruits le nom du lieutenant-gouverneur.

Nous comprenons parfaitement le mal que peuvent faire ces on-dit en habituant le peuple à regarder tout gouvernement comme une organisation pour voler et piller ; aussi avons-nous refusé de publier ces bruits jusqu'à ce jour dans l'espoir qu'ils cesseraient de circuler. Il est maintenant tout à fait inutile de vouloir les taire : ils sont du domaine public.

Nous ne voulons croire à aucune de ces histoires, et, pour l'honneur du pays, nous espérons sincèrement qu'on réussira à prouver victorieusement qu'elles n'ont aucun fondement. Mais puisque ces dires circulent, c'est signe que ceux qui gouvernent le pays depuis quelques années ont perdu en partie la confiance du public.

Du temps de M. de Boucherville, il eût été impossible

à l'homme le plus mal intentionné de faire circuler de pareils racontars ; ils seraient tombés à plat au bout de vingt-quatre heures.

---

16 septembre 1882.

Les affaires politiques de notre province sont fort embrouillées : c'est en vain qu'on met ses lunettes, on n'y voit pas clair.

La composition du cabinet Mousseau cause un profond mécontentement chez un grand nombre de conservateurs, cela ne fait plus de doute. On n'a pas encore réussi à s'expliquer d'une manière satisfaisante l'entrée de M. Starnes dans le ministère. Si, nous a dit un conservateur, M. Mousseau s'est laissé imposer M. Starnes, il n'a pas de caractère ; s'il l'a choisi de son propre mouvement, il n'a pas de jugement. Il n'est pas facile, croyons-nous, de sortir de ce dilemme.

Les sinistres bruits au sujet de l'arbitrage McGreevy circulent toujours, et l'on se demande avec quelque anxiété pourquoi le gouvernement n'y met pas fin en acceptant l'arbitrage. Ce retard semble donner raison à ceux qui prétendent que des intrigants veulent faire faire une nouvelle expertise.

Autre singularité : M. Mousseau avait annoncé dans son discours-programme qu'il allait faire des efforts pour obtenir en faveur de la province une augmentation du subside fédéral. Tous les journaux ministériels, moins la *Gazette* de Montréal, et plusieurs feuilles de l'opposition, entre autres, le *Herald*, donnèrent leur appui à cette partie du programme de M. Mousseau.

Dans l'espace de dix jours, il s'est écrit au moins cent articles en faveur de ce projet que seule la *Gazette* combattait. Tout à coup, le *Mail* publie le compte rendu d'une entrevue que son correspondant a eue avec M. Mousseau ; à la grande surprise de tous, le premier ministre affirme qu'il n'a jamais songé à demander des *better terms* pour la province ! On peut se faire une idée de la vilaine grimace que font en ce moment les journaux ministériels qui ont dépensé tant d'encre pour faire mousser ce projet que le premier ministre a d'abord donné comme faisant partie de son programme et qu'il repousse aujourd'hui.

On avouera qu'il y a dans tout cela de quoi nous intriguer et même nous inquiéter. Pour notre part, nous soupirons après le jour où il nous sera donné un gouvernement qui nous fera des affaires dans lesquelles on pourra voir *clair*. Depuis le coup d'Etat du deux mars 1878, nous sommes dans le gâchis.

LIBÉRAUX ET LIBÉRALISME

---

26 août 1882.

Il ne faut pas se faire peur avec des fantômes, de même qu'il ne faut pas s'imaginer qu'un danger réel n'existe plus du moment que nous fermons les yeux pour ne pas le voir. C'est ainsi que les autruches du désert se font prendre ; elles enfoncent la tête dans le sable, et ne voyant pas le chasseur qui les poursuit, elles se croient à l'abri de toute attaque.

Nous sommes un peu comme les autruches de l'Afrique. Nous refusons de regarder le danger qui nous menace, et nous tâchons de nous persuader ainsi qu'il n'existe pas.

Nous avons aussi une confiance illimitée, aveugle en certains clichés, en certaines phrases sacramentelles, et nous croyons tout sauvé lorsque nous avons étalé nos clichés et formulé nos phrases.

C'est ainsi que certains journaux conservateurs, bien disposés du reste, se plaisent à répéter sur tous les tons que le parti libéral a été écrasé, anéanti, aux dernières élections fédérales et provinciales, que le libéralisme n'existe plus dans notre province, ou, s'il y existe encore, il a été tellement estropié qu'il n'est plus à craindre.

Or, tout cela est le contre-pied de la vérité. Jamais, croyons-nous, dans l'histoire de notre pays, les idées libérales n'ont été aussi près d'un triomphe définitif qu'elles le sont en ce moment.

Ce ne sont pas ceux qui se contentent de crier : Seigneur, Seigneur, qui seront sauvés, mais ceux qui feront la volonté du Père céleste. De même, dans l'ordre social, ce ne sont pas tous ceux qui se proclament conservateurs, sauveurs de la patrie et pourfendeurs de révolutionnaires qui doivent inspirer la confiance, mais ceux, seulement, qui professent et qui pratiquent des doctrines saines. Des paroles, sans les actes, ne suffisent pas plus pour sauver un pays qu'une âme.

On répète que le parti conservateur est maître absolu du terrain à Québec, que les rouges sont enterrés à tout jamais, qu'il n'y a plus rien à craindre pour l'avenir de la province. Des paroles en l'air que tout cela !

Il ne faut pas s'imaginer que le vrai libéralisme, celui qui menace notre pays, après avoir dévasté les pays d'Europe, s'identifie avec l'organisation politique dite libérale ou rouge, au point de ne pouvoir se propager sans elle. Cette organisation viendrait à disparaître entièrement, que le libéralisme n'en existerait pas moins, et ne ferait pas moins chaque jour de nombreuses victimes.

On dit que le parti conservateur a absorbé les libéraux et les a convertis.

Le parti conservateur a absorbé un certain nombre de libéraux, oui ; mais ce parti n'est pas de force à convertir le libéralisme en quelque chose de bon. Le libéralisme est un poison ; or, les constitutions les plus robustes qui absorbent du poison, même à petite dose, finissent par en ressentir les funestes effets. Du reste, le parti conservateur avait déjà le poison du gallicanisme dans les entrailles, et ce n'est pas en absorbant du libéralisme qu'il en guérira.

Et voyez ces libéraux que le parti conservateur a absorbés et *convertis*. Ont-ils changé autre chose que leur enseigne ? Ceux qui étaient véritablement entachés de libéralisme avant leur entrée dans le parti conservateur, ne le sont-ils pas encore ? Sans doute. Prétendra-t-on sérieusement, par exemple, que l'*Evénement* est un journal moins dangereux depuis qu'il chante les louanges de M. Chapleau qu'il l'était lorsqu'il célébrait les hauts faits de M. Joly ? On ne le pourra pas.

Pour des raisons qu'il ne convient pas de discuter dans la presse, les idées libérales ont fait dans notre pays des progrès alarmants depuis six ou sept ans. Il est inutile de crier sur les toits que le parti libéral est écrasé ; le libéralisme fleurit.

Le *Witness*, de Montréal [1], qui suit d'un œil attentif le mouvement social dans notre province, laisse échapper, dans son numéro du 29 juillet, l'aveu suivant qu'il est bon de recueillir :

" Sous le règne de M. Chapleau, nous avons rarement, ou peut-être jamais vu les agressions cléricales qui étaient le trait caractéristique du régime de Boucherville. Pen-

1—Feuille protestante et sectaire.

dant ce temps, la province s'est émancipée de plus en plus de son antique esclavage intellectuel."

Nous comprenons parfaitement ce que cela signifie. Du temps de M. de Boucherville, il n'y avait pas d'*agression* de la part du clergé, mais les sectaires, les francmaçons et les libéraux, *bleus* et *rouges* [1], sentant qu'ils avaient en face d'eux un homme d'Etat catholique, durent renoncer à leurs entreprises. Mais depuis la chute de M. de Boucherville, en 1878, chute que la Francmaçonnerie a indubitablement préparée, la province s'est *émancipée de son esclavage intellectuel ;* ce qui signifie que les vrais libéraux ont repris leur œuvre de désorganisation sociale, que les esprits ont secoué de plus en plus le joug salutaire de l'autorité, que les idées se sont de plus en plus *modernisées*, que nous avons marché rapidement dans la voie qui nous conduira à l'abîme où se débattent la France et la Belgique.

Et pendant ce temps on trouve des journalistes conservateurs assez bornés pour nous dire que " le parti libéral est écrasé."

Le *Witness* n'est pas seul à comprendre parfaitement la situation.

L'*Electeur*, répondant à ceux qui répètent sans cesse que le parti libéral n'existe plus, affirme qu' " aucun gouvernement conservateur ne peut se maintenir aujourd'hui sans recevoir l'appui du parti libéral ", et il ajoute :

" Nous croyons, pour notre part, qu'il ne convient pas de faire une lutte sans merci à un ministère nouveau qui se présente avec un programme libéral."

1—Les bleus sont les *conservateurs* politiques, ou *libéraux-conservateurs ;* les *rouges* sont les libéraux soi-disant politiques. L'école de M. de Boucherville, qui n'existe guère plus aujourd'hui, était l'école des conservateurs *catholiques*.

Et la *Tribune*, de Montréal, autre organe du libéralisme, déclare que le gouvernement Mousseau est *trop libéral* pour un grand nombre de conservateurs.

Du reste, il suffit de jeter un coup d'œil sur la presse dite conservatrice : vous y trouverez exprimées à chaque instant des idées les plus libérales, les plus démagogiques. C'est ainsi qu'un écrivain conservateur, faisant le portrait de sir John Macdonald, s'écrie avec transport :

" Voyez comme son successeur a compris la leçon, comme il s'étudie à ne froisser jamais, à toujours se *concilier les idées, les préférences, les préjugés de ses partisans !* Aussi voit-il son prestige stable, son autorité acceptée par tous ; aussi son gouvernement est-il assuré du concours de la majorité populaire, pour de longues années."

Voilà les idées qu'on prône dans la presse soi-disant conservatrice.

La conciliation des préjugés ! Quelle doctrine monstrueuse ! Elle peut conduire aux plus grands excès, à la tyrannie la plus affreuse. Et quelle autre doctrine pratique-t-on en France, en ce moment ?

Parmi les gouvernants de la France, c'est à qui se montrera le plus fort à *se concilier les préjugés* de la foule. On voit où cette doctrine peut mener un pays !

N'enfonçons pas notre tête dans le sable, comme l'autruche ; ne répétons pas, comme le perroquet, sans intelligence, des phrases apprises par cœur. Ne disons pas que le parti libéral est mort. L'organisation politique qu'on appelle le parti libéral peut être avariée, mais les idées libérales nous envahissent de toutes parts.

POLITIQUE ET PARTI

2 septembre 1882.

Le *Tablet*, de Londres, journal catholique, consacre, dans son numéro du 22 juillet, un article remarquable au gouvernement de parti, *party government*. Tandis qu'un correspondant du *Pionnier*, de Sherbrooke, fait l'éloge de ce système, le grave écrivain du *Tablet* le condamne formellement en termes très sévères. Depuis que ce système a été inauguré, dit le journal anglais, en substance, on ne voit que luttes stériles pour obtenir ou conserver le pouvoir ; les exigences de parti font oublier presque toujours les intérêts du pays ; les questions les plus importantes se discutent, non au point de vue du bien-être général, mais au point de vue d'une fraction de la population. Nous conseillons au correspondant L. E. P. du *Pionnier*, de se procurer cet article du *Tablet* et de le lire attentivement.

A propos de L. E. P., qui revient à la charge, dans le dernier numéro du *Pionnier*, nous voudrions savoir de lui si par " le gouvernement de parti " qu'il admire tant, il entend le gouvernement constitutionnel ou responsable. S'il veut bien nous répondre, nous aurons quelque chose à lui dire.

Une autre observation à l'adresse de L. E. P. Il persiste à confondre *politique* avec *parti*. Evidemment, il ignore la portée de ces deux mots. Ainsi il s'élève avec force contre ceux qui disent :

" La *politique*, c'est de la *blague*, il ne devrait pas y avoir de partis politiques, pas plus en parlement que dans nos conseils municipaux ! ! "

Ceux qui disent que la *politique*, c'est de la blague, ont certainement tort, car la politique, c'est l'art de gouverner les peuples. Il est impossible que la société civile puisse exister sans une politique quelconque ; aussi, aucun homme sensé n'a jamais parlé d'abolir la politique. Mais le correspondant du *Pionnier* fait preuve d'un grand manque de réflexion en prétendant implicitement que la *politique* ne peut exister sans *partis*.

Les *partis*, tels que nous les avons, n'existent que depuis quelques années, pour ainsi dire, tandis que la *politique* remonte au commencement du monde.

L'INDIFFÉRENCE EN POLITIQUE

21 octobre 1882.

Un journal conservateur s'élève fortement contre l'indifférence en politique et dit :

" Soyons conservateurs ou soyons libéraux, si le cœur nous en dit, mais soyons quelque chose."

Sans doute il faut être quelque chose, sans doute il ne faut pas être indifférent en matière politique ; mais il ne faut pas confondre, comme on persiste à le faire, *politique* avec *parti*. On peut s'intéresser vivement à la *politique*, c'est-à-dire au gouvernement du pays, aux affaires publiques, sans être inféodé à un parti politique. Les véritables *indifférents* sont ceux qui s'attachent aveuglément à un parti ; qui ne voient que par les yeux, qui n'entendent que par les oreilles de leurs *chefs*. Peu leur importe que le pays soit bien ou mal gouverné, peu leur importe que les principes soient sauvegardés ou foulés aux pieds, pourvu que leur parti soit au pouvoir ou en voie d'y arriver.

" Soyons libéraux si le cœur nous en dit," voilà une proposition qui a besoin d'être expliquée.

Si notre confrère donne au mot *libéral* la signification de : *porté à la générosité ou à la libéralité*, alors tout le monde devrait être *libéral*. Si par *libéral* il entend un homme qui ne pense pas comme son voisin " conservateur " en matières de chemins de fer, de taxes, de tarifs, d'agriculture et de colonisation, il emploie un mot qui ne rend pas bien sa pensée. Si, au contraire, il entend par *libéral* un partisan du *libéralisme* ou de la fausse liberté, un partisan de ce système qui veut donner à l'erreur et à la vérité des droits égaux, et exclure toute idée religieuse du monde politique, alors il n'a pas le droit de dire : " Soyons *libéraux* si le cœur nous en dit." Personne n'a le droit d'être *libéral* dans ce sens-là, et c'est faire preuve d'une affreuse indifférence en matière politique que de dire, comme cela, sans bien s'expliquer : " Soyons libéraux si le cœur nous en dit."

Ici nous avons le vrai libéralisme ou amour de la fausse liberté. Aucun parti politique n'en a le monopole ; il y a de braves gens qui se disent *libéraux* et qui, s'il savaient ce que c'est que le *libéralisme*, le repousseraient de toutes leurs forces. Il y a d'autres gens, pas du tout braves, ceux-là, qui déclament sans cesse contre les *rouges* et qui suintent le libéralisme par tous les pores.

Il ne suffit donc pas, pour éviter le reproche d'indifférentisme en matière politique, ou pour avoir le droit de le formuler contre d'autres, de se mettre aveuglément à la remorque de tel ou tel homme, et de dire : " moi je suis conservateur," ou " moi je suis libéral." Il n'y a dans le monde que deux grandes armées : l'armée du bien et l'armée du mal; l'armée de ceux qui veulent étendre le règne de Jésus-Christ sur la terre, et l'armée de ceux qui travaillent pour Satan. Soyons tous dans les rangs de la première. Mais bien que le *libéralisme* soit une des armes les plus redoutables de l'armée de Satan, il ne faut pas s'imaginer que le mot *conservateur* soit un bouelier qui puisse nous mettre à l'abri de toute attaque.

Il conviendrait donc d'être plus explicite en parlant de *conservateurs* et de *libéraux*. Qu'on soit en faveur d'un tarif de 30 pour cent, ou d'un tarif de 15 pour cent, ou du libre-échange, c'est bien indifférent. Mais entre l'idée politique catholique, qui veut que la vraie religion soit la base et le couronnement de l'édifice social, et l'idée politique *moderne*, qui voudrait ériger une nouvelle tour de Babel sans Dieu et *contre* Dieu, il n'y a pas à hésiter un instant. C'est l'idée chrétienne seule qui peut *conserver* les nations.

GALLICANS ET LIBÉRAUX

---

4 novembre 1882.

Voilà le *Canada*, feuille *bleue* d'Ottawa, qui se mêle de choses qui le regardent peu et qu'il connaît encore moins. Cet écho de la *Minerve* dit :

" C'est le seul nom (école ultramontée) que l'on puisse donner à cette coterie qui, au mépris des décisions de Rome, persiste à vouloir égarer les esprits et troubler les consciences.

" S'il ne s'agissait que d'une question abstraite, nous laisserions à l'autorité religieuse le soin de démasquer ces faux apôtres ; mais comme du domaine abstrait le *Journal des Trois-Rivières* et une autre petite feuille qui se prétend inspirée directement du ciel, sont passés sur le domaine politique, nous nous croyons justifiable de les y suivre.

" MM. les ultramontés ont fait la guerre à M. Champagne, dans le comté des Deux-Montagnes, parce que ce dernier a déposé à la législature de Québec le projet de loi réglant la question de l'Université-Laval. Aujourd'hui, dans le comté de Vaudreuil, ils combattent M. Archambault parce que ce dernier appuie le cabinet Mousseau, cabinet de damnation, disent-ils.

" S'il fallait en croire ces messieurs ou leurs organes, ils en agiraient ainsi sous l'impulsion de l'épiscopat canadien.

" Sans nous prétendre parfait chrétien, nous nous piquons de respecter et suivre l'autorité religieuse. Qu'elle prononce, et nous la suivrons.

" Ce que, par exemple, nous ne pouvons souffrir sans protester, c'est de voir plus longtemps des individus se donner comme les champions inspirés de l'autorité religieuse dans leur conspiration contre le gros du parti conservateur."

Nous citons le morceau en entier, car ce sera précieux plus tard comme pièce à conviction, quand il s'agira d'écrire l'histoire des temps actuels.

Si ce n'est pas là exploiter véritablement la religion et l'autorité du Saint-Siège, nous voudrions bien savoir ce que c'est. Prétendre qu'on ne peut combattre M. Champagne et ce que le *Canada* se plaît à appeler " le gros " du parti conservateur, sans *mépriser les décisions de Rome*, c'est se rendre coupable d'un abus intolérable.

Voilà l'école libérale-conservatrice qui identifie la cause de l'Eglise avec sa propre cause ; on ne peut y toucher, à cette école, sans être en " révolte contre Rome." C'est un peu fort, par exemple !

Il est absolument faux que nous ayons la prétention d'être l'organe de l'épiscopat. Le *Canada* ne peut pas trouver dans nos écrits une seule ligne qui justifie cette assertion toute gratuite.

Nous sommes tout simplement journaliste catholique ; nous avons des droits et des devoirs bien définis, et l'un de nos devoirs est incontestablement de dénoncer cette école dangereuse qui prétend qu'on ne peut l'attaquer sans attaquer l'Eglise.

Nous avons deux grandes erreurs à combattre dans notre pays : l'erreur libérale et l'erreur gallicane. La première veut la séparation de l'Eglise et de l'Etat, la seconde veut la domination de l'Eglise par l'Etat. C'est en combattant l'erreur gallicane que le trop célèbre La Mennais est tombé dans l'erreur libérale. Témoin des abus dont l'Etat se rendait coupable, en voulant asservir l'Eglise à ses caprices, il dit : " Séparons l'Eglise complètement d'avec l'Etat." Et voilà l'erreur libérale. Voyant un certain nombre de politiqueurs et de journalistes soi-disant conservateurs identifier leur cause avec celle de l'Eglise, révoltés par cet abus criant, un trop grand nombre de Canadiens de bonne foi sont tombés, eux aussi, dans l'erreur libérale et ont voulu exclure toute idée religieuse de la politique.

La vérité n'est ni dans un camp ni dans l'autre. On ne peut pas plus séparer la religion de la politique, c'est-à-dire de la vie matérielle des peuples, sans causer un profond désordre social, qu'on ne peut séparer l'âme du corps sans produire la mort. Mais d'un autre côté, il ne faut pas que la religion soit au service de la politique ; c'est la politique qui doit être au service de la religion, de même que le corps doit être au service de l'âme. Les hommes politiques doivent ambitionner de *servir* l'Eglise et non pas de *se servir* d'elle. La politique doit être *religieuse*, profondément religieuse, mais c'est un très grand mal que de vouloir faire de la religion un simple engin politique.

Voilà, nous en sommes sûr, la vérité catholique, également opposée à l'erreur *libérale* des *rouges* qui veulent " reléguer le prêtre à la sacristie," et à l'erreur *gallicane* des *bleus* qui ne voient dans l'Eglise et le clergé que d'excellents agents d'élection.

ÉVÊQUES, GRITS ET TORIES

18 novembre 1882.

L'incident *Marmion* devient une affaire sérieuse. On se le rappelle, ce livre anti-catholique [1], introduit dans les académies d'Ontario, a été supprimé par le gouvernement Mowat, à la demande de Mgr Lynch, archevêque de Toronto. De là grande colère du *Mail*, qui a voulu exploiter cet incident au profit de l'opposition conservatrice dans Ontario, en faisant appel aux préjugés protestants. Le résultat des six élections qui viennent d'avoir lieu dans Ontario a été favorable au gouvernement grit qui a gagné deux sièges. Pendant la lutte électorale, le *Mail* a poussé les choses si loin que Mgr Lynch a cru devoir intervenir. S'il faut en croire les journaux, et ils paraissent bien renseignés, l'archevêque de Toronto aurait dit en chaire ce qui suit :

" Il y a deux espèces d'Irlandais—des Irlandais dignes et nobles, qui peuvent être mis en haillons, mais qui sauront conserver le sentiment de la dignité, puis des Irlandais vils et lâches, prêts à se vendre pour une place.

1—*Marmion* est un des principaux poèmes de sir Walter Scott. L'auteur y a introduit la fable des *religieuses emmuraillées.*

" Certains catholiques sont prêts à se rallier aux orangistes pour faire monter au pouvoir un gouvernement orangiste.

" Pour notre part, autant qu'il sera en notre pouvoir, nous empêcherons la présente administration libérale d'être renversée."

M. Frank Smith, ministre fédéral, et M. John O'Donohue, sénateur, deux Irlandais catholiques, ont protesté contre ce langage dans un mémoire présenté aux évêques d'Ontario. Les libéraux de notre province se prétendent fort scandalisés de la conduite de MM. Smith et O'Donohue et jettent de hauts cris. Si les deux signataires du mémoire ont voulu faire *privément* aux évêques certaines représentations concernant l'attitude prise par l'Archevêque, non dans le but de faire juger le métropolitain par ses suffragants, ce qui n'est certainement pas dans l'ordre, mais seulement dans le dessein d'engager les évêques à user de leur influence auprès de l'archevêque pour l'amener à d'autres sentiments ; si, disons-nous, ils n'ont rédigé leur mémoire que dans ce but et dans ces conditions, nous n'y voyons rien de très répréhensible, bien que le ton du document laisse à désirer. Si, d'un autre côté, ils ont préparé ce mémoire pour le livrer à la publicité, ils ont très mal fait, car des questions de cette nature, nous l'avons souvent dit, ne doivent pas se discuter devant le tribunal incompétent de l'opinion publique. Un évêque n'est pas responsable au peuple de ses actes et de ses paroles. Le mémoire a été publié dans les journaux, mais nous ne savons pas qui est le premier auteur de cette publicité. Si MM. Smith et O'Donohue ont livré ce document à la presse, ils ont grièvement manqué à leur devoir.

Une chose, cependant, qui est certainement blâmable, c'est l'intervention d'un ministre fédéral et d'un sénateur, *comme tels*, dans des affaires provinciales.

Maintenant, les journaux libéraux ont bien tort de se pâmer d'indignation et de se scandaliser outre mesure. Quand même MM. Smith et O'Donohue seraient cent fois plus coupables qu'ils ne le sont, cela ne ferait ni oublier ni pardonner les scandales de Charlevoix et de Berthier [1].

Il est assez amusant, du reste, de voir de fiers radicaux comme les rédacteurs de l'*Electeur* et de la *Patrie*, qui ne veulent pas que le clergé se mêle de politique, prendre fait et cause pour Mgr Lynch. Pourtant, l'Archevêque de Toronto a fait précisément ce que les chefs libéraux ont toujours condamné. Cet incident nous remet en mémoire ces paroles si profondément vraies de la pastorale collective du 22 septembre :

" Tel qui aujourd'hui crie très fort que le prêtre n'a rien à voir dans la politique, trouvait naguère cette influence salutaire."

Pour nous, partisan sincère et logique des droits de l'Eglise, nous blâmons indistinctement tous ceux qui attaquent ces droits, qu'ils s'appellent libéraux ou conservateurs.

Du reste, nous ne pouvons mieux terminer cet écrit qu'en citant le passage suivant d'un article que notre excellent confrère du *Journal des Trois-Rivières* consacre à l'affaire *Marmion :*

" La presse libérale profite de ce scandale pour dire que les conservateurs haut canadiens se conduisent plus mal envers le clergé qu'eux-mêmes ne l'ont jamais fait ici.

" Le fait est que les fautes des uns ne justifient point celles des autres, et les tories d'Ontario, en attaquant,

1—Allusion aux procès intentés par les libéraux pour faire annuler des élections gagnées, disaient-ils, par l'*influence indue*, l'intervention abusive du clergé.

dans la presse, les sermons de l'Archevêque Lynch, font acte de mauvais catholiques tout comme nos libéraux quand ils faisaient la guerre aux sermons des curés.

" Nous réprouvons la conduite des uns comme des autres ; il ne peut être question des sympathies de parti devant les immunités sacrées du ministère ecclésiastique.

" Du reste, au point de vue des intérêts religieux de la province de Québec, nous sommes à nous demander quels grands avantages l'on a jamais retirés des alliances faites soit avec les grits, soit avec les tories? Notre système politique oblige à subir ces alliances, mais en général on a rencontré la même hostilité chez les uns comme chez les autres quand il s'est agi de faire prévaloir les vérités catholiques dans la politique.

" Vouloir faire du "capital politique" avec le prétendu respect, les sympathies parfaitement imaginaires soit des chefs grits, soit des chefs tories qu'on a à subir, c'est faire de l'hypocrisie ou montrer une ignorance crasse du principe qui inspire ces politiciens et qui peut se résumer comme suit : " le dessus du panier à la race supérieure, aux francs-maçons, aux orangistes et à leurs proches de toutes nuances, et les restes aux catholiques et à la race inférieure."

C'est là notre manière de voir, entièrement, et le plus tôt les catholiques de la province de Québec et du Canada tout entier se convaincront de cette vérité, le mieux ce sera.

LA TRANSFORMATION DE M. TARTE[1]

11 novembre 1882.

M. Tarte écrit des lettres au *Canadien*. M. Tarte a tort, incontestablement. Encore deux ou trois lettres comme celle qui a paru dans le *Canadien* de samedi et M. Tarte ferait mieux de pas revenir au pays, mais de se renfermer dans le " musée canadien " que le susdit M. Tarte veut établir à Paris sous la direction de M. Fabre.

M. Tarte commence par nous parler de l'Irlande qu'il n'a fait qu'entrevoir à Moville. Il aurait voulu, le malheureux, visiter cette terre classique, mais il ne le peut pas. Voyez-vous, la caravane, comme il l'appelle, qui se compose de MM. Sénécal, Dansereau et Lacoste, etc., " pique tout droit à Liverpool où un char spécial les attend," et il faut qu'il suive le " régiment." Déjà enrégimenté, ce pauvre M. Tarte !

Mais puisque M. Tarte doit " suivre le régiment," son

1—Jusqu'en 1882, M. Joseph-Israël Tarte, alors rédacteur du *Canadien*, à Québec, avait été fort indépendant, quoique conservateur, et posait en *ultramontain*. Il s'était toujours montré très hostile à l'école *libérale-conservatrice* dont M. Chapleau était le chef, MM. Dansereau et Sénécal, les *hommes d'affaires*, et M. Alexandre Lacoste, aujourd'hui magistrat, l'un des principaux membres. De tous ces hommes politiques il avait dit pis que pendre. Tout à coup, on apprend qu'il est parti avec eux pour un voyage en Europe ! Grande consternation de ses amis à Québec ! Ce voyage fut le point de départ des différents changements que les opinions politico-religieuses de M. Tarte ont subis. Depuis lors il a été tantôt *bleu* tantôt *rouge*, tantôt *britisher* tantôt *français*, mais il n'est jamais redevenu *indépendant* et *ultramontain*. Voici quelques-uns des commentaires que suscitèrent ce célèbre voyage de M. Tarte avec ses nouveaux amis et sa volte-face non moins célèbre.

voyage dans le même steamer qui porte les excellentissimes seigneurs Sénécal et Dansereau n'est pas une simple coïncidence, un pur effet du hasard.

M. Tarte devient ensuite onctueux. M. Wurtele est " notre excellent trésorier" et les membres de la " caravane" nous sont présentés de la façon que voici :

" Nos lecteurs connaissent nos compagnons de route. De M. Sénécal, de M. Dansereau, de M. Lacoste j'ai dit *parfois du bien*, tantôt du mal, suivant que dans mon opinion leurs actes étaient dignes de louange ou de blâme."

M. Tarte se fait illusion. Le bien qu'il a dit de MM. Dansereau, Sénécal et Lacoste est si mince, si problématique que ses lecteurs les plus assidus n'en ont guère souvenance. Sans doute il confond l'avenir avec le passé ; il songe au bien qu'il se propose de dire de ces messieurs, et leurs faits et gestes actuels et futurs, " dignes de louanges" lui paraissent comme appartenant déjà à l'histoire. Etrange effet du mal de mer, indubitablement.

M. Tarte a une mission à remplir dans le monde, c'est de " dire du bien" de MM. Sénécal, Dansereau et Lacoste. Il commence par ce dernier, le moins compromis de la bande. Le tour des deux autres viendra ensuite. Il est de bonne tactique de ne point brusquer les choses. Citons :

" M. Lacoste, que je savais être un chrétien, est aussi un *catholique* dans LA LARGE ACCEPTION du mot."

La belle découverte, en vérité ! Et comme un voyage en mer développe merveilleusement l'intelligence, comme ça vous ouvre des horizons nouveaux !

Qu'est-ce que c'est, s'il vous plaît, qu'un " catholique dans la large acception du mot." ? M. Tarte n'a pas trouvé cela dans Veuillot, ni dans Mgr de Ségur, ni dans de Maistre, ni dans Balmès. Si cela veut dire quelque chose, ça signifie un catholique à gros grain, ce qui ne serait pas " dire du bien " de M. Lacoste. Le mot *catholique* tout court, sans épithète, est suffisant.

M. Tarte continue solennellement :

" Nous (M. Lacoste et lui) avons différé d'opinion sur la vente du chemin de fer du Nord, mais—et je le dis pour être entendu de tous ceux qui me font l'honneur de me lire—c'est un esprit sincère, éclairé, une âme croyante ; un homme, en un mot, sur lequel l'on peut compter quand la cause catholique est en jeu."

Je vous le demande, qu'est-ce que M. Lacoste a fait tout à coup pour que M. Tarte lui donne ce certificat d'orthodoxie ? M. Tarte a la manie des " bons billets." Un jour, il termina une biographie de M. Chapleau par cette phrase magistrale :

" Il fait ses pâques."

Voilà maintenant qu'il pose M. Lacoste en champion de la cause catholique, en défenseur de la Foi.

Attendez donc que M. Lacoste ait fait quelque chose pour mériter ce beau titre.

Nous avons hâte de voir le *bien* que M. Tarte va dire de MM. Dansereau et Sénécal. Il nous apprendra sans doute que le premier a manqué sa vocation et qu'il soupire en secret après la solitude de la Trappe, et que le second ferait certainement un pèlerinage de pénitence à Jérusalem s'il en avait le temps.

MM. Dansereau et Sénécal sont capables de faire accroire cela à M. Tarte, tant cet heureux voyage en mer lui a développé l'intelligence, et lui a ouvert des horizons nouveaux.

2 décembre 1882.

O vicissitude des choses humaines ! Voilà que M. David de la *Tribune*, et M. Tarte, du *Canadien*, " s'embrassent en pincette " *coram populo*. M. David, on le sait, est l'apôtre de la conciliation et de la paix ; il a fondé la *Tribune* dans le but clairement énoncé de travailler à la coalition, au rapprochement des esprits " modérés ", lisez sans convictions arrêtées. L'un de ses plus mortels ennemis était le farouche rédacteur du *Canadien*, qui dénonçait avec une indignation énergique et une énergie indignée les projets de M. David. Voilà maintenant qu'ils se donnent le baiser de paix ! M. David assure que le voyage avec la caravane " a fait du bien à M. Tarte " ; il est comme ces vins qu'on envoie faire le tour du monde pour les bonifier. Les " senteurs iodurées " de la mer, comme dirait M. Faucheur de St-Maurice, ont produit un effet merveilleux sur M. Tarte. Naguère il offusquait affreusement le nez délicat de M. David ; il sentait le violent ; mais le salin l'a mariné, pour ainsi dire, et aujourd'hui il exhale une odeur extrêmement agréable aux narines si pacifiques du rédacteur de la *Tribune*, une petite odeur de coalition. Un converti ! s'écrie M. David : " La conciliation, dit-il, n'en sera pas moins bonne parce que M. Tarte en est ; au contraire, l'adhésion de M. Tarte en prouve la nécessité."

Quelqu'un de ces jours, quand nous serons un peu court de *copie*, nous reproduirons quelques phrases de M. Tarte sur la conciliation si chère à M. David. On verra comme un voyage en mer avec le régiment peut changer les idées d'un homme bien disposé et *open to conviction*, comme disent les fils de la fière Albion.

23 décembre 1882.

Le *Canadien* continue à servir à ses lecteurs les *faits divers* les plus scabreux qu'il puisse trouver dans les colonnes de ses échanges, principalement dans celles du *Monde.* C'est un des fruits du sénécalisme dont notre malheureux confrère est atteint. Pour lui, le journalisme n'est plus un véritable apostolat qui impose à celui qui l'exerce de graves devoirs et des responsabilités redoutables, mais un simple moyen d'acquérir de l'influence et de faire, par cette influence, un peu d'argent.

Depuis son voyage avec la " caravane," le *bon* M. Tarte ne rêve que richesse et prospérité matérielles ; au lieu de ces superbes articles sur les principes immuables qui jadis faisaient les délices des lecteurs du *Canadien*, on ne voit guère plus dans ce journal que des dithyrambes en l'honneur du " progrès," ou des reproductions saugrenues comme l'article de Louis Teste sur Charette. Lundi dernier M. Tarte nous a favorisé d'un premier-Québec sur la nécessité de " l'indépendance sous le rapport de la fortune " pour développer les " vocations politiques." Sans doute, une modeste aisance est une chose que tout homme peut légitimement ambitionner, mais ce qui est surtout désirable, chez le journaliste, particulièrement, c'est l'indépendance *sous le rapport du caractère.* Il faut que le journaliste, qui veut rester digne de son rôle dans la société, sache se contenter de peu, et ne pas craindre même les privations. La pauvreté n'est pas conforme aux instincts dépravés de la chair, nous le savons, mais acceptée dans un esprit chrétien, pour l'amour de Celui qui naquit dans une étable, elle vaut, aux yeux de Dieu, même chez les hommes publics et les journalistes, bien mieux que la plus belle " indépendance sous le rapport de la fortune," qu'on aurait acquise en sacrifiant i'honneur, en abandonnant lâchement la lutte au moment du danger.

---

3 mars 1883.

Une phrase qui peint bien l'homme. On lit dans le *Canadien* du 27 février :

"...Le Pacifique et le Grand-Tronc se sont livré, pour la possession de la section est, une bataille dont le résultat a été, assure-t-on, un million et quart de profit pour M. Sénécal et ses amis. *Nous en sommes très heureux pour les spéculateurs qui en profitent.*"

Quant à nous—et nous croyons que tous les honnêtes gens du pays partageront notre manière de voir—nous sommes désolé de voir les spéculateurs s'engraisser aux dépens du pays.

---

24 mars 1883.

Sous ce titre, *Un contraste*, et certes il a été bien choisi, M. Tarte nous donne, dans le *Canadien* du 17, un de ces inqualifiables articles dont il a le secret depuis quelques temps.

M. Tarte commence par se prétendre scandalisé ! Il dit :

" Rome est trompée ! le Pape est mal renseigné !

" Voilà ce que l'on dit, ce que l'on ose écrire depuis quelques semaines surtout.

" Le Saint-Siège est mis directement en accusation, cité au tribunal de l'opinion publique."

Il y en a long sur ce ton-là.

D'abord, il est faux que le Saint-Siège " soit mis en accusation." Personne n'y songe. Il y a bien M. Tarte et ses confrères en libéralisme qui font un abus effrayant du nom du Saint-Siège, qui invoquent sans cesse l'autorité de cet auguste tribunal pour imposer leurs idées croches, pour justifier leurs haines, ou pour pallier leurs faiblesses et leurs lâchetés. C'est un grand scandale que de voir exploiter de la sorte le nom et le prestige de Rome ; mais ce n'est pas là mettre le Saint-Siège en accusation. Du reste, ce sont les catholiques libéraux, aujourd'hui les amis intimes de M. Tarte, qui donnent ce scandale. A eux le blâme.

Citons encore quelques extravagances de M. Tarte pour bien faire connaître cet individu dans son nouveau rôle :

" Le Pape est induit en erreur !

" Quel terrible enseignement à donner au peuple.

" Et quand les évêques publieront des mandements, si les fidèles s'avisent de répéter votre argument : les évêques ont été trompés.

" Et quand le prêtre enseignera dans la chaire de vérité, si ses paroissiens disent, en sortant de l'Eglise : Oh ! M. le curé a été induit en erreur !

" Qu'aurez-vous à répondre ?

" Le curé représente l'évêque, l'évêque représente le Pape ?

" Mais le Pape a été mal renseigné !

" Nous allons là ; quelques malheureux nous y mènent à pas accélérés."

N'est-ce pas que l'on croirait lire une chronique de *Cyprien*, de la *Patrie*, organe de la franc-maçonnerie ? Pourtant, nous vous certifions que cela est extrait du *Canadien*, première colonne, deuxième page, numéro du 17 mars 1883. Et, de plus, cela est signé " J.-Israël Tarte."

Qui a dit que le Pape est induit en erreur ? Pourquoi tout ce tapage, qui serait ridicule, s'il n'était si méchant d'intention ?

Parce qu'on redoute l'œuvre des intrigants, M. Tarte se livre à des convulsions épileptiques. C'est de l'hypocrisie toute pure ; la bonne foi est impossible à supposer ; croire à la sincérité de M. Tarte en ce moment, ce ne serait pas de la charité, mais de la naïveté, de la bêtise.

M. Tarte parle de " terribles enseignements " donnés au peuple. Il faut donc remettre le nez de cet homme-là dans ses propres écrits. Nous allons le faire. On se souvient encore du fameux article de M. Tarte, publié dans le *Canadien* du 31 décembre 1881, sous le titre ronflant de " Justice, Saint-Père " ! Voici les principaux passages de cet écrit échevelé :

" Nous avons parlé de fausses représentations faites à Rome. Nous maintenons nos dires, les sachant vrais. D'atroces et infâmes diffamations ont été proférées contre le clergé du Bas-Canada, depuis des années, et récemment encore...Il faut que quelqu'un se charge de dévoiler les complots ourdis à la sourdine, les machinations ténébreuses, les intrigues inavouables. Ce sera nous. Le *Canadien* est reçu à Rome, et a l'honneur d'échanger avec les journaux qui sont les porte-voix de l'opinion catholique en Europe. Il est déterminé à faire connaître la vérité vraie sur nos difficultés religieuses, dont tout le secret se trouve dans les efforts des adversaires de l'autorité de l'Eglise pour détruire l'influence du clergé sur nos destinées.

" Ah ! si notre voix pouvait être entendue du Pontife Suprême, nous crierions du fond de notre cœur : Saint-Père, successeur de Pierre, jetez sur nous vos regards, sauvez-nous, nous .périssons !

" Saint-Père, ceux qui vous disent du mal de notre clergé vous trompent et sont vos ennemis !

" Saint-Père, ils veulent détruire votre autorité parmi les fidèles. en la compromettant !

" Saint-Père, ils ont déjà fait bien du mal, difficile à réparer, mais réparable encore, avec la grâce de Dieu, et votre attention paternelle !

" Saint-Père, les consciences sont troublées, inquiètes, scandalisées, désolées, épouvantées ?

" Saint-Père, elles attendent de vous la justice.

" Saint-Père, voulez-vous sonder la profondeur de l'abime vers lequel nous marchons ?

" Saint-Père, interrogez les vieillards qui ont gagné leur couronne de cheveux blancs au service de l'Eglise !

" Interrogez les communautés religieuses, interrogez-les toutes.

" Interrogez un à un chacun des membres du clergé qui ont charge d'âmes dans les différentes parties du pays.

" Interrogez les laïques dont le dévouement à la cause catholique ne date pas d'hier !

" Saint-Père, vous connaîtrez ainsi la vérité et vous porterez remède à nos maux !"

Le 24 décembre de la même année, M. Tarte disait :

" S'il faut que nous allions à Rome par douzaines rendre témoignage à la vérité et rétablir les faits, nous irons..........Non : nous ne sommes pas assez allés à Rome, nous, les catholiques. Nous faudra-t-il fonder une association de défense et de revendication des droits de l'Eglise ? Nous la fonderons. Et l'on verra si nous en aurons bientôt fini avec la poignée de calomniateurs qui sont en train de faire passer le clergé de cette province, l'un des plus beaux clergés du monde catholique, pour une masse d'hommes ignorants et cupides animés de la plus sordide ambition et des plus funestes desseins. Il doit y avoir une limite à tant de malice."

Le 19 décembre, sous le titre " A Rome," il disait encore :

" Il est reconnu que de fausses représentations avaient précédé Mgr Laflèche au Vatican. *Rien n'est plus facile que de dénaturer la vérité et les faits à des milliers de lieues de distance.* Il reste toujours la ressource de les rétablir."

Voilà l'homme qui, aujourd'hui, parle de " terribles

enseignements " donnés au peuple. Avons-nous été trop sévère en niant la possibilité de la bonne foi chez cet écrivain ?

Mais cet article de M. Tarte, du 17 mars 1883, contient quelque chose de plus grave encore. Voici la fin de cet écrit :

" Nous assistons à ce douloureux spectacle que plus Rome réclame la soumission, l'obéissance, moins on est docile à sa voix.

" En certains quartiers, à cette heure, pour mériter le titre de catholiques, il faut pratiquer la révolte contre l'épiscopat et la résistance aux ordres du Saint-Père."

Rien de plus révoltant, de plus profondément pervers, de plus calomnieux n'a été écrit dans notre pays depuis des années.

M. Tarte a écrit ces deux phrases, sachant que chaque mot contenait un mensonge. Ah ! si nous pouvions tout dire ! !

Mais allons-y avec sang-froid.

Nous savons bien qui M. Tarte a voulu viser dans ce passage. Mais, le maladroit, dans sa fureur aveugle contre ses anciens amis qu'il a si lâchement trahis, il ne voit pas que ses coups sont dirigés uniquement contre les évêques et le clergé.

En effet, qu'est-ce que Rome a dit ? A qui a-t-elle donné des ordres? A qui s'adressent ses prescriptions ? Aux évêques et aux prêtres, et à eux seuls. Dans les différents documents émanés de la Sacrée Congrégation de la Propagande depuis le 13 septembre 1881, il n'y a des ordres que sur deux points : l'amendement de la loi électorale, et l'ingérence du clergé dans les élections. Pour ce qui est de la loi électorale, les évêques ont reçu ordre de ne point chercher à faire amender la loi sans consulter au préalable le Saint-Siège. Pour ce qui est du second point, le clergé a reçu instruction de ne point se mêler des élections de manière à compromettre leur saint ministère. Voilà les seules *prescriptions* venues du Saint-Siège. Encore une fois, elles concernent exclusivement les évêques et les prêtres.

Donc, dire avec M. Tarte, que " plus Rome réclame la soumission, l'obéissance, moins on est docile à sa voix," c'est accuser soit l'épiscopat soit le clergé, soit les deux à la fois, de révolte contre le Saint-Siège ; car eux seuls ayant reçu des *ordres*, peuvent être en révolte. .

P. S.—Depuis que ce qui précède est écrit, le *Canadien* de mardi nous arrive avec un autre article pire que le premier. Voici :

" Ecoutons l'Eglise, ou c'en est fait de l'autorité rel giéuse—nous ne saurons trop le dire et le redire !

" Que les journalistes qui veulent faire de la religion personnelle en fassent.

" Qu'ils désertent ce drapeau catholique, ce drapeau de l'autorité que leur devoir est de suivre et de défendre.

" Nous déplorerons leur malheur.

" Que dans leur orgueil ils passent à l'ennemi !

" Nous pleurons leur chute.

" Nous restons, nous, dans l'armée commandée par le vicaire de Jésus-Christ."

Un tel abus de la religion fait frémir, littéralement. Nous comprenons, sans toutefois les justifier, certains de nos compatriotes qui ne sont laissé aigrir contre tout ce qui porte le nom de catholique, contre le clergé, contre l'Eglise elle-même. Peu éclairés, dominés par les passions politiques, ils ont confondu les misérables exploiteurs de religion avec la religion elle-même, et se sont portés à des excès de langage et à des actes regrettables. Mais ils ne sont pas les plus grands coupables : ceux qui les ont poussés dans cette voie funeste auront un compte terrible à rendre. Pousser les faibles vers le mal, voilà ce que fait en ce moment le rédacteur du *Canadien* par ces écrits qui sentent le délire.

Nous espérons que personne ne se laissera troubler par les divagations de M. Tarte. Soyons soumis à la voix du Pape et de nos évêques; mais n'allons pas prêter l'oreille pour un seul instant aux faux prophètes qui veulent profiter du malaise des esprits pour atteindre leurs fins personnelles.

Ecoutons le Saint-Père et l'épiscopat, mais non M. Tarte; faisons ce que l'Autorité nous ordonnera de faire, mais n'acceptons pas les interprétations fantaisistes du rédacteur du *Canadien.*

---

31 mars 1883.

On nous demande de donner encore de l'ancienne prose de M. Tarte. Nos lecteurs aiment à comparer l'éloquence passée du rédacteur du *Canadien* avec ses dires actuels. C'est un passe-temps fort légitime et même instructif.

Nous avons dans notre dernier numéro exposé la volte-face de M. Tarte sur la question religieuse. Voici maintenant ses tergiversations en matière politique.

Il est de notoriété publique que les amis intimes de M. Tarte sont les gens qui entourent M. Chapleau. Inutile de les nommer, ils sont connus du pays tout entier. Or, voici ce que M. Tarte disait, le 8 novembre 1880, de ces mêmes hommes qu'il fréquente habituellement aujourd'hui :

" Nous avons formulé contre M. Chapleau un reproche sérieux : nous le formulons de nouveau, au nom de tous les conservateurs qui tiennent à l'honneur du parti. Le premier ministre a dans son entourage des hommes corrompus, dépravés, perdus dans l'estime publique. A maintes reprises il a été averti, supplié de se *désentourer*. Et plus d'une fois, sentant lui-même à quels graves soupçons il s'exposait, il a renié, désavoué ces liaisons malsaines que la députation conservatrice tout entière connaît, désapprouve et redoute."

Encore une fois, les hommes ainsi flétris par M. Tarte sont aujourd'hui ses seuls amis !

" Dis-moi qui tu hantes et je te dirai qui tu es."

RÉORGANISATION DES PARTIS

5 janvier 1883.

Une dispute est engagée entre la *Patrie* et l' *Union* de Saint-Hyacinthe, d'une part, et l'*Electeur* et la *Concorde*, d'autre part. Les deux premiers journaux sont hostiles à toute coalition, les deux derniers voudraient une fusion des hommes " modérés."

L'*Electeur* critique assez vertement le programme du parti libéral tel que M. Tremblay l'a formulé l'autre jour dans l' *Union*, et donne clairement à entendre que l'indépendance du Canada et l'élection du gouverneur général ne sont pas des idées libérales, puisqu'il dit que le *Globe*, principal organe du parti, les a repoussées. L'*Electeur* semble aussi vouloir accepter le sénat nommé " par la couronne, prôné autrefois par M. Brown, mais condamné depuis par un certain nombre de libéraux."

Enfin, l'*Electeur* déclare qu'il faut une réorganisation des partis sur d'autres bases ; il faut, de plus, d'après lui, que, " mettant de côté des appellations vides de sens, faisant taire les antipathies qu'ils peuvent avoir pour les hommes qu'ils ont combattus, tous ceux qui ont les mêmes principes et les mêmes idées s'unissent et s'organisent pour les faire prévaloir."

Assûrément, la *Patrie* et l' *Union* vont dénoncer l'*Electeur* comme traître au parti libéral, car n'est-ce pas là avouer que ce parti n'a pas sa raison d'être ?

Une transformation ou réorganisation des partis politiques dans notre province est, en effet, imminente, car tout se disloque visiblement, tout se mêle, tout se confond. Le vieux parti conservateur n'est plus reconnaissable dans le parti ministériel de nos jours où l'on voit des hommes comme MM. Starnes, Fabre, Würtele, Bouchard, et où des hommes comme MM. Langelier, Mercier et Turcotte sont prêts à entrer ; d'un autre côté, le parti libéral est déchiré par des factions, et tombe en ruines, comme organisation politique ; ce qui ne veut pas dire que *l'idée* libérale soit morte : loin de là, elle envahit de plus en plus le parti conservateur.

Il faut donc, comme le dit l'*Electeur*, une réorganisation des partis politiques dans notre province ; mais bien que nous soyons d'accord avecnotre confrère sur ce point, nous ne croyons pas que notre accord aille plus loin. Ses " principes " et ses " idées " nous paraissent trop vagues ; il devrait bien les formuler nettement afin qu'on voie sur quelles bases il entend faire cette " réorganisation." S'il veut que son projet soit accepté il doit le faire connaître sans ambiguité. Sans vouloir préjuger la question nous devons dire que s'il faut juger de l'avenir par le passé, la réorganisation rêvée par l'*Electeur* et tant d'autres nous paraît tourner tout au profit du libéralisme dit catholique et que, par conséquent, il faudra la repousser et la combattre.

LA COALITION

3 février 1883.

Il est toujours question de coalition dans la presse. On appelle cela maintenant " l'union des hommes modérés des deux partis."

La coalition doit nous guérir de tous nos maux financiers, selon le plus grand nombre des adeptes de cette nouvelle politique. De quelle manière? on n'en sait rien.

M. Tarte, qui est très en faveur, lui aussi, de cette *coalition*, qu'il dénonçait naguère comme une abomination, fait bande à part; pour lui, cette union des " meilleurs hommes " ne doit pas se faire en vue des intérêts purement matériels, mais pour sauvegarder la religion! Car M. Tarte pose toujours en défenseur de l'Eglise, s'il vous plaît. Il dit: " En journaliste catholique, nous faisons passer les principes bien avant les hommes. Notre sympathie est acquise à tous ceux qui se déclarent prêts à se joindre à nous pour l'application des doctrines de l'Eglise dans l'organisme social."

Ce sont de belles phrase, mais dans les circonstances, et sous la plume de M. Tarte, elles sont creuses, terriblement creuses, pour ne pas employer une expression plus dure mais plus vraie.

Nous aimons cent fois mieux les coalitionistes qui viennent nous dire que cette fusion n'a d'autre but que l'avancement de nos affaires purement matérielles. Au moins il y a dans cette prétention un certain air de franchise. Nous savons bien que cette coalition n'est qu'un plan imaginé par la clique pour mieux s'emparer du pouvoir, pour exploiter la province avec encore plus de facilité et d'impunité, mais les partisans de ce projet qui ne parlent que de prospérité matérielle font preuve d'un peu de pudeur. Ils font de l'ironie, ils nous rient au nez, si vous voulez, en nous parlant de leur sollicitude pour la caisse publique, mais au moins ils respectent les choses saintes.

Qu'on demande la coalition au nom de la religion, c'est ce qui dépasse toutes les bornes de l'endurable. Il n'y a que M. Tarte qui soit capable d'une pareille audace.

Quand on songe que c'est spécialement sur la question si importante de l'éducation que M. Tarte se livre à ces extravagances ; quand on songe que les hommes qu'il fréquente le plus assidûment aujourd'hui, qu'il porte aux nues, qu'il aveugle d'encens et sur lesquels il compte pour faire sa " vraie politique chrétienne," sa " vraie politique catholique, la seule bonne," sont avant tout M. François Langelier et M. Honoré Mercier, quand on songe à tout cela, on reste stupéfait.

Pour nous, il nous faut relire ces articles du *Canadien* deux ou trois fois pour nous convaincre que nous ne sommes pas la victime d'une hallucination.

Quoi ! M. Tarte, s'allier à M. Langelier pour faire triompher une idée religieuse ! Avez-vous jamais vu un salmigondis pareil ?

M. Tarte qui a dénoncé MM. Langelier et Mercier pendant des années, et avec bien trop de raison, comme des hommes dangereux, comme des propagateurs de doctrines malsaines et de principes subversifs, M. Tarte qui a tant de fois flétri l'inventeur de l'influence indue, M. Tarte qui s'est rendu célèbre dans tout le pays par sa guerre à mort contre le libéralisme catholique, M. Tarte qui a foudroyé M. Chapleau pour avoir offert la branche d'olivier aux hommes de cette école libérale, M. Tarte vient nous dire avec un cynisme qui aurait fait rougir son vieux parent, M. Cauchon, que c'est au moyen d'une alliance avec des hommes comme M. François Langelier et M. Mercier qu'on fera de la vraie " politique catholique " ! !

N'est-ce pas que cela dépasse les bornes de l'endurable ?

Le *Canadien* de la semaine dernière, a consacré quatre colonnes et demie, petit texte, au compte-rendu d'un bal donné par M. Langelier.

---

18 mars 1883.

Depuis quelques jours, sous le titre emphatique de " Faits et Explications ", M. J.-Israël Tarte nous parle de coalition. Ce titre est un trompe-l'œil, car les *faits* de M. Tarte sont fort embrouillés et ses *explications* ne servent qu'à embrouiller davantage ses *faits*.

Du reste, cela importe peu. L'important est de savoir que M. Tarte (Joseph-Israël) est en faveur de la coalition si longtemps dénoncée par lui comme le *nec plus ultra* de la perversité politique, qu'il a travaillé avec ardeur à la réalisation de ce projet saugrenu, et que si, à l'heure qu'il est, nous ne jouissons pas des bienfaits de la coalition, ce n'est pas sa faute à lui, M. Tarte (Joseph-Israël).

Il est vraiment amusant d'entendre M. Tarte parler des négociations qui ont failli nous donner la coalition ; c'est lui qui a tout fait ; c'est lui qui tient dans sa main puissante les destinées de son peuple ; autre Wiggins, c'est lui qui fait la pluie et le beau temps dans le monde politique ; par lui les cabinets gouvernent ; de lui dépend le sort des partis.

Ce n'est pas le premier venu que le rédacteur du *Canadien*. Ecoutez-le plutôt ; cela vous donnera une meilleure idée de sa grandeur :

" Au mois d'octobre, dit-il, *on* vient ME demander si j'accepterais un gouvernement de coalition."

Voyez donc ! *On* vient demander à M. Tarte. Qui est cet *on* mystérieux ? Est-ce M. Benjamin Trudel ? Est-ce M. P.-G. Huot ? Est-ce M. Chs Langelier ? Ou bien encore est-ce M. Langevin ? Est-ce M. Mousseau ? Est-ce M. Caron ? Evidemment ce n'est rien de tout cela. Cet *on*, c'est la province tout entière, seulement M. Tarte est trop modeste pour le dire ; c'est la province qui vient se jeter aux pieds du rédacteur du *Canadien*, le supplier de lui donner un gouvernement de coalition.

Avec cette bonté qui caractérise les grandes âmes, M. Tarte consent ; mais en homme sage il pose ses conditions : Mes enfants, semble-t-il dire, je vous donnerai votre gouvernement de coalition, mais il faut que les droits de l'Eglise soit respectés, car le soin de vos âmes m'est confié. Ses humbles sujets, représentés par le modeste *on*, donnent les garanties voulues, et la coalition est à la veille d'éclore, lorsque, hélas ! pour de graves raisons d'Etat qu'on ne connaît pas, M. Tarte est obligé de se rendre en Europe, en compagnie de l'autre grand homme, Louis Adélard I, et du bon M. Lacoste.

La province, anxieuse, haletante, attend. Mais la pauvrette n'attend pas longtemps, car voilà que M. Tarte déjà " enrégimenté " et suivant la caravane, revient au pays au bout de 28 jours, sans avoir pu aller à Rome éclairer le Saint-Siège, ni débarquer sur la terre classique de l'Irlande. Maintenant, laissons-lui la parole :

" A mon retour d'Europe la question s'agita de nouveau. J'exigeai les mêmes garanties et je les obtins."

Vous le voyez, M. Tarte est toujours soucieux des grands intérêts de la religion, et le bon peuple canadien est encore docile à sa voix.

Mais M. Tarte aime à consulter ses subordonnés : il n'abuse pas de sa puissance.

" Je ne voulus pas, toutefois, continua-t-il, agir seul. Je consultai sur ce grave sujet l'un des évêques les plus distingués de la province, et lui soumis les déclarations qui m'avaient été données."

Quelle condescendance ! Aussi il ne faut pas s'étonner de voir le distingué prélat approuver le projet, toujours d'après M. Tarte.

Voilà tout le monde d'accord pour demander la coalition. " Tous, nous étions d'accord, dit-il, sur ces points." Quels points ? " Conserver au Conseil de l'Instruction publique le contrôle de l'éducation. Présenter aucune loi sur l'éducation sans qu'elle fût préalablement soumise au comité catholique ou protestant selon le cas. Régler avec l'Episcopat la question des biens des jésuites."

Et pourtant ce beau projet, appuyé par *tous*, est tombé à l'eau ! M. Tarte nous l'apprend entre une larme et un soupir. " Ce projet fut violemment combattu par quelques-uns des chefs conservateurs, et par l'élément avancé du parti libéral." Et M. Tarte aurait pu ajouter ; par la masse des honnêtes gens qui ont horreur des intrigues.

Les conséquences de la non réussite du projet de M. Tarte seront désastreuses pour le pays, nous avons à peine besoin de le dire. Avec la coalition, " la fraction avancée du parti libéral restait isolée, impuissante, écrasée." Mais la coalition ayant râté, cette fraction........ " ne tardera pas à reprendre sur les destinées du parti libéral l'influence" qu'il n'a jamais perdue.

Cette tendre sollicitude de M. Tarte pour l'avenir du parti libéral est vraiment touchante.

Voilà l'histoire de la coalition racontée par M. Tarte. Elle est édifiante.

Maintenant, quelques observations.

Qu'y a-t-il dans le programme de M. Tarte que le parti conservateur, purgé du sénécalisme, ne pouvait pas réaliser seul sans l'aide des libéraux ? Nous le demandons à tous les vrais conservateurs du pays ?

Quelle confiance peut-on avoir dans la sincérité d'un homme qui prétend régler la question des biens des jésuites avec le concours de M. Frs Langelier, notoirement hostile aux droits de l'Eglise sur ces biens ?

Que faut-il penser d'un homme qui, pour sauvegarder les droits de l'Eglise sur l'éducation, cherche l'appui de M. Honoré Mercier notoirement favorable à l'instruction obligatoire ?

Et ces négociations secrètes et ténébreuses sont-elles de nature à rassurer le public sur l'honorabilité des intentions des coalitionnistes ?

N'avons-nous pas lieu de croire que cette fameuse coalition, sur laquelle on a voulu jeter le manteau de la religion, est tout simplement un complot tramé par des hommes sans scrupules, dans le but de favoriser des spéculations honteuses aux dépens du trésor public et peut-être des entreprises plus criminelles encore ?

LES MESURES RENTRÉES

10 février 1883.

On se rappelle encore les " mesures rentrées " du gouvernement Joly. Elles ont été le sujet de plus d'une épigramme dans la chambre et dans la presse. M. Joly avait fait annoncer dans le discours du trône plusieurs projets de loi qu'il n'osa soumettre ensuite à la législature de crainte de les voir repoussés. On s'est beaucoup moqué de lui dans le temps.

Voilà que le cabinet Mousseau suit l'exemple du gouvernement libéral. Il va même plus loin. Il soumet des projets, des résolutions ; puis, les voyant fort mal accueillis par ses propres amis, il demande la *par*mission, comme dirait M. Würtele, de les retirer.

C'est ainsi que le gouvernement avait d'abord soumis une série de résolutions pour obliger les municipalités, où une offense quelconque, outre une félonie, aurait été commise, à payer vingt-cinq cents par jour pour l'entretien de tout prisonnier condamné pour telle offense.

De plus, le gouvernement voulait mettre à la charge des municipalités l'entretien de tout prisonnier qui, une fois son terme d'emprisonnement expiré, ne pourrait pas sortir de prison à cause de maladie ou faute de moyens de subsistance.

C'était du nouveau tout à fait, c'était ajouter une charge considérable aux obligations des municipalités.

Cette taxe directe a soulevé de vives protestations à la chambre, non-seulement du côté de l'opposition, mais même, mais surtout du côté ministériel. MM. Beaubien, Asselin et autres députés conservateurs s'élevèrent contre les résolutions. M. Beaubien, surtout, fit voir que ce n'était pas le moment d'imposer de nouvelles taxes. On a promis au pays, a-t-il dit, que si le chemin de fer était vendu on n'aura pas besoin de nouveaux impôts, et aujourd'hui, pendant que les spéculateurs à qui nous avons cédé notre propriété provinciale à vil prix, se prélassent sous nos yeux avec les gros profits qu'ils ont réalisés aux dépens du pays, le gouvernement vient nous demander de nouveaux sacrifices. Assurément, le moment est fort mal choisi.

Cette attitude vigoureuse prise par M. Beaubien, qui avait évidemment pour lui l'immense majorité des conservateurs, inspira une crainte salutaire au cabinet. Il se hâta de retirer ses malencontreuses résolutions, et ne les présenta de nouveau qu'après les avoir profondément modifiées.

Aujourd'hui, les municipalités n'auront à payer que quinze cents au lieu de vingt-cinq par jour, et la liste des offenses est grandement diminuée. Il ne s'agit plus que de vagabondage et des contraventions aux règlements municipaux. La clause mettant à la charge des municipalités l'entretien des prisonniers malades ou indigents a complètement disparu. Enfin, c'est une reculade en règle. M. Würtele a expliqué que l'effet de la nouvelle loi sera de *diminuer* au lieu d'augmenter les charges municipales. Car actuellement les municipalités sont obligées, en vertu de la loi de 1875, à payer vingt cinq cents par jour pour l'entretien des prisonniers condamnés pour vagabondage ou infraction des règlements municipaux. Mais par une lacune dans la loi, si un prisonnier est condamné en vertu du chapitre 102 des statuts refondus du Bas-Canada, au lieu de l'être en vertu de la loi fédérale, les municipalités n'ont rien à payer.

Les nouvelles résolutions sont destinées uniquement à faire disparaître cette anomalie en mettant à la charge des municipalités l'entretien des prisonniers condamnés pour vagabondage ou infraction aux règlements municipaux, quelle que soit la loi en vertu de laquelle ils sont condamnés. Mais la somme fixée est de quinze cents au lieu de 25 cents comme le voulait la loi de 1875. De sorte que si le nombre des prisonniers pour lesquels les municipalités auront à payer est augmenté, la somme à payer dans chaque cas se trouve diminuée.

Le gouvernement s'est fait rudement turlupiner sur cette reculade que certains de ses amis trop zélés ont voulu faire passer pour du *courage.* La vérité vraie, c'est que le gouvernement, se voyant en face d'une défaite, a retraité. Mais l'opposition libérale a grandement tort de considérer cette victoire comme sienne. Le triomphe appartient tout entier à l'opposition conservatrice qui, par son attitude ferme et indépendante, a forcé le gouvernement à rentrer ses résolutions et à les modifier radicalement.

Le gouvernement avait aussi préparé et fait distribuer aux députés, une série de résolutious touchant la perception des contributions municipales au fonds des " bâtisses et des jurés." Dans la première série, il y avait une clause qui mettait à la charge des municipalités la reconstruction et l'agrandissement des prisons et des palais de justice. Dans la deuxième série, qui a été votée, cette clause a été mystérieusement supprimée, grâce, sans doute, aux observations de l'opposition conservatrice.

On le voit, le gouvernement Mousseau est en train de rendre des points du cabinet Joly.

UN FAUX PRINCIPE

10 février 1883.

On s'éloigne de plus en plus, dans notre pays, du véritable gouvernement constitutionnel ; on tombe dans la démocratie pure, presque dans le communisme.

Ces jours derniers, pendant la discussion sur les résolutions dont nous parlons ailleurs, on a émis à la chambre d'assemblée une doctrine qui constitue une véritable hérésie constitutionnelle. On a prétendu que le gouvernement n'est qu'un comité de la chambre et n'a d'autre mission que de faire exécuter la volonté de la majorité parlementaire. Cela est tout à fait contraire au droit constitutionnel anglais dont nos hommes publics parlent si souvent mais que si peu connaissent véritablement. Nous croyons que c'est lord Dufferin qui, le premier, dans notre pays, a formulé cette erreur profonde qui peut conduire les Canadiens-français très loin dans la voie de la démagogie.

Nous disons que les Canadiens-français, car comme nos ancêtres les Français, nous sommes beaucoup plus logiques que nos voisins les Anglais. Posez-nous un faux principe, et nous en tirerons toutes les mauvaises conséquences, quelque désastreuses qu'elles puissent êtres. Les Anglais, au contraire, ne tireront pas d'un faux principe les conséquences les plus nuisibles. Ils savent résister à la logique lorsque la logique leur dit de se couper le cou. Est-ce un défaut ou une qualité ? c'est ce que nous ne sommes pas prêts à discuter ici. Nous nous contentons de constater le fait.

Oui, l'axiome de lord Dufferin, que le gouvernement

n'est qu'un comité de la chambre, est très faux et très dangereux. Les ministres sont les ministres de la couronne, ses organes, et nullement les humbles serviteurs des chambres. Ils doivent, sans doute, posséder la confiance de la majorité des représentants populaires, mais voilà tout. A eux, qui, avec la couronne, ne forment qu'un tout, l'initiative, la direction des affaires publiques. Ils sont responsables aux chambres, ils doivent leur rendre compte de leur administration, ils peuvent être critiqués et censurés par elles, mais ce sont eux qui gouvernent le pays au nom de la couronne. Faire du cabinet un comité de la chambre, c'est détruire de fond en comble l'idée monarchique que nous prétendons exister encore dans notre pays. C'est défigurer notre forme de gouvernement, c'est la rendre bien plus démagogique que la république américaine.

Que devient, avec ce système, la " pondération des pouvoirs " dont on parle si souvent et qui fait la stabilité du gouvernement anglais ? Nous tombons dans le parlementarisme pur, ce qui est la pire de toutes les formes de gouvernement. Il faut donc réagir contre ces tendances démagogiques et reconnaître à la couronne et à ses représentants la part qui leur revient de droit dans le gouvernement du pays.

On prétend que lors de la dernière réunion des députés ministériels, il a été entendu que le gouvernement ne soumettra dorénavant aucun projet de loi important, sans avoir obtenu au préalable le consentement de la majorité de la chambre. Si réellement une telle entente a eu lieu, nous n'hésitons pas à dire que c'est une très grave infraction au droit constitutionnel anglais. Encore une fois, aux ministres de la couronne appartient l'initiative des mesures publiques ; aux chambres de discuter librement les projets de loi qui lui sont soumis, ainsi que les divers actes administratifs du cabinet. Voilà le vrai constitutionalisme anglais; n'en sortons pas.

NE RENONÇONS PAS A NOS DROITS

24 février 1883.

Il y a une tendance regrettable, dans la capitale fédérale, à renoncer aux droits de la minorité française. C'est un mal contre lequel il faut réagir avec énergie.

Nous ne voulons accuser personne en particulier, pas plus les ministres que les chefs de l'opposition, pas plus les députés que les sénateurs. Nous constatons les faits, que chacun prenne la part de blâme et de responsabilité qui lui revient de droit, et que chacun travaille aussi, dans la sphère qui lui est propre, à enrayer le mouvement qui nous emporte, avec une rapidité alarmante, vers l'abolition virtuelle de l'usage de la langue française à Ottawa.

Dans le dernier parlement nous voyions un Canadien-français présider les délibérations de la chambre des communes avec tact, avec justice, avec dignité, de manière à nous faire honneur. D'après les us et coutumes suivis en Angleterre, il aurait dû être réélu cette année. Il ne l'a pas été. On invoque sans doute *des raisons d'Etat*. Excuse commode qui couvre une multitude de faiblesses. Si au moins on nous avait donné, comme compensation, la présidence du sénat. Il en a été question, un instant, mais rien n'a été fait.

Autrefois, parmi les ministres au sénat, il y avait un Canadien-français. Ce n'était pas une faveur, mais un acte de simple justice. Depuis 1878, on demande un ministre français au sénat, on ne l'obtient pas. C'est souverainement déplorable.

Jadis, pour reconnaître d'une manière pratique et officielle les droits de la langue française, on faisait ou proposer ou seconder l'adresse en réponse au discours du trône par un député de langue française. Cette année on ne l'a pas fait, et l'on n'a pas même dit *pourquoi* on avait dérogé à l'usage ordinaire.

A Québec, où pourtant la minorité anglaise est relativement plus faible que ne l'est la minorité française à Ottawa, on ne songerait jamais à faire proposer et seconder l'adresse par deux députés de langue française. Et si, par impossible, on s'avisait de le faire, nos concitoyens d'origine britannique soulèveraient une véritable tempête.

N'oublions pas que, dans la confédération, la langue française jouit des mêmes droits que la langue anglaise. N'y renonçons donc pas, quel que soit le prétexte qu'on invoque.

Qui prendra la défense de nos droits si nous ne les défendons pas nous-mêmes ?

Prenons garde aux concessions en détail ; c'est ce qu'il y a de plus dangereux, parce que cela paraît moins qu'une concession en bloc.

Si nous faisons de ces concessions partielles, qui, de prime abord, peuvent ne point paraître importantes, l'on finira par nous arracher, bribe par bribe, nos droits les plus précieux.

A part la langue française, qu'on veut ostraciser, il y a l'élément français qu'on voudrait éliminer des bureaux publics à Ottawa. Voilà déjà plusieurs postes importants, remplis naguère par des Canadiens-français, et qu'occupent aujourd'hui des Anglais.

Nous soumettons ces choses, que nous considérons comme très graves, à l'attention de nos hommes publics. Nous n'écrivons pas dans un esprit hostile, loin de là, mais enfin la vérité a des droits imprescriptibles.

Du reste, ceux qui flattent sans cesse les hommes publics, ceux qui ne savent que les encenser et qui ne leur donnent jamais un sage avis, sont loin d'être les véritables amis des personnes qu'ils flagornent.

UNE GRAVE ACCUSATION

3 février 1883.

La guerre personnelle entre M. Beaugrand, de la *Patrie*, et M. Poirier, ex-candidat à Terrebonne, a roulé d'abord sur des affaires insignifiantes : il s'agissait, en premier lieu, de savoir si M. Poirier s'était, ou non, encensé dans la *Patrie*. Mais voici que tout à coup la bataille devient sérieuse : M. Beaugrand, appuyé par M. Rosaire Thibaudeau, fait une révélation des plus graves et qui intéresse le public au plus haut degré.

Nous avions déjà dit que la *Patrie* accusait M. Poirier de s'être vendu à M. Chapleau lors de l'élection de celui-ci à Terrebonne. M. Poirier niait, la *Patrie* insistait, mettant M. Poirier au défi d'obtenir une lettre de M. Mercier déclarant que cette transaction équivoque n'avait pas eu lieu. C'était un piège tendu au député de Saint-Hyacinthe, il y est tombé. M. Mercier a nié, en effet, dans les termes les plus *emphatiques*, comme il dirait lui-même, " avoir eu connaissance de la transaction mentionnée dans la *Patrie*." Mal lui en a pris. M. Beaugrand replique par une lettre très catégorique de M. J. R. Thibaudeau, sénateur. M. Thibaudeau affirme que la transaction dont il s'agit s'est passée à son bureau, en sa présence, et en la présence de M. Mercier et *à sa demande.* Le terrible sénateur entre dans les détails tout à fait piquants que voici :

" Il fut décidé, contre mon gré, que pour la somme de $3,800 payés par les amis de M. Chapleau, M. Poirier retirerait sa candidature ; que sur cette somme $2,000 seraient donnés à M. X...qui n'est pas actuellement en cause et dont je tairai le nom, à moins que je ne sois forcé de le dire, $300 devraient être payés à M. Mercier pour le faire rentrer dans certains déboursés, et la balance de $1,500 revenait à M. Poirier pour payer son avocat dans l'affaire du procès de *La Minerve* qui serait abandonné et pour faire disparaître les scrupules qu'il pourrait avoir de retirer sa candidature."

La *Patrie* donne ensuite d'autres détails qui compromettent gravement MM. Mercier et Chapleau, et met ses adversaires au défi de la poursuivre. Elle donne aussi une lettre de M. A. Geoffrion, avocat, qui affirme avoir reçu les $3,800 des amis de M. Chapleau et avoir remis cette somme entre les mains de M. Mercier qui lui a déclaré qu'une partie considérable du dépôt revenait à M. Poirier.

On le sait, nous n'avons aucune sympathie pour le frère Beaugrand, bien loin de là ; mais il nous semble avoir complètement prouvé son accusation. M. Mercier se trouve dans une position *singulière*, il faut l'avouer. Et il paraît comprendre qu'il lui faut faire quelque chose pour sortir de ce mauvais pas où ses *amis* Beaugrand et Thibaudeau l'ont mis. L'opposition s'est réunie et s'est déclarée *satisfaite* des explications de son chef. Tout ce que nous pouvons dire, c'est que le public sera un peu plus difficile que la loyale opposition de Sa Majesté.

M. Mercier a aussi publié une longue et diffuse explication qui n'explique rien du tout.

Le *Canadien* prend M. Mercier sous sa compromettante protection et essaie de l'excuser en disant que M. Thibaudeau aurait dû révéler cette saleté plus tôt, si réellement elle existait. C'est fort possible, mais la négligence de M. Thibaudeau, quelque coupable qu'elle soit, ne saurait blanchir M. Mercier qui reste accablé par la preuve.

De son côté, le *Franco-Canadien* se lamente, et fait un appel piteux à la *Patrie* de cesser " cette guerre détestable."

Par cet incident on peut se faire une idée du joli état de choses qui existerait si le plan de la coalition, de l'union des *meilleurs* hommes des deux partis, venait à se réaliser. On voit aujourd'hui ce qu'on pourrait attendre d'une fusion des *bleus Minerve*-Chapleau-Sénecal et des libéraux nuance Mercier ! Ce serait le règne des affaires... véreuses.

LA SITUATION

3 mars 1883.

La situation politique dans la province de Québec n'est pas brillante. Il règne dans tout le pays un malaise qui ne fait qu'augmenter. Le cabinet actuel n'inspire pas aux populations cette confiance qui est essentielle à la bonne administration de la chose publique.

L'opposition libérale n'inspire pas de confiance, non plus. L'honorable M. Mercier a déjà trempé dans trop de transactions équivoques, son nom a été mêlé à trop de scandales pour qu'il puisse raisonnablement s'attendre à rallier autour de lui les éléments honnêtes de la population. Son désir bien connu de s'unir, pour gouverner le pays, à tout ce que le parti conservateur renferme de plus taré, serait seul suffisant pour le tenir longtemps éloigné du pouvoir.

Le public honnête et éclairé, qui a une sainte horreur des spéculateurs, des exploiteurs et des tireurs de ficelles, demande un gouvernement fort et respectable, un gouvernement qui nous protège contre la clique sénécaleuse, contre cette hideuse bande de harpies qui plane sans cesse au-dessus du trésor.

Or, le cabinet Mousseau ne nous offre pas cette protection. Il est entouré de ces sinistres figures que la province a appris à connaître et à redouter.

Nous le savons, la clique n'aime guère le gouvernement actuel, elle ne le trouve pas assez corrompu, ni assez corrupteur, elle voudrait un gouvernement de "coalition" qui lui permît de piller le coffre public à son goût. Aussi, le ministère actuel aurait pu se rendre populaire s'il avait attaqué résolument la clique en arrivant au pouvoir, s'il l'avait hautement dénoncée et poursuivie partout. Mais il a perdu cette belle occasion d'acquérir de la saine popularité. Il a voulu ménager la chèvre et le chou ; faire croire aux vrais conservateurs qu'il était hostile aux sénécaleux, tout en permettant à la clique de l'entourer et de l'inspirer.

Cette situation équivoque ne saurait durer longtemps.

Du reste, la situation financière est loin d'être rassurante. On a beau entasser les grands discours les uns sur les autres, on a beau remonter à l'année 1867 pour trouver le *pourquoi* des dépenses, les partis ont beau se renvoyer la balle et se tenir réciproquement responsables de l'augmentation de la dette, tout cela ne met pas un sou dans le coffre public et ne fait pas disparaître l'ère des déficits.

On parle d'augmenter les taxes. Il faudrait commencer

par voir si cela est absolument nécessaire. Et surtout, avant de taxer, il faudrait un gouvernement qui inspire de la confiance au public, un gouvernement qui nous offre de sérieuses garanties contre la clique.

Si l'on n'augmente les revenus que pour augmenter les pillages, ça ira mal.

Il faut donc un gouvernement anti-sénécaleux, et un gouvernement qui fera de véritables économies. Si un tel gouvernement demande une augmentation du revenu il l'obtiendra sans difficulté.

M. Mousseau avait promis de grandes économies, des réductions merveilleuses dans les dépenses. Il n'a pas tenu ses promesses. Les crédits demandés pour l'exercice 1883-84 accusent des augmentations que rien ne justifie et qu'une faiblesse et des complaisances déplorables seules expliquent [1].

LA CLIQUE À L'ŒUVRE

3 mars 1883.

L'organisation secrète et puissante, formée par des politiqueurs sans vergogne pour battre monnaie aux dépens du pays, continue ses opérations véreuses dans la capitale provinciale.

Les coulisses de la chambre sont remplies de ces sinistres personnages ; ils encombrent les salons de la présidence ; ils rôdent autour des députés ; ils assistent régulièrement aux séances des différents comités.

1—On le sait, le cabinet Mousseau, sans être condamné par un vote de la chambre, mais forcé par la saine opinion publique, dut céder la place au cabinet Ross.

Il ne faut pas s'imaginer que ces messieurs se contentent des gros magots, qu'ils n'interviennent que dans les grandes entreprises. Ils daignent descendre aux bagatelles.

Ils trafiquent sur tout. Ils rançonnent non seulement la province mais les individus.

On ne peut obtenir une faveur de la législature sans payer un tribut à ces sang-sues.

La législature privée est leur proie. Ils la font passer par leur pressoir pour en extraire des profits, des avantages pour la clique.

Quand ils ne peuvent pas extorquer de l'argent ou des propriétés publiques, ils exigent des bénéfices indirects.

C'est ainsi que la compagnie du chemin de fer du Lac Saint-Jean vient d'être dépécée par cette bande d'exploiteurs.

De l'aveu même du promoteur du projet de loi pour renouveler la charte de cette compagnie, celle-ci a dû renoncer à l'embranchement de la Tuque, à la prolongation de la ligne dans la direction de la Baie James, à l'exploitation des mines et des forêts, et tout cela au profit de la clique. Sans ces concessions le bill ne passait pas.

Grâce aux intrigues de ces écumeurs, le chemin de fer du Lac Saint-Jean, si jamais il se construit, ne sera qu'un instrument au service de la bande. Cette voie ferrée, subventionnée par la province, devra verser sa quote-part dans l'escarcelle de ces messieurs.

Et certain journal de cette ville, qui se prétendait l'ami de la compagnie, aidait la clique à lui mettre le couteau sur la gorge !

Jusques à quand la politique sera-t-elle souillée par cette détestable coterie ?

LES ORANGISTES

24 mai 1883.

La question de la constitution légale de la société secrète des orangistes est devant la chambre des communes d'Ottawa. M. White, député de Hastings, lui-même un orangiste fanatique, a présenté le projet de loi à la séance du 19. La première lecture du bill a été votée sans discussion. M. White a alors demandé que la deuxième lecture fût fixée pour le lendemain. M. Coursol, député de Montréal-est, a proposé comme amendement, que la deuxième lecture eût lieu dans trois mois. Un débat animé s'est engagé sur cet amendement. M. Bowell, ministre des douanes, a défendu le bill. Nous considérons que c'est là un grand malheur pour le gouvernement, qu'on tiendra responsable, à tort ou à raison, des paroles regrettables de M. Bowell.

L'amendement de M. Coursol a été finalement rejeté par un vote de 89 contre 94, une majorité de 5 seulement. Voici la " division." C'est important à conserver :

Pour. — MM. Amyot, Béchard, Benoit, Bergeron, Bernier, Billy, Blanchet, Blondeau, Bolduc, Bossé, Bourassa, Bourbeau, Burns, Cameron, [Huron], Campbell, [Renfrew], Caron, Casey, Casgrain, Catudal, Charlton, Cimon, Colby, Costigan, Coughlin, Coursol, Curran, Cuthbert, Daly, Daoust, DeBeaujeu, De St-Georges, Desaulniers, Desjardins, Dodd, Dugas, Dupont, Fleming, Fortin, Fréchette, Gagné, Geoffrion, Gigault, Gilmor, Girouard [Jacques-Cartier], Girouard [Kent], Grandbois, Guilbault, Hackett, Hall, Holton, Hurteau, Ives, Jackson, Labrosse, Landerkin, Langevin, Laurier, Lesage, Lister, Livingstone, McDonald [Cape Breton], Mackenzie, McMillan [Huron], McMillan [Vaudreuil], McGreevy, Mc-

Intyre McIsaac, Massue, Méthot, Mitchell, Montplaisir, Mulock, Pinsonneault, Pope, Rinfret, Riopel, Somerville [Bruce], Springer, Tassé, Thompson, Trow. Valin, Weldon, Wells, Wheler, Wilson, Wood [Westmoreland], Wright, Robertson, [Shelburne] et Vanasse.—Total 89.

CONTRE. — MM. Allen, Allison, Armstrong, Auger, Bain, Baker [Victoria], Barnard, Bell, Beaty, Blake, Bowell, Brecken, Bryson, Burpee [Saint-Jean], Burpee [Sunbury], Cameron [Victoria], Carling, Cochrane, Cockburn, Cook, Davies, Dawson, Dickinson, Dundas, Fairbanks, Farrow, Ferguson [Welland], Fisher, Forbes, Foster, Gordon, Guillet, Gunn, Haggart, Harley, Hawkins, Hay, Hesson, Hickey, Hilliard, Homer, Innis, Irvine, Jamieson, Keefler, Kilvert, King, Kinney, Kirk, Kranz, Macdonald [Sir John], Mackintosh, McCallum, McCarthy, McCraney, McDougall, McLean, McNeill, Moffat, O'Brien, Orton, Paint, Patterson [Brant], Pickard, Platt, Ray, Reid, Richey, Robertson [Hamilton], Robertson [Hastings], Ross [Lisgar], Ross [Middlesex], Rykert, Scott, Scriver, Shakespeare, Small, Somerville [Brant], Sproule, Sutherland [Selkirk], Taylor, Tupper [Cumberland], Tupper [Pictou], Tyrwhitt, Wallace [Albert], Wallace [York], Watson, White [Cardwell], White, [Hastings], White [Renfrew], Williams, Woodworth et Sutherland [Oxford].—Total, 94.

Plusieurs députés ont voté contre l'amendement Coursol pour donner ce qu'ils appellent *fair play* aux promoteurs du bill ; il faut espérer qu'ils voteront contre la deuxième lecture plus tard.

Trois ministres seulement ont voté pour l'amendement Coursol : MM. Langevin, Caron et Costigan. Si d'autres ne votent pas contre la deuxième lecture du bill, ce sera une très mauvaise note pour le cabinet.

Ce bill est non seulement une insulte aux catholiques du Dominion, c'est une grave atteinte portée aux droits des provinces. Deux provinces, Ontario et Québec, ont refusé de reconnaître cette société. La province de Québec l'a même déclarée illégale. Et l'on veut mettre le parlement fédéral en conflit avec les deux principales provinces de la Confédération. Qu'on y prenne garde ; on joue là un jeu dangereux.

SPECTACLE NAVRANT

7 avril 1883.

Vendredi de la semaine dernière, nous avons été témoins d'un spectacle navrant au suprême degré. A quatre heures de l'après-midi, immédiatement après la clôture de la session, une vingtaine de députés partaient de Québec *en caravane* pour un voyage d'agrément à New-York.

Inutile de dire que cette excursion était organisée par le grand Corrupteur, L.-A. Sénécal.

Ces vingt députés avaient bien voté pendant la session ; ils s'étaient montrés les serviles valets de la clique ; ils avaient tout sanctionné, tout approuvé, tout permis ; et surtout ils avaient résolument repoussé toute enquête sur les tripotages du Maître. Ils avaient droit à une récompense. Ils l'ont eue sous forme d'un voyage à New-York, aux frais de M. Sénécal.

Dans plusieurs des Etats de l'Union américaine, où pourtant on est loin d'être très délicat, il y a une loi qui défend aux députés, sous des peines sévères, de recevoir des compagnies de chemin de fer un simple permis de circuler. Et la raison en est évidente : les députés ayant sans cesse à voter des lois qui regardent ces compagnies, doivent être non-seulement indépendants, mais au-dessus de tout soupçon.

Dans cette province de Québec on a d'autres idées, paraît-il. Un homme qui est sans cesse devant la législature, qui vient de se faire voter des pouvoirs extraordinaires et qui a sans doute d'autres faveurs à demander, ne craint pas d'enrégimenter ouvertement une vingtaine de députés et de leur payer un voyage à New-York. Il est inutile d'insister sur la profonde immoralité de cette conduite ; il n'y a pas un honnête homme qui ne la comprenne comme nous.

Nous ne savons trop ce dont il faut le plus s'étonner, ou du cynisme de M. Sénécal, ou du manque de dignité, de *self-respect* de ces députés.

L'opinion publique finira par se révolter contre toutes ces bassesses, toutes ces hontes, et alors viendra le châtiment. Malheur au parti conservateur s'il ne se hâte de rejeter de son sein cet élément corrompu qui le déshonore.

LES MANDATS SPÉCIAUX

2 avril 1883.

Il est réellement alarmant de voir avec quelle facilité nos gouvernants provinciaux foulent aux pieds la loi et les usages parlementaires. Quand ils veulent faire une chose, quelque arbitraire, quelque injuste qu'elle soit, il n'y a rien pour les arrêter. Ils savent qu'ils ont derrière eux une majorité docile, prête à tout sanctionner, à tout pardonner.

Ce funeste système a été inauguré par le gouvernement Joly, continué par le ministère Chapleau et développé par le cabinet Mousseau.

On le sait, c'est un principe fondamental du régime constitutionnel sous lequel nous vivons, que pas un sou de l'argent public ne doit être dépensé sans un vote préalable de la chambre des représentants. Le gouvernement ne peut méconnaître ce principe que dans les cas les plus urgents où le salut du pays est au jeu. Alors le principe : *Salus populi suprema lex esto* prime tous les autres.

Mais dans l'administration des affaires ordinaires du pays, il faut, de toute nécessité, un vote de la chambre pour qu'un sou puisse légalement sortir de la caisse publique.

Cela est tellement vrai que sans un crédit voté par la Chambre, les salaires des fonctionnaires publics ne peuvent pas être payés.

En dépit de ce principe, en dépit même de la loi, le gouvernement Mousseau a dépensé, l'année dernière, l'énorme somme de $419,450, près d'un demi million, au moyen de mandats spéciaux, c'est-à-dire par ordre du lieutenant-gouverneur, sans la moindre autorisation des Chambres.

Et y avait-il urgence? Aucunement.

Pense-t-on, par hasard, qu'il y avait urgence à payer $5,000 à MM. Lacoste, Globenski et Bisaillon, avocats, pour services professionnels? Et cependant c'est là une des sommes payées par *mandat spécial*.

Il y avait sans doute *urgence*, mais non pas dans le sens légal. Il y avait *urgence* parce qu'on aurait eu de la difficulté à faire voter d'avance un pareil crédit. Mais la somme une fois payée, on savait bien que la chambre ne regimberait pas.

Et cette gratuité de $500 payée à M. J.-B. Labelle, pour l'indemniser de la perte de son emploi sur le chemin de fer du Nord, à cause de la vente, va-t-on sérieusement prétendre qu'elle était urgente?

La chambre a sanctionné tout cela et n'a pas même rechigné. Mais si cela continue les électeurs finiront par se fatiguer de se système déplorable et exigeront du gouvernement et des députés un peu de respect pour la loi.

PLACE À L'ÉTAT

14 avril 1883.

Oui, place à l'Etat ! Quelque étrange que cela puisse paraître, c'est la *Vérité* qui le répète : Place à l'Etat ! Place à la nation ! Place au pouvoir civil ! Il y a assez longtemps qu'on foule aux pieds nos droits politiques ; il y a assez longtemps qu'on empiète sur le domaine de l'autorité de César ; il y a assez longtemps qu'on tient notre gouvernement dans un vil esclavage, dans une honteuse servitude ! Il faut que cela finisse ! Place à l'Etat !

L'autorité civile est voulue de Dieu. La philosophie chrétienne nous l'enseigne. Saint Paul nous le dit.

Quelles que soient les formes qu'elle révête, quelles que soient les personnes dans lesquelles elle réside, quel que soit le mode dont elle se manifeste à nous, l'autorité civile vient de Dieu ; c'est par conséquent une chose sacrée, une chose que nous devons respecter. Or, dans notre province, depuis quelque temps, l'autorité civile est traînée dans le ruisseau, couverte de fange, souillée, outragée, avilie. C'est un spectacle qui révolte tout cœur patriotique. Place à l'Etat ! Ne maltraitez plus l'Etat ! Respectez l'Etat !

Voilà la *Vérité* devenue gallicane ! vont se dire peut-être quelques-uns de nos lecteurs. Voilà la *Vérité* qui va nous parler des empiètements de l'Eglise sur l'Etat, tout comme les feuilles libérales ! Non, messieurs, il ne s'agit pas du gallicanisme ici : L'Eglise n'est pas en cause. Pas plus au Canada qu'ailleurs elle n'entreprend rien contre les justes droits du pouvoir séculier. De ce côté-là l'Etat n'a rien à craindre. Même c'est de la doctrine catholique, qui veut qu'on respecte le pouvoir civil, que lui viendra le salut.

Du reste, nous avons donné assez de preuves, ce nous semble, que nous ne sommes nullement entaché de gallicanisme. Seul, avec deux ou trois de nos confrères de la presse, nous combattons les prétentions de l'Etat en matière d'éducation ; nous ne voulons pas que le pouvoir civil empiète sur le pouvoir domestique. Mais nous ne le voulons pas parce que nous sommes ami de l'Etat, parce que nous savons que chaque fois que l'Etat sort de son rôle pour se mêler de ce qui ne le regarde pas, il tombe dans un abîme de malheurs. C'est pourquoi nous disons à l'Etat : " restez chez vous."

Mais l'Etat à des droits qu'il faut reconnaître ; l'Etat a des devoirs à remplir ; l'Etat est chargé de graves responsabilités. L'entraver dans son œuvre légitime, c'est se révolter contre la volonté de Dieu.

Place à l'Etat !

Dans notre province, l'Etat est tenu à la gorge par une bande de maltaiteurs ! Des brigands masqués assassinent le pouvoir civil ! N'est-il pas temps que les bons citoyens s'arment de bâtons, de fourches et de faux pour venir au secours de l'Etat et le délivrer de l'ignoble et cruelle étreinte de ses meurtriers ? N'est-il pas temps que tous les honnêtes gens, qui veulent être gourvernés honnêtement, s'écrient d'une voix unanime : " Place à l'Etat ! A bas la clique !"

Oui, c'est cette hideuse organisation occulte qu'on est convenu d'appeler la clique qui tient le pouvoir civil dans ses serres, qui l'étrangle, qui le déshonore. C'est cette clique qui s'est substituée au gouvernement régulier, c'est elle qui dirige la presse, c'est elle qui fait voter les députés, c'est elle qui fait agir les ministres. Le pouvoir n'est plus exercé pour le bien général, dans l'intérêt de la nation, mais pour des fins particulières, dans un but sordide. La politique n'est plus l'art de conduire le peuple dans les voies du progrès moral, intellectuel et matériel ; c'est la science de tout corrompre, de tout salir afin qu'un petit nombre puisse s'enrichir aux dépens du pays. La chambre n'est plus le sanctuaire de nos libertés civiles ; c'est le théâtre de toutes les hontes, de toutes les bassesses et de toutes les vilénies.

Les députés ne sont plus les mandataires du peuple, liés par un serment solennel de protéger les intérêts de la nation envers et contre tous ; ce sont les instruments serviles de quelques meneurs qui les exploitent, et qui ne prennent plus même la peine de dissimuler leurs actes, tant l'impunité les a rendus insolents. La presse n'a plus pour objet de créer une saine opinion publique, de faire prévaloir une politique équitable ; mais entre les mains de la clique qui la contrôle, c'est un moyen d'égarer les esprits, de pervertir les populations. Au lieu de guider, elle fourvoie ; au lieu d'instruire, elle proclame que le bien est mal et que le mal est bien. Elle n'est plus le phare qui conduit au port ; c'est le feu allumé par les naufrageurs pour attirer le navire sur les rochers.

Telle est la situation politique intolérable où nous nous trouvons.

Tout le monde le comprend, mais tous nous manquons de l'énergie suffisante pour briser les liens qui nous tiennent captifs.

Pourtant, ces exploiteurs du pouvoir ne sont qu'une poignée. Ils n'ont pour eux qu'un peu d'argent, beaucoup d'audace et de l'intrigue. Et il suffirait d'un seul homme déterminé, armé d'une bonne gaule, pour les mettre en fuite.

CERTIFICAT DE M. SÉNÉCAL

BLANCHISSEUR DE NÈGRES,

12 mai 1883.

M. Tarte a un faible pour les certificats de bonne conduite : à force d'en distribuer à droite et à gauche, il finit par en recevoir. Pourtant, ceux qu'il reçoit sont plus rares, et surtout plus comiques que ceux qu'il donne. On n'a pas oublié le billet de confession qu'il octroya un jour à M. Chapleau, et l'on a souvenance du *bon* Lacoste.

Mais un certificat de monsieur Sénécal, comme bien on pense, jette ceux de M. Tarte totalement dans l'ombre. Or, le Maître vient de donner un *bon billet* au rédacteur du *Canadien*. C'est cocasse au-delà de l'exprimable. Le voici dans sa merveilleuse intégrité :—

Montréal, 2 mai 1883.

Monsieur,

Je vois que le sénateur Trudel persiste à dire que je suis votre fournisseur, que je vous donne de l'or à pleines mains.

Si la déclaration suivante peut vous servir, faites-en l'usage que vous voudrez.

Vous avez fait votre voyage d'Europe à vos frais et dépens.

Jamais je ne vous ai donné d'argent.

Vous ne me devez rien.

Votre obéissant serviteur,

L.-A. Sénécal.

On trouve cela dans le *Canadien* du 5 mai. Le *Canadien* le reproduit de l'*Evénement*, lequel est devenu l'organe principal de M. Tarte.

Qui prouve trop, ne prouve rien, c'est là un axiome admis par tous. Or, M. Sénécal déclare que M. Tarte a fait son voyage d'Europe à *ses frais et dépens !!*

C'est trop, Monsieur Sénécal, bien trop. Qu'en savez-vous, Monsieur Sénécal ? Etes-vous donc assez intime avec M. Tarte pour pouvoir dire, avec une si grande assurance, qu'il fait ses voyages d'Europe à ses frais et dépens ?

Encore une fois, qu'en savez-vous ?

Si vous vous étiez contenté de dire que vous n'aviez pas donné d'argent à monsieur votre valet, quelques badauds auraient peut-être pu vous croire.

Mais quand vous venez affirmer une chose que vous ne pouvez pas savoir, vous voulez trop prouver et vous ne prouvez rien du tout. Plus que cela, vous faites un affreux gâchis que M. Tarte sert béatement à ses lecteurs, sans se douter de rien, tant il est vrai que lorsqu'on quitte le chemin droit on se jette dans un gouffre en voulant éviter un fossé, on se casse le cou en faisant un détour pour ne point se salir les pieds.

Ce certificat de M. Sénécal : " Vous avez fait votre voyage d'Europe à vos frais et dépens," est un trait de la plus sanglante ironie. Car l'on sait comment ces choses se font. On a beau prendre ses précautions, les murs parlent.

Si M. Sénécal, par exemple, avait donné ou *prêté* de l'argent à un tiers, et que ce tiers l'eût donné à M. Tarte pour son voyage d'Europe ; pourrait-on dire que le rédacteur du *Canadien* avait voyagé en caravane à ses frais et dépens ? Non, n'est-ce pas ?

Eh bien ! C'est pourquoi nous disons que M. Sénécal, en voulant trop prouver, n'a rien prouvé ; ou plutôt a prouvé le contraire de ce qu'il fallait prouver.

Il faut du savon pour blanchir un nègre, sans doute ; mais quand on en met trop on ne réussit qu'à attirer les regards sur celui qu'on veut laver.

Le public s'écrie : Regardez donc ce nègre ! Regardez donc tout le savon qui le couvre ! Il paraît presque blanc. Mais soyez certain qu'au fond il est nègre comme tout !

NOS FARCEURS POLITIQUES

12 mai 1883.

Nous avons de sinistres farceurs dans notre monde politique.

On dirait qu'ils ont pour mission de déshonorer notre province, de nous couvrir de ridicule et de honte, de dégoûter les honnêtes gens de l'autonomie dont nous jouissons.

Ce sont les pires ennemis de notre race.

Voici leur dernier exploit :

Comme on le sait, l'élection de M. Mousseau était contestée. M. Mercier, avocat des pétitionnaires, non seulement voulait faire invalider l'élection, mais il cherchait de plus à priver le premier ministre de ses droits politiques pendant sept ans, à le faire *déqualifier* comme on dit communément. Pour cela il accusait M. Mousseau d'avoir commis lui-même des actes de corruption.

La plus grave des accusations portées contre le premier ministre était d'avoir remis à des aubergistes de son comté des amendes imposées pour vente illicite de liqueurs enivrantes.

On se rappelle que M. Sénécal était alors intervenu, qu'il avait menacé M. Mercier de deux poursuites dans le but de lui faire *lâcher prise ;* que M. Mercier avait juré ses grands dieux que *rien* ne pourrait l'arrêter, qu'il irait jusqu'au bout.

On se souvient aussi que dans le temps nous avons exprimé quelques doutes sur la sincérité de M. Mercier, car nous connaissons notre homme de vieille date.

L'événement qui préoccupe l'opinion depuis quelques jours n'a que trop justifié nos craintes.

La contestation de l'élection de Jacques-Cartier a marché assez rondement. Le deuxième jour de l'enquête, croyons-nous, un aubergiste de Lachine, nommé Léger, est venu affirmer sous serment que M. Mousseau lui avait fait remettre une amende imposée pour vente de spiritueux sans permis.

C'est-à-dire, en d'autres termes, que le premier ministre, non content de corrompre ses électeurs, les aurait corrompus avec de l'argent pris dans la caisse publique !

Jamais témoignage aussi flétrissant n'a été rendu dans notre pays contre un ministre de la couronne.

Que fait M. Mousseau ? Par son avocat, M. Lacoste, il se délare aussitôt prêt à abandonner son mandat de député de Jacques-Cartier. Dans quel but ? Evidemment pour éviter la *déqualification*, pour employer le baragouinage du palais, c'est-à-dire la privation de ses droits politiques.

Et que fait M. Mercier ? Que fait ce fameux chef de l'opposition qui avait proclamé avec tant d'emphase qu'il irait jusqu'au bout, que *rien* ne pouvait l'arrêter : Que fait-il ? Eh bien ! il accepte la démission de M. Mousseau et renonce à la demande de *déqualification*, tandis que la loi lui permettait de continuer la poursuite, d'aller jusqu'au bout.

Et qu'on ne vienne pas dire que M. Mercier, ayant obtenu l'objet principal qu'il avait en vue, savoir l'invalidation de l'élection du premier ministre, ne devait pas continuer la poursuite pour ne pas avoir l'air de persécuter M. Mousseau. C'est là du sentimentalisme.

M. Mercier avait un devoir à remplir envers le public, car il ne s'agissait pas d'une vétille, d'une infraction à la lettre et non à l'esprit de la loi ; mais bien d'une très grave offense contre l'ordre public : le premier ministre était accusé par M. Mercier d'avoir pris de l'argent dans la caisse publique pour corrompre les électeurs, et cette accusation était déjà appuyée par un témoin.

C'était donc son devoir de continuer la poursuite : les lois de l'honneur et de la justice l'exigeaient. Or il ne l'a pas fait, et il a par là scandaleusement manqué à son devoir d'homme public.

Nous ne craignons pas de le dire, c'est là le jugement de tous les libéraux honorables.

Quant aux conservateurs honnêtes, il n'y a parmi eux qu'une voix pour flétrir cette grande immoralité.

Maintenant, comment expliquer cette iniquité politique ? L'avenir, sans doute, nous fournira la clé de l'énigme ; mais si la fameuse coalition sort de ce marché scabreux, il ne faudrait pas en être étonné.

Ce serait une origine digne de ce néfaste projet destiné à affermir le règne de la clique et à jeter un désordre complet dans nos affaires politiques.

AUX FOLIES-BERGÈRE

---

12 mai 1883.

Un signe des temps, c'est le manque absolu de pudeur chez certains journalistes. On ne craint plus de descendre dans la vie privée des gens. C'est un genre de journalisme absolument méprisable.

M. Trudel, directeur de l'*Etendard*, ayant porté de rudes coups à la clique sénécaleuse, mais en se tenant strictement sur le terrain politique, s'est vu attaquer brutalement dans sa vie privée.

Naturellement, on a choisi de préférence M. Tarte pour faire cette besogne. Le choix est excellent. La besogne convient à l'homme et l'homme à la besogne. Aussi, il faut voir comme il brasse là-dedans.

Il paraît que M. Trudel serait allé dîner avec MM. Chapleau, Gill et Mathieu, à Paris ; Sénécal et d'autres s'y trouvaient. M. Chapleau présidait le repas. Or, comme le *Canadien* persiste à dire que M. Trudel a dîné chez M. Sénécal, il faut conclure que c'est cet individu qui est le pourvoyeur de M. Chapleau. Pas flatteur pour M. Chapleau.

Mais il y a pis que cela. Après le dîner, MM. Chapleau, Sénécal et Trudel sont allés aux Folies-Bergère. Il faut entendre maître Tarte sur ce chapitre.

Le fin fond de l'affaire, c'est que MM. Chapleau et Sénécal ont indignement trompé M. Trudel, uniquement pour le compromettre. Ils lui ont fait croire qu'ils le conduisaient à un spectacle convenable, tandis qu'en réalité ils avaient formé un complot pour l'emmener aux Folies-Bergère.

La bonne foi évidente avec laquelle M. Trudel raconte toute l'affaire est une réponse péremptoire pour tout homme qui n'a pas perdu le sentiment de l'honneur. Son seul tort, c'est d'avoir cru qu'on pouvait fréquenter les gens de la clique, même pendant quelques instants, sans se compromettre plus ou moins.

Ces gens-là salissent tout ce qu'il touchent. Quand ils voient un homme honorable, ils cherchent, par tous les moyens, à le faire descendre à leur niveau.

Il ressort deux choses de cette discussion :

D'abord, M. Trudel, trompé, est allé aux Folies-Bergère. M. Chapleau, trompant, y est allé également. Si c'est un grand scandal pour un sénateur de s'y être laissé entraîner par de faux amis, que faut-il penser de l'acte d'un Commandeur de Saint-Grégoire qui complote avec maître Sénécal pour y conduire un compatriote dans le but évident de le compromettre ?

En deuxième lieu, si l'on ne peut fréquenter MM. Sénécal et Chapleau pendant quelques heures sans se salir, dans quel état doivent être ceux qui se tiennent à plat ventre devant eux pendant des mois et des années ?

De cette triste polémique, M. Trudel sort le front haut.

Il a grandi dans l'estime du monde honnête. Il a le tort d'avoir eu confiance dans des gens sans cœur, mais s'il a été indignement trompé, il n'a pas à rougir. Ceux qui lui ont joué ce *tour* peuvent faire de gorges chaudes, s'ils veulent, cela ne les empêche pas d'avoir fait un acte indigne d'hommes sérieux et de mériter le mépris.

Les amis de M. Trudel continueront à lui serrer la main avec confiance ; les anciens amis de M. Tarte continueront à le fuir.

LA LOGIQUE DE M. TARTE

19 mai 1883.

M. Tarte, dont la logique si serrée inspirait jadis une salutaire frayeur à ses adversaires, est aujourd'hui une véritable ruine intellectuelle.

Au lieu de raisonner, il divague.

Il n'argumente pas, il injurie.

Ou bien, lorsque, pour des raisons à nous connues, il n'ose pas même injurier, il recourt aux tribunaux.

Voici un échantillon de la logique de M. Tarte.

Pendant la lutte contre la vente du chemin de fer du Nord, M. Tarte dénonçait M. Chapleau comme le spoliateur de son pays.

Il disait, avec une très grande énergie, que M. Chapleau dépouillait la province pour enrichir son compère Sénécal. Il ajoutait, de plus, qu'aussitôt le chemin vendu on verrait M. Chapleau prendre la route d'Ottawa pour y continuer les opérations de la clique.

Au moment où les événements donnent entièrement raison à M. Tarte, où M. Sénécal réalise des bénéfices énormes aux dépens du pays, où M. Chapleau va paraître sur la scène publique à Ottawa, nous voyons le rédacteur du *Canadien* nous parler tranquillement de *faits accomplis*. Pour lui, M. Chapleau est devenu un homme fort respectable, pas du tout compromis et tout a fait digne de *fair play !*

Non content d'adorer ce qu'il brûlait hier, M. Tarte s'évertue à brûler ce qu'il adorait. Ce dernier jeu est très vilain et très ridicule, car en voulant livrer ses anciens compagnons d'armes au feu il jette son propre passé dans les flammes.

Car ceux qu'il vilipende ou qu'il poursuit ne font que continuer son œuvre, en tâchant de l'épurer.

Voyez, du reste, comment il procède :

L'*Etendard*, par exemple, depuis qu'il est fondé, n'a pas dit un seul mot des questions religieuses ; pas un mot de la question universitaire, si ce n'est un acte d'adhésion au dernier décret ; pas un mot de la question de l'*influence indue ;* pas même un mot du libéralisme catholique.

Il s'est tenu rigoureusement sur le terrain politique.

Il démontre que M. Sénécal a réalisé, comme M. Tarte l'avait prédit, des profits considérables aux dépens du pays.

Et M. Tarte répond : Respectez donc les décrets !

L'*Etendard* met au jour les turpitudes qui ont précédé, accompagné et suivi la vente du chemin de fer du Nord et que le rédacteur du *Canadien* a lui-même si vigoureusement dénoncées.

M. Tarte répond : malheureux, vous provoquez une crise religieuse !

L'*Etendard* fait une guerre impitoyable à la clique, il poursuit sans relâche ces sinistres individus que, dans son numéro du 8 novembre 1880, le rédacteur du *Canadien* qualifiait " d'hommes corrompus, dépravés, perdus dans l'estime publique."

M. Tarte répond : Cabotins, vous assassinez l'honneur des gens en faisant le signe de la croix.

L'*Etendard* s'élève contre la vénalité de la presse, contre l'affreuse corruption qui envahit notre monde politique, vénalité et corruption que le rédacteur du *Canadien* à lui-même flétries à maintes reprises.

M. Tarte répond : Vous exploitez l'influence du clergé, vous voulez jeter ce clergé dans le schisme, vous ruinez l'Eglise, vous êtes en révolte contre Rome !

Voilà la logique de M. Tarte !

VIVE LA CORRUPTION !

19 mai 1883.

Il est vraiment scandaleux de voir les journaux soi-disant conservateurs vouloir, non seulement pallier, mais même justifier la corruption commise dans le comté de Jacques-Cartier, à la dernière élection. La *Minerve*, le *Monde*, le *Canada*, etc., affirment, avec un aplomb imperturbable, que M. Mousseau ne s'est rendu coupable d'aucune faute grave, qu'il n'a violé que la lettre, et nullement l'esprit de la loi ; qu'il a seulement payé ses agents, ce qui est permis par la loi fédérale, quoique défendu par la loi provinciale ; que, par conséquent, il a été de bonne foi, qu'il est la victime d'une méprise très pardonnable. Or tous ces journaux savent fort bien que le premier ministre était surtout accusé d'avoir fait remettre, par son trésorier, des amendes imposées à plusieurs de ses électeurs convaincus de vente illicite de spiritueux ; c'est-à-dire qu'il aurait mis la main dans le coffre public, qu'il aurait pris l'argent du pays pour corrompre ses électeurs.

Le témoin Léger, comme nous l'avons déjà dit, a affirmé sous serment qu'en effet le premier ministre lui avait fait remettre des amendes. Et c'est à la suite de ce témoignage que le premier ministre a donné sa démission comme député.

Il reste donc sous tout le poids de l'accusation portée contre lui.

Il n'a pas eu le courage d'aller au bout.

Il n'a pas osé demander aux tribunaux de son pays de le laver de cette tache honteuse.

Et les journalistes prétendus conservateurs traitent l'affaire à la légère, la jettent par dessus l'épaule !

En vérité, c'est inquiétant pour l'avenir. Quand toute une presse approuve de pareils actes, c'est signe que le niveau de la morale publique est descendu extrêmement bas.

Un peuple qui tolère de pareils actes, est en pleine décadence.

C'est la *Minerve* qui est allée le plus loin dans cette voie néfaste. Elle ne craint pas de dire que " nos lois électorales sont tout simplement ridicules," à force d'être sévères.

Et elle dit cela pour justifier des ministres qui sont solennellement accusés d'avoir corrompu les électeurs avec les deniers publics !

Elle voudrait, sans doute, qu'il fût permis au gouvernement de jeter de l'or à pleines mains parmi le peuple pour étouffer tout sentiment honnête, tout patriotisme, tout honneur.

Dans les circonstances actuelles, son langage n'a pas d'autre signification.

C'est là l'enseignement que le peuple rçoit des journaux qui se prétendent *conservateurs* de l'ordre social, mais qui sont, en réalité, des empoisonneurs de l'esprit public, des démolisseurs de la société.

LA " MINERVE " ET LES VRAIS CONSERVATEURS

19 mai 1883.

On se souvient de la *brise* que M. le sénateur Bellerose a soulevée au sénat, il y a quelue temps, en disant certaines bonnes vérités à l'adresse de M. Chapleau. Le secrétaire d'Etat avait bien mérité cette correction, car, on le sait, il a lancé les épithètes de *lâches* et de *traîtres* à ceux de son parti qui ont combattu sa folle et ruineuse politique.

La *Minerve* est venue à la rescousse de son chef et a violemment attaquc l'honorable M. Bellerose. La vieille a même prononcé solennellement l'expulsion du vaillant sénateur des rangs du parti conservateur.

M. Bellerose a répondu aux attaques de la *Minerve* ; mais avec ce courage qui la distingue toujours, la sage déesse n'a pas jugé prudent de mettre la défense de celui qu'elle avait attaqué sous les yeux de ses lecteurs.

La lettre de M. Bellerose a paru dans l'*Etendard* et le *Journal des Trois-Rivières*. Nous voudrions pouvoir la reproduire, mais l'espace nous fait défaut. Nous tenons, cependant, à dire que M. Bellerose a prouvé à la bonne *Minerve* que c'est elle et ses amis qui ruinent le parti conservateur par leurs tripotages, et que les vrais conservateurs sont ceux qui travaillent à assainir l'atmosphère politique chargée des miasmes du sénécalisme.

Ces jours derniers, M. Bellerose a soulevé, au sénat, un autre débat très important à propos des *better terms*, ou augmentation du subside fédéral demandée par le gouvernement Mousseau. Il n'est pas du tout hostile au projet d'accorder à notre province une part plus équitable des deniers publics, mais il prétend que ce n'est pas le moment opportun de mettre ce projet à exécution. Le cabinet actuel se montre trop disposé à gaspiller pour qu'on puisse prudemment lui mettre de nouvelles ressources entre les mains. Ce serait l'encourager dans ses extravagances, et nullement aider la province à sortir de ses embarras.

L'honorable M. de Boucherville n'a pris aucune part à

cette discussion, et comme le débat n'a pas été suivi d'un vote, il n'a en aucune manière exprimé sa manière de voir sur cette question. Cela n'empêche pas la *Minerve*, avec le malhonnêteté qui la distingue, d'accuser à ce propos M. de Boucherville de *trahir* la province.

La véritable cause de la fureur de la *Minerve*, c'est le discours vraiment digne d'un homme d'Etat que M. de Boucherville a prononcé, pendant la même séance du sénat, sur un tout autre sujet : Il s'agissait de voter en deuxième lecture le bill pour sanctionner les " arrangements de trafic" conclus pour cinquante ans entre le Grand Tronc et M. Sénécal. M. de Boucherville a proposé le renvoi à six mois, et il a profité de l'occasion pour expliquer au sénat les circonstances plus qu'équivoques qui ont accompagné la vente du chemin de fer du Nord à M. Sénécal, et pour demander à la chambre haute de ne rien faire qui soit de nature à sanctionner cette transaction, car, a-t-il dit en substance, si jamais on parvient à obtenir une enquête sur toute cette affaire, on établira qu'il y a eu assez de fraudes de commises, lors de cette vente, pour nous justifier de demander aux tribunaux de la casser.

Il y a eu un vote sur le renvoi à six mois, et M. de Boucherville a vu vingt de ses collègues se rallier à lui : La seconde lecture a été votée par une majorité de six seulement, 27 contre 21.

C'est là ce qui a exaspéré la *Minerve*. Pour elle, résister aux prétentions de maître Sénécal, c'est *trahir* la province !

Le discours de M. de Boucherville est une réponse catégorique aux conservateurs pusillanimes qui disent que la vente du chemin de fer est *un fait accompli*, et qu'il est inutile d'en parler davantage.

Le cri de ralliement des vrais conservateurs doit être : La vente a été frauduleuse, et par conséquent nulle !

***

La rage de la vieille *Minerve* est vraiment comique à voir. Les grosses vérités que MM. de Boucherville, Bellerose et Trudel ont dites au sénat touchant la clique sénécaleuse qui déshonore notre province ont mis la déesse hors d'elle-même ; elle s'arrache les cheveux, elle déchire ses vêtements, elle écume, elle saute, elle trépigne.

La sage *Minerve* en colère, c'est le spectacle le plus réjouissant qu'on puisse voir.

Elle avait déjà expulsé ces trois sénateurs de *son* parti. Elle les en chasse encore avec une fureur inexprimable.

Nous sommes certains sur MM. de Boucherville, Bellerose et Trudel ne prendront pas le deuil, car, Dieu merci, le temps est passé où les ridicules anathèmes de la vieille païenne pouvaient effrayer quelqu'un.

Le public intelligent comprend aujourd'hui qu'on peut être bon conservateur sans tenir de la *Minerve* un certificat d'orthodoxie.

On peut même dire que c'est maintenant une bonne note pour un homme public d'être dénoncé par l'organe principal de la clique. Nous félicitons donc MM. de Boucherville, Bellerose et Trudel.

Il faut entendre la *Minerve* discourir sur la discipline de parti tout en accablant M. de Boucherville d'injures. L'honorable sénateur, voyez-vous " marche rapidement vers la révolte " ! La révolte contre Sénécal, Dansereau et cie, quel crime !

Seulement, si par une faveur providentielle M. de Boucherville revenait au pouvoir à Quebec, on verrait la

Minerve et tous les autres journaux qui lui jettent de la boue, se battre entre eux pour avoir le privilège exclusif de frotter ses bottes.

Pour la *Minerve*, l'esprit de parti tient lieu de tout. " On est du parti, dit-elle, ou on ne l'est pas." C'est-à-dire qu'il faut approuver tout ce qui se fait au nom du parti, non par le parti, mais par une poignée d'intrigants qui se sont emparés de la presse et du pouvoir.

Odieuse doctrine par laquelle on cherche à sanctionner les plus honteux tripotages. Doctrine ridicule, qui finira par éloigner les gens honnêtes, non seulement des partis, mais de la politique elle-même, ce qui serait un malheur. Car il ne faut pas confondre les *partis* avec la *politique*. Les partis se forment, se modifient, disparaissent, mais la *politique*, c'est-à-dire l'art de gouverner les peuples, reste.

Or, la *Minerve* et la clique, par l'abus effrayant qu'elles font de la discipline de parti, pour cacher leurs turpitudes, finiront par dégoûter les éléments sains de notre population des affaires politiques. Non seulement on ne voudra pas " s'enrégimenter ", mais on ne voudra plus voter. Encore une fois, ce serait un malheur, car les spéculateurs auraient alors le champ libre.

Après s'être couverte de ridicule en parlant de la discipline de parti, la *Minerve* frise le blasphême. Parlant de la position courageuse prise au sénat par MM. de Boucherville, Bellerose et Trudel, la vieille païenne dit :

" Avec de telles leçons, allez maintenant prêcher le respect dû aux autorités ; faites comprendre au peuple que les gouvernements viennent de Dieu et que ceux qui les président ont droit de recevoir la considération qu'autrefois Jésus-Christ manifestait ouvertement à César."

Voilà jusqu'à quels excès de langage peut porter l'aveugle esprit de parti !

Nous avons vu M. Tarte donner clairement à entendre qu'on ne pouvait plus attaquer M. Mousseau sans être en révolte contre les ordres du Saint-Père. La *Minerve* va plus loin dans la voie du blasphême : elle ose insinuer que ceux qui dénoncent les spéculations de la clique méprisent les enseignements de Jésus-Christ lui-même ! Où cette sinistre folie d'identifier Sénécal & cie avec la religion s'arrêtera-t-elle ?

DEUX CHEFS COMPROMIS

2 juin 1883.

M. Mercier, chef de l'opposition, et M. Mousseau, chef du gouvernement, sont deux hommes profondément compromis.

Jetons un coup d'œil sur leur conduite.

M. Mercier conteste l'élection de M. Mousseau et demande que le premier ministre soit privé de ses droits politiques pendant sept ans.

Il porte contre M. Mousseau la très grave accusation d'avoir remis des amendes à des hôteliers de son comté qui avaient été convaincus de vente illicite de spiritueux.

M. Sénécal, pour sauver son ami, intervient, et menace M. Mercier de deux poursuites dans l'espoir de lui faire *lâcher prise*.

M. Mercier fait l'indigné. Il exhale sa sainte colère dans le sein d'un *reporter* du *Star*. Voici ce que nous trouvons dans ce journal, à la date du 17 avril. C'est M. Mercier qui parle :

" Je répondis que ces menaces ne m'arrêteraient pas, que j'avais décidé de pousser, jusqu'à la fin des fins, le procès d'élection de Jacques-Cartier, même si je devais avoir contre moi tout le parti libéral et tout le parti conservateur ; que j'avais déjà souffert pour mon dévouement à mon parti, et que j'étais prêt à souffrir encore, comptant sur l'intelligence du public et espérant qu'il y aurait encore dans la province de Québec des honnêtes gens qui sympathiseraient avec moi et m'aideraient, un jour ou l'autre, à écraser la canaille et les fanatiques des deux partis (the scoundrels and fanatics of both parties.)

" L'effet de cette déclaration fut de changer la tactique des hommes qui m'avaient approché et les menaces se changèrent en promesses et offres splendides. Je repoussai ces promesses et ces offres comme j'avais repoussé les menaces, et aujourd'hui je suis bien décidé de faire mon devoir jusqu'à la fin, sans m'arrêter aux résultats que pourrait avoir cette position pour moi ou pour le premier ministre. S'il est innocent des accusations portées contre lui, je serai heureux et je dirai : tant mieux pour la moralité publique. Mais s'il est coupable, s'il a violé la loi, il doit être puni comme les autres, et mon devoir, comme avocat et comme chef de l'opposition, est de soumettre toute la cause au pays, sans passion, mais sans faiblesse, sans crainte et sans faveur."

Voilà ce que disait M. Mercier le 17 avril. Voici maintenant ce qu'il a fait.

Nous lisons dans le *Star* de vendredi, le 4 mai :

" A dix heures précises ce matin, M. le juge Torrance prit son siège, et André Léger, propriétaire de l'hôtel Rapin, de Lachine, comparut comme témoin pour le pétitionnaire. M. Léger étant un de ceux qui avaient été condamnés à des amendes pour vente de spiritueux sans permis et à qui le gouvernement avait remis les amendes, le témoignage qu'il devait rendre excitait naturellement beaucoup d'intérêt. Son témoignage, rendu d'une manière calme, avec assurance et sans hésitation, fut considéré par tous les avocats présents comme très compromettant. Il déclara qu'il tenait l'hôtel Rapin à Lachine, qu'il avait été condamné deux fois à une amende de $75 et une troisième fois à $20 et au frais pour vente de spiritueux sans permis, lesquelles amendes lui furent subséquemment remises par ordre de l'honorable M. Würtele, trésorier. Le témoin avait vu M. Mousseau, le défendeur, plusieurs fois au sujet de cette affaire.

"—Avant cette élection, demanda M. Mercier, vous avez toujours été libéral ?

"—Oui, mais j'ai voté *bleu* cette fois, repliqua en riant, le témoin.

"—Avez-vous jamais parlé à M. Mousseau de l'élection ?

"—Oh ! oui, quand il est venu chez moi avec M. Würtele, il demanda si j'étais conservateur.

"—Et qu'avez-vous répondu ?

"—Que je pouvais être conservateur si c'était nécessaire, ou libéral.

"—Est-ce que M. Mousseau a dit alors quelque chose touchant la remise des amendes ?

"—En me disant bon jour, il se tourna vers M. Würtele et lui dit de faire ce qu'il pouvait faire pour ces messieurs (voulant dire les trois hôteliers condamnés à l'amende).

"—Est-ce que cela a eu sur vous quelque influence pour vous faire changer d'opinion politique et voter pour M. Mousseau ?

"—Naturellement, cela m'a toujours influencé.

"—Lorsque vous avez ainsi voté pour M. Mousseau, pensiez-vous que vos amendes vous seraient remises ?

"—Oui, je le croyais, et j'ai dit à mes amis que j'allais voter pour M. Mousseau. Mon beau-frère, M. Thomas Chapman, a eu des conversations avec MM. Mousseau et Würtele, à propos des amendes."

Et le lendemain, le 5 mai, le *Star* disait encore :

"—Hier, après notre mise sous presse, Pierre Godin, hôtelier, de Lachine, interrogé comme témoin, déclara qu'il avait été mis à l'amende trois fois et que ses spiritueux avaient été confisqués, mais que les amendes lui avaient été remises et les spiritueux lui avaient été rendus vers le temps de l'élection."

Voici maintenant un dilemme : Ou ces témoins ont dit vrai, ou ils se sont parjurés.

Ou ce sont des témoins honorables, ou des témoins subornés par le pétitionnaire pour ruiner la réputation de M. Mousseau.

Si ce sont de faux témoins, des témoins subornés, M. Mercier est un misérable qui mérite le pénitencier.

Si M. Mercier croit à la véracité de ses témoins, comment a-t-il pu, sans trahir la cause de la moralité publique, renoncer à la poursuite ?

Et si les témoins Léger et Godin sont des parjures, pourquoi M. Mousseau n'a-t-il rien fait pour leur infliger le châtiment qu'ils auraient mérité et laver sa réputation ?

S'ils ont dit vrai, comment M. Mousseau ose-t-il se montrer de nouveau devant ses électeurs ? Comment ose-t-il rester premier ministre ?

Ou M. Mercier a comploté la ruine d'un adversaire politique en subornant des témoins, ou il a trahi la cause de la moralité publique qu'il avait promis si solennellement de défendre.

Ou M. Mousseau a assez peu de souci de sa réputation et de la réputation de cette province pour se laisser salir par des parjures, ou bien il a commis un acte de corruption qui le déshonore à tout jamais.

Quoi qu'il en soit, les honnêtes gens des deux partis doivent soupirer après d'autres chefs sur lesquels le sorcier Sénécal ne pourra pas opérer ses honteux prodiges au moyen du signe cabalistique $.

DEUX AMIS

2 juin 1883.

MM. Tarte et Chapleau se connaissent intimement. Ils se sont fréquentés pendant des années. Voyons ce qu'ils pensent l'un de l'autre. C'est le meilleur moyen de connaître ce qu'il faut penser de l'un et de l'autre.

Nous avons vu d'abord que dès le mois de novembre, 1880, M. Tarte disait que M. Chapleau s'entourait " d'hommes corrompus, dépravés, perdus dans l'estime publique."

Au printemps de 1882, pendant les débats sur la vente du chemin de fer, M. Tarte ne ménageait pas son *ami*, M. Chapleau. Le 3 avril, il disait entre autres choses aimables :

" Il est facile, disait-il, de comprendre que nous eussions fait l'affaire des spéculateurs en nous attardant dans les discussions personnelles, au lieu de démasquer leurs odieuses tentatives, et de déjouer leurs projets frauduleux...

" Dirigée par M. Dansereau, la presse de la bande, qui a pour chef le premier ministre en parlement et M. Sénécal au dehors, n'a pas trouvé d'outrages assez venimeux, de mensonges assez perfides pour exprimer ses colères. ...

" Pour ces forbans, continue-t-il, un honnête homme qui leur résiste est un obstacle : il faut l'écarter !

" L'honorabilité, voilà l'ennemi !

" Quand on est si bien organisé pour voler le bien public, il n'en coûte guère de voler la réputation de son prochain.

" En prenant la détermination, ajoute M. Tarte, de combattre la politique aujourd'hui soumise à la législature, nous savions que nous nous attaquions moins au gouvernement qu'à M. Sénécal, à M. Dansereau, en un mot aux personnages véreux et redoutés dans tout le pays sous le nom de " clique de la *Minerve*."

" Nous savions qu'avec de l'or ils achèteraient les journaux et corrompraient ainsi les sources auxquelles s'abreuve l'opinion.

" Si l'on savait quelles machinations infâmes M. Chapleau a tramées contre le cabinet fédéral ! "

Et voilà l'homme que M. Tarte courtise aujourd'hui.

Voila la *bande* dont il fait partie, avec laquelle il opère présentement.

Ces forbans sont organisés pour voler le bien public ! Mais vous êtes maintenant un des leurs.

L'honorabilité, c'est leur ennemi. Mais, monsieur Tarte, leurs ennemis sont devenus vos ennemis.

Un homme honnête, pour eux, est un obstacle, il faut l'écarter. Et vous, monsieur Tarte, n'avez-vous pas essayé d'écraser ou de salir les honnêtes gens qui vous barraient le chemin ?

Avec l'or, dites-vous, ces personnages *véreux* et redoutés achètent les journaux et corrompent les sources auxquelles s'abreuve l'opinion. Rien de plus vrai, et vous, monsieur Tarte, vous êtes une preuve vivante de la puissance corruptrice de la " clique ". Votre pauvre *Canadien* est devenu une source empoisonnée.

Voici maintenant ce que M. Chapleau pensait, au printemps de 1882, de ce même M. Tarte, dont il reçoit aujourd'hui les compromettantes caresses. Nous lisons à la page 592 du compte rendu des débats de l'assemblée législative, session de 1882, cette terrible flétrissure que le premier ministre d'alors imprimait sur le front du rédacteur du *Canadien :*

" J'aurai pu, en profitant des occasions que la politique a mises à ma dispoition, tirer profit des circonstances et faire de l'argent si j'étais bâti comme ceux qui m'ont accusé. Mais je n'avais pas les dispositions de *certain journaliste ex-député, mettant son nom à un acte* quand il savait que cet acte était *une flagrante* VIOLATION DE SON MANDAT ET DE SON SERMENT *de député du peuple.*

"Ceux qui m'accusent, ceux qui lancent contre les autres des accusations comme celle dont il est question, ont besoin d'avoir en dedans d'eux-mêmes, *d'avoir au cœur*, si TANT EST QU'ILS EN ONT UN, un fond de BASSESSE ET DE VICE *tel qu'ils puissent y puiser chaque jour pour eux-mêmes* et qu'il en reste encore assez pour en déverser sans cesse sur leurs adversaires."

MM. Chapleau et Tarte sont deux amis dignes l'un de l'autre, n'est-ce pas ?

LES CASTORS

---

16 juin 1883.

C'est le nom qu'on donne, dans la presse *bleue* ou *sénécaliste*, aux conservateurs mécontents du régime Dansereau-Chapleau-Sénécal-Mousseau.

Il pourrait bien se faire que le mot restât, et que le nom vulgaire du vrai conservateur fût à l'avenir *castor.*

Le nom n'est pas laid, tant s'en faut ; il est loin d'être aussi trivial que *bleu* ou *rouge.* Le castor est l'*animal national*, comme l'érable est l'arbre national.

Mais d'où vient ce nom ? Il est important, pour l'histoire, de le constater, pendant que les circonstances qui ont donné jour au parti des *castors* sont encore présentes à la mémoire de chacun. Les noms restent, mais l'*origine* des noms est vite oubliée. Qui peut dire aujourd'hui, d'une manière précise, le *pourquoi* des noms *bleu* et *rouge* que le parti conservateur et le parti libéral ont portés pendant tant d'années ?

Au mois de septembre, l'année dernière, parut à Montréal la remarquable brochure politique intitulée : *Le Pays, le Parti et le Grand Homme.* C'était, comme chacun le sait, une critique très acerbe, mais bien méritée, de la politique de M. Chapleau, politique inspirée par la clique Dansereau-Sénécal et cie. Cette brochure était signée : *Castor.* Elle porta un coup terrible au prestige de M. Chapleau et ruina la clique dans l'opinion d'un grand nombre de conservateurs, heureux de voir formuler aussi nettement ce qu'ils disaient tout bas depuis longtemps. Ces conservateurs finirent par se grouper, par se compter dans les différentes localités. Le parti des *Castors* était formé. Ce sont les journaux ministériels qui l'ont ainsi nommé *en haine* de l'auteur du fameux pamphlet qui leur avait tant déplu.

Nous avons trois partis bien distincts dans notre province, à l'heure qu'il est : les vrais conservateurs, ou *castors ;* les conservateurs-libéraux ou ministériels ou *bleus* ou *sénécalistes ;* et les libéraux ou *rouges.* Dans le parti libéral, il y a trois nuances, la nuance radicale, représentée par la *Patrie,* la nuance modérée, représentée par la *Tribune,* et la nuance cynique, hypocrite et vénale représentée par la *Concorde* et l'*Electeur.*

NOTRE POSITION

16 juin 1883.

Certaines feuilles nous reprochent de temps à autre de n'appartenir à aucun parti politique. Par conséquent, disent-elles, il n'y a pas de place sous le soleil pour nous. Ou encore, on nous représente comme inféodé au parti des *castors*, comme on appelle les conservateurs qui ne veulent pas accepter la responsabilité des actes du gouvernement provincial. La *Minerve* nous traite souvent de journal *rouge*, bien que la vieille sache à merveille que nous sommes infiniment plus conservateur qu'elle.

Les journaux libéraux nous décernent le titre de feuille archi-conservatrice, organe *clérical*.

Le *Courrier des Etats-Unis*, d'après *l'Electeur*, trouve que la *Vérité* est un petit journal ultramontain.

Si tous ces braves gens disaient vrai, il serait assez difficile de déterminer la position que nous occupons dans la presse du Canada. Seul le *Courrier des Etats-Unis* a raison, si par *ultramontain* on entend *catholique sans épithète.*

Nous voulons toujours rester journaliste catholique *tout court*, ce qui ne nous empêchera pas de nous occuper des affaires politiques, et de nous montrer bien plus conservateur, dans le vrai sens du mot, que les organes qui ce donnent ce titre que souvent ils ne méritent nullement.

Les journaux de parti, pourvu, bien entendu, que le *parti* ait des *principes*, ont leur utilité que nous ne leur contestons certes pas. Qu'ils restent ce qu'ils sont, et nous ne leur chercherons jamais chicane, pourvu qu'ils ne poussent pas l'esprit de parti au delà des limites du raisonnable.

Mais notre journal a aussi son rôle à jouer, et, avec l'aide du ciel, il le jouera en dépit des obstacles qu'on pourra lui susciter.

Nous avons remarqué dans *l'Univers* du 13 mai quelques lignes que nous transcrivons ici ; elles peuvent servir de réponse, *mutatis mutandis*, à ceux qui nous trouvent de trop dans le monde. Voici les paroles du journal français :

" Les journaux de l'intrigue affectent de croire que l'*Univers* tend à devenir un organe attitré de Monsieur le comte de Chambord. Pour la *Défense*, se serait même déjà chose à peu-près faite. Ces paroles sont ridicules. L'*Univers* n'a jamais relevé et entend ne relever jamais que de lui-même. Il n'ambitionne donc nullement la place importante que l'*Union* occupe si bien. Son rôle à lui n'est pas d'être l'organe officiel ou officieux du roi, c'est de défendre librement l'Eglise et de réclamer en toute indépendance le gouvernement qui rendrait à la religion la liberté qui lui est due et dont le pays a besoin.

" Parce que ce programme est aussi le programme royal, ce n'est une raison ni pour que nous l'abandonnions, comme le voudraient des catholiques timorés, compères des libéraux, ni pour qu'on puisse justement nous représenter comme parlant au nom du comte de Chambord.

" Ceux à qui nos paroles déplaisent doivent ne s'en prendre qu'à nous. C'est une responsabilité que nous tenons beaucoup à garder."

Si le parti conservateur, se débarrassant de la clique néfaste qui le déshonore depuis trop longtemps, adoptait les idées que nous avons toujours défendues, nous ne renoncerions certainement pas pour cela à notre programme ; loin de là, nous donnerions notre appui cordial aux hommes d'Etat qui travailleraient sérieusement à appliquer les principes qui, seuls, *conservent* les nations. Et nous le ferions sans devenir " journal de parti " dans le sens ordinairement attaché à ce mot.

LE CANADA ET L'ANGLETERRE

9 juin 1883.

Dans sa réponse à l'adresse du parlement fédéral, S. E. le gouverneur-général a prononcé ces paroles :

" Vous avez le droit de conclure, sous votre responsabilité, des traités avec les puissances étrangères et votre commissaire en Angleterre est autorisé à conduire des négociations avec le Bureau des affaires étrangères. Vous n'êtes pas les sujets, mais les alliés d'une nation puissante qui sera toujours disposée à protéger vos intérêts. Se donnant la main, le Canada et l'Angleterre travaillent ensemble pour le développement de leur commerce respectif et c'est l'admission de ce fait qui donne une signification particulière à une circonstance comme celle-ci."

Il y a déjà quelques années un gouverneur anglais nous avait offert l'indépendance. Aujourd'hui, un autre gouverneur proclame que nous possédons une indépendance presque absolue.

D'après le marquis de Lorne, le Canada occuperait vis-à-vis de l'Angleterre une position analogue à celle qu'occupe l'Egypte vis-à-vis de la Turquie. Nous serions un peuple véritablement indépendant sous le protectorat de l'Angleterre.

Cette situation, si elle est toujours loyalement acceptée par l'Angleterre, comme elle l'a été depuis quelques années, devrait satisfaire les plus exigeants. Nous avons toute l'indépendance qu'il nous faut pour le moment, et ce serait une folie de commencer une agitation politique pour obtenir plus. Laissons faire le temps et les événements, laissons faire la divine Providence qui façonne les peuples nés viables avec une sage lenteur. Quand l'heure de nous constituer en peuple absolument autonome sera venue, nous prendrons notre rang parmi les nations de la terre sans secousse, sans boulversement.

Nous ne pouvons pas, toutefois, accepter l'assertion que fait ensuite Son Excellence lorsqu'elle dit :

« Sans cette union, vous ne pourriez maintenir vos institutions et votre autonomie pendant douze mois, tandis que la rupture de l'alliance avec les provinces, qui furent autrefois des dépendances de l'Angleterre, porterait un coup fatal à notre commerce et à notre prestige. »

Le marquis de Lorne exagère, évidemment, les bénéfices que nous retirons de notre union avec l'Angleterre. Cette union, comme nous l'avons fait voir à plusieurs reprises, bien qu'elle offre peut-être certains avantages, n'est pas, non plus, sans présenter des dangers très réels.

Par exemple, qu'une difficulté survienne entre l'Angleterre et les Etats-Unis à propos de la question irlandaise, nous serions l'enjeu, probablement ; notre territoire serait le théâtre de la guerre, et dans le cas d'une défaite de l'Angleterre, nous perdrions peut-être notre autonomie.

L'Angleterre a donc plus besoin de nous que nous n'avons besoin d'elle. Ce qu'elle nous donne en fait de prestige est fort problématique, les dangers auxquels notre union avec elle nous expose ne sont nullement imaginaires ; tandis que, comme le dit le marquis de Lorne, la séparation du Canada d'avec l'Angleterre porterait un rude coup au commerce et au prestige de la fière Albion.

Malgré cette situation, tout à l'avantage de l'Angleterre, nous ne sympathisons pas du tout avec ceux qui veulent, par une agitation prématurée, briser les très faibles liens qui nous unissent à l'empire britannique. D'un autre côté, il est bon de bien définir notre situation et de ne point nous créer des dettes de reconnaissance qui n'existent pas. Les bons comptes font les bons amis.

Commentant ce discours du marquis de Lorne, le *Courrier du Canada* fait un petit bout de déclamation où la note juste est loin de dominer. Il dit :

" Pour nous, le grand devoir est de se pénétrer, de se saturer de l'esprit du droit public anglais, ce grand chef-d'œuvre de gouvernement, qui assure la paix à un empire parce qu'il sait unir l'autorité et la liberté. *Imperium et libertas*, comme disait lord Beaconsfield."

Nous n'avons pas l'intention d'entamer une dicussion sur le grand *chef-d'œuvre* qui enthousiasme tant notre confrère : les avis sont très partagés là-dessus, et nous pourrions citer de fort graves autorités qui n'admirent pas du tout ce chef-d'œuvre ; qui affirment que le gouvernement anglais peut convenir à l'Angleterre, car chaque peuple a son génie particulier, mais que c'est une folie sans nom de vouloir imposer les institutions politiques de l'Angleterre à tous les pays de l'univers.

Quant aux paroles de lord Beaconsfield, elles sonnent bien à l'oreille, sans doute, mais on aimerait une phrase moins sonore et un peu plus de sincérité.

La condition de l'Irlande, où il n'y a ni autorité ni liberté, est la plus éloquente réponse qu'il soit possible de donner au papa Disraëli.

Mais ce qu'il y a de plus saugrenu dans ces quelques lignes du *Courrier*, c'est l'appel qu'il fait à nos hommes publics de se *pénétrer*, *de se saturer* de l'esprit du droit public anglais. Cela frise le ridicule. Ce n'est pas du tout là ce qui manque à nos législateurs. Le moins huppé d'entre eux est passablement ferré sur le droit anglais ; à la moindre provocation, il vous défile tous les précédents depuis Georges I, et, dans les grandes occasions, il sait remonter plus haut.

Ce qui manque à nos hommes d'Etat, c'est tout autre

chose, c'est le droit public chrétien. Pour eux c'est un livre fermé. Et pourtant c'est la base de tout gouvernement stable. Les peuples qui ne sont pas solidement assis sur l'ordre social que le Christ est venu établir sont comme des maisons bâties sur le sable : les vents et les marées les emportent infailliblement.

Notre devoir, n'en déplaise au *Courrier*, est de nous pénétrer, de nous saturer de l'esprit du droit public chrétien. C'est à ce prix, et à ce prix seul, que nous échapperons, comme peuple, à la destruction universelle.

L'ÉLECTION DE LAVAL

23 juin 1883.

Le Dr Gaboury, candidat conservateur, a été élu dans le comté de Laval. Il a obtenu une majorité de 43 sur son concurrent, M. Leblanc, candidat ministériel et sénécaliste.

C'est un beau triomphe pour les honnêtes gens et une défaite humiliante pour la clique.

Evidemment, il y a un réveil sérieux de l'opinion publique. Car, quoi qu'en dise la *Concorde*, et d'autres feuilles rouges, il y a une opinion publique dans cette province, comme ailleurs.

Le comté de Laval est essentiellement conservateur. C'est à peine si l'on peut y compter quelques dizaines de vrais libéraux. Depuis longtemps les candidats conservateurs s'y font élire par acclamation.

Ce n'est donc pas une victoire libérale, mais une véritable victoire conservatrice, une victoire des vrais conservateurs, des *castors*, sur les conservateurs libéraux, les *bleus*, les *sénécaleux*, les ministériels.

Pourtant, M. Leblanc avait toutes les *chances* du monde de son côté.

Son concurrent n'est pas orateur du tout, paraît-il. C'est le *Monde*, organe sénécaliste, qui nous l'a affirmé. M. Leblanc parle avec facilité ; il a un toupet considérable, de la voix, du geste ; il pose bien ; c'est un joli garçon.

Il était appuyé par tous les journaux ministériels de Montréal.

Les ministres provinciaux travaillaient activement pour lui, comme bien on pense, car l'existence même du cabinet était pour ainsi dire au jeu.

Sénécal et sa bande était naturellement venus à la rescousse de leur candidat, qui s'était montré leur servile instrument pendant la dernière session.

L'argent ne devait pas manquer aux amis de M. Leblanc, car la clique, pour ne pas laisser entamer son prestige, voulait remporter la victoire à n'importe quel prix.

Le Dr Gaboury, au contraire, n'avait pour l'appuyer qu'un seul journal conservateur, l'*Etendard*.

Il n'avait aucun *patronage* à exercer pour corrompre les électeurs.

Ceux qui travaillaient pour lui étaient peu nombreux, tandis que son adversaire avait à sa disposition toute une nuée de *cabaleurs* expédiés dans le comté par M. Sénécal.

Malgré tout cela, le candidat conservateur hostile au gouvernement a été élu.

On peut juger par là du sort qu'éprouverait le cabinet actuel s'il était obligé de passer par le creuset des élections générales !

Dans une division électorale exclusivement conservatrice, il n'a pu remporter la victoire, bien qu'il ait concentré sur ce petit coin de terre toutes les immenses ressources, toutes les influences redoutables dont il dispose.

On peut dire que la partie saine de la population, les gens inaccessibles à la corruption, les gens qui pensent, qui jugent et qui ne votent point par aveugle esprit de parti, condamnent la politique du cabinet Chapleau, continuée par le cabinet Mousseau. Ils condamnent la vente du chemin de fer à M. Sénécal. Ils condamnent la spoliation de la province au profit d'une bande de spéculateurs sans vergogne. Ils condamnent les faiblesses et la complicité du cabinet actuel qui, loin de vouloir secouer le joug odieux de la clique, s'est constitué le très humble serviteur de MM. Dansereau, Sénécal et Cie. Ils condamnent toutes les hontes des trois dernières années.

Ils déclarent que toutes les turpitudes, tous les achats de conscience, tous les tripotages dont nous avons été témoins depuis trop longtemps doivent prendre fin.

Ils disent carrément à M. Mousseau et aux hommes faibles qui l'entourent : " Allez-vous-en et faites place à de vrais ministres, à des hommes qui administreront la chose publique pour le plus grand bien du pays, non pas pour l'avantage d'une coterie."

Voilà la signification de ce triomphe du Dr Gaboury à Laval. M. Mousseau comprendra-t-il cette leçon ou attendra-t-il, pour se retirer, qu'il en reçoive de plus rudes encore?

La binette des Sénécaleux à Québec, le lendemain de l'élection de Laval, était réjouissante à voir.

Imaginez-vous qu'ils s'attendaient à une victoire éclatante. Ils croyaient avoir fait assez de corruption pour être sûrs de leur affaire.

Aussi, le soir, ministres et amis se sont-ils réunis à l'hôtel Saint-Louis, pour fêter leur triomphe. Le champagne à coulé à flots jusqu'à une heure avancée de la nuit, car un mauvais plaisant leur avait télégraphié de Montréal que Leblanc était élu !

Les malheureux n'ont connu la vérité que le lendemain matin.

Quelle dépense inutile de champagne !

Au *Canadien*, on avait préparé d'avance un article flamboyant pour célébrer le triomphe de la clique. Le chiffre de la majorité de M. Leblanc avait été laissé en blanc et devait être rempli par le prote.

Heureusement, le prote a été assez intelligent pour supprimer l'article *in globo*.

Le soir de la votation dans le comté de Laval, les bureaux du *Canadien* étaient ouverts au public : la chose avait été annoncée avec bruit.

Autrefois, dans de pareilles circonstances, les bureaux de notre confrère se remplissaient de l'élite du parti conservateur.

L'autre jour ses bureaux sont restés vides, mais vides à faire peur.

Ç'a été la preuve la plus éclatante que le *Canadien*, jadis l'organe du parti conservateur dans le district de Québec, est devenu un véritable objet de mépris.

Il ne représente plus rien.

Les vrais conservateurs le répudient.

Les *sénécaleux* ont honte de s'y montrer et se réunissent ailleurs.

Pauvre M. Tarte, que votre châtiment est juste !

LE CADEAU DE NOCE D'UN PAUVRE HOMME

23 juin 1883.

Une petite nouvelle qui intéresse les contribuables de cette province. Une dépêche de Montréal annonce que, lors du mariage de sa fille, M. Sénécal lui a présenté la somme de $100,000.

Pour un homme qui n'avait pas le sou il y a trois ou quatre ans, ce n'est pas chiche.

Si la province avait encore son chemin de fer, le public n'aurait rien à dire.

Mais on a vendu notre propriété à vil prix, et celui qui l'a achetée fait des cadeaux de noces de $100,000.

Jean-Baptiste a le droit, au moins, d'ouvrir de grands yeux et de voter contre les candidats *sénécaleux*.

C'est ce qu'il fait.

LA DERNIÈRE COMÉDIE

23 juin 1883.

La dernière comédie de M. Tarte est la biographie de M. Laurier, publiée dans le *Canadien* de mardi dernier.

On dirait que M. Tarte a la mission de blanchir tous les libéraux du pays, *bleus et rouges :* Chapleau, Langelier, Dansereau, Laurier et Mercier.

Personne n'a oublié le fameux discours que M. Chapleau prononça un jour à Saint-Lin. Il avait offert la " branche d'olivier ". à M. Laurier. De là grande colère de M. Tarte qui a dénoncé en termes très énergiques ce langage impolitique, cette tentative de compromettre le parti conservateur, de l'engager dans la voie des compromis, des concessions, des effacements.

Alors M. Tarte était ferré sur les principes ; il ne transigeait pas avec les fausses doctrines et leurs fauteurs ; les hommes tièdes, sans conviction arrêtées, lui paraissaient dangereux au suprême degré et il les dénonçait rondement.

Dans l'affaire de Saint-Lin il parla au nom du vrai parti conservateur, et il fit si bien qu'il força M. Chapleau, alors ministre dans le cabinet de Boucherville, à renoncer à ses projets de coalition, de rapprochement, de fusion et à rentrer dans les rangs.

Aujourd'hui, M. Tarte reprend pour son propre compte la besogne inaugurée publiquement par M. Chapleau à Saint-Lin, et interrompue si brusquement par le *Canadien* d'autrefois.

Sachant qu'il n'est plus *possible* dans les rangs du parti conservateur, que les vrais conservateurs qu'il a trahis le repoussent, et que les *sénécaleux* le méprisent après s'être servis de lui, M. Tarte cherche à entrer en grâce auprès des libéraux qu'il a combattus jadis avec une si grande vigueur.

C'est pourquoi il consacre aux chefs libéraux des biographies à l'eau de rose ; c'est pourquoi il applique à ces mêmes chefs de grands coups de *blanchissoir ;* c'est pourquoi il leur prodigue des certificats d'orthodoxie politique et même religieuse.

C'est ainsi que M. Tarte, parlant de son ami M. Laurier, dit :

“ Pendant son cours d'études il passait pour radical. C'est tout juste s'il est aujourd'hui libéral.”

Or, M. Laurier, sous des dehors doucereux et modérés, est un des plus fiers radicaux du pays [1]. M. Tarte qui le connaît intimement, le sait aussi bien que nous.

Nous savons parfaitement ce que M. Tarte dit et pense, dans l'intimité, de M. Laurier, et nous vous prions de croire que ce n'est pas beau.

Mais pour les besoins de sa cause il ne craint pas d'affirmer que M. Laurier est à peine libéral ! !

Quand donc M. Tarte cessera-t-il de jouer de ces détestables comédies ? quand donc cessera-t-il de réhabiliter les hommes dont il a si longtemps combattu les funestes tendances ?

S'il n'a pas perdu entièrement ces fortes convictions politiques et religieuses qui autrefois faisaient du rédacteur du *Canadien* un *homme*, qu'il songe au mal immense qu'il peut faire en donnant du prestige à tout ce que nous avons de plus *libéral*, de plus *radical* dans le pays.

Si, au contraire, il n'a pas su garder dans un petit coin de son cœur, au fond, bien au fond, la moindre étincelle de ce feu qui le dévorait jadis, s'il a réussi à étouffer toute conviction, tout cri de sa conscience ; s'il n'est plus qu'un faiseur d'affaires, par système, comme il l'est de fait ; alors qu'il ait au moins le courage de passer carrément du côté de nos adversaires, du côté de ses propres adversaires d'autrefois, du côté des opportunistes, des libéraux, des gens d'expédients, des cyniques, des hommes sans principes, des endormeurs, des endormis, du côté de la *peste*, enfin.

1—Aujourd'hui, M. Laurier devenu *Sir Wilfrid*, est plutôt *tory* que *radical*, tout en restant *libéral* sans aucun doute.

LA POLITIQUE DU " PIONNIER."

30 juin 1883.

Le *Pionnier*, de Sherbrooke, consacre à l'élection de Laval un singulier article.

Il constate d'abord que l'élection du Dr Gaboury est une victoire, non du parti libéral, mais de cette fraction du parti conservateur qui se montre hostile au cabinet actuel.

Puis, tout en admettant la nécessité, dans chaque parti politique, d'un groupe d'hommes assez indépendants pour condamner les fautes et les abus de leurs propres amis, il semble craindre qu'on ne pousse trop loin cet esprit d'indépendance.

Cette crainte nous paraît tout à fait exagérée. Ce qu'il faut surtout redouter et combattre chez nous, c'est l'aveugle esprit de parti. C'est cet esprit qui a fait notre faiblesse dans le passé et il est peu prudent, croyons-nous, de vouloir étouffer tout mouvement en sens contraire, sous prétexte qu'on pourrait tomber dans l'extrême opposé.

Le *Pionnier* prétend qu'il ne faut que *deux* partis politiques dans un pays comme le nôtre. Nous serions curieux de savoir sur quoi il se base pour faire cette affirmation.

Notre confrère déclare ensuite que le gouvernement ne doit pas négliger l'enseignement qui découle de la récente élection, et il dit en même temps aux *castors* que, s'ils veulent conserver la confiance du public, ils ne doivent pas s'allier aux libéraux. Comme nous l'avons déjà fait voir, cette fusion n'est nullement à craindre, car les *castors* et les libéraux sont séparés par des questions de principes.

Notre confrère émet ensuite des opinions plus ou moins risquées sur la nécessité inévitable de certains actes de faiblesse chez les ministres. Cette doctrine du mal nécessaire ne nous paraît pas raisonnable et, n'en déplaise au *Pionnier*, nous ne pouvons l'admettre. Personne ne conteste au gouvernement le droit " d'accorder à ses partisans le bénéfice du patronage *honnête* dont il dispose." Mais de là on ne doit pas conclure, comme le fait notre confrère, " qu'il y a des fautes et des abus sur lesquels nous devons fermer les yeux parce que notre nature corrompue l'exige ainsi."

C'est là une doctrine étrange, qu'il nous est pénible de trouver dans les colonnes d'un journal sérieux comme le *Pionnier*.

Sans doute, on ne doit pas renverser un gouvernement pour la moindre peccadille, mais dire qu'il faut *fermer les yeux sur des fautes et des abus*, c'est-à-dire qu'il ne faut point avertir ceux qui font mal que leur conduite est digne de blâme, c'est évidemment formuler une doctrine subversive, qui ouvre la porte aux abus les plus criants, aux plus grands crimes.

Car si vous établissez, comme principe, qu'il y a des fautes et des abus sur lesquels il faut *fermer les yeux*, qui va établir la limite au-delà de laquelle on ne pourra pas aller sans être obligé *d'ouvrir les yeux ?*

Un instant de réflexion convaincra notre confrère, nous en sommes sûr, que cette doctrine est inadmissible. Le mal est toujours le mal, et il n'est jamais permis de dire que le mal est bien.

Comme moyen pratique de sortir de l'imbroglio actuel, le *Pionnier* propose la formation d'un ministère " composé des deux nuances du parti conservateur." Notre confrère se trompe : il n'y a pas d'alliance possible entre les conservateurs honnêtes et les gens tarés de la clique. Il s'agit de purger le parti conservateur et notre monde politique de ces néfastes individus. Partager les dépouilles de la province avec eux, ce serait agrandir le mal, au lieu de le guérir.

Un rapprochement entre les conservateurs qui se respectent et les hommes de la clique est encore plus impossible qu'une alliance des *castors* avec les libéraux.

---

14 juillet 1883.

Le *Pionnier* répond assez longuement à nos observations touchant son article sur l'élection de Laval. Contrairement à ce que font ordinairement ceux qui discutent avec nous, notre confrère rend fidèlement notre pensée ; il nous cite même intégralement. Nous l'en remercions.

Mais ce qui nous surprend un peu, c'est que, après avoir cité intégralement nos remarques, notre confrère, dans ses commentaires, nous fait dire le contraire de ce que nous avons dit.

Nous citons textuellement à notre tour.

" Mais nous nous trompons, la *Vérité* ne veut pas seulement quatre partis, mais autant de partis que de représentants, la licence de la libre-pensée, le droit de dire et de soutenir que le mal est le bien et *vice versa*. Voilà ce que c'est que l'exagération, voilà ce que c'est que de se tenir dans les extrêmes."

Que le rédacteur du *Pionnier* veuille bien relire nos paroles qu'il a citées, et il s'apercevra que nous avons dit *tout le contraire* de ce qu'il nous met dans la bouche. En effet, voici ce que nous avons dit au sujet du *bien et du mal*, en réponse au *Pionnier* :—

" Sans doute, on ne doit pas renverser un gouvernement pour la moindre peccadille, mais dire qu'il faut *fermer lès yeux sur des fautes et des abus*, c'est-à-dire qu'il ne faut point avertir ceux qui font mal que leur conduite est digne de blâme, c'est évidemment formuler une doctrine subversive, qui ouvre la porte aux abus les plus criants, aux plus grands crimes.

" Car si vous établissez, comme principe, qu'il y a des fautes et des abus sur lesquels il faut *fermer les yeux*, qui va établir la limite au delà de laquelle on ne pourra pas aller sans être obligé *d'ouvrir les yeux ?* "

" Un instant de réflexion convaincra notre confrère, nous en sommes sûr, que cette doctrine est inadmissible. Le mal est toujours le mal, et il n'est jamais permis de dire que le mal est bien.

Voilà ce que nous avons *dit*, et comme on le voit, c'est *tout le contraire* de ce que notre confrère nous *fait dire.*

Cette conduite bizarre de notre confrère pourrait nous dispenser de lui répondre davantage ; mais nous trouvons dans ses remarques d'autres choses si étranges que nous ne pouvons nous empêcher de nous y arrêter un instant. Ainsi le *Pionnier* nous adresse l'apostrophe suivante :—

" Il nous fait peine de voir cette excellente feuille, sous plus d'un rapport, tomber ainsi dans les extrêmes. Vouloir l'indépendance absolue en politique, ça frise les principes de la libre-pensée, car enfin, il n'y a qu'un pas de la libre-pensée en politique à la libre-pensée en religion ; quand on est sur cette voie-là, la première conduit à la seconde en droite ligne, c'est tout simplement l'orgueil de se croire plus fin que tous ses semblables ; c'est dans une autre sphère, le *non serviam* de Lucifer. L'indépendance absolue en politique comme en religion est une impraticabilité, ou, si vous voulez, l'anarchie.

" La philosophie ancienne disait : " *Est modus in rebus*," en toute chose il y a un juste milieu. La philosophie chrétienne dit que " *la vertu se trouve dans un juste milieu* " *in medio stat virtus* ", et nous trouvons, nous, que ces leçons sont absolument dans le vrai. Quand la *Vérité* nous dit qu'elle ne craint pas de tomber dans les extrêmes, elle est sur le bord du précipice ; puisqu'elle ne craint pas le danger, elle périra. C'est l'Etre Suprême qui le dit et sa parole vaut bien celle de la *Vérité*."

Puisqu'il s'agit de se dire des vérités, nous déclarons au *Pionnier* que, dans notre très humble opinion, ce qu'il dit là frise le blasphème, car nous ne savons vraiment pas comment qualifier autrement son malheureux rapprochement entre la politique et la religion, entre une administration ou un parti quelconque, composé d'hommes faibles, aveugles et souvent pervers, et l'Eglise divinement instituée par Jésus-Christ, ayant à sa tête l'infaillible successeur de Pierre.

La *Minerve* avait déjà émis cette monstruosité, et nous sommes chagrin de voir le *Pionnier*, d'ordinaire mieux inspiré, l'adopter comme sienne.

L'indépendance en politique, telle que nous la voulons, telle que tout catholique doit la vouloir, telle que nous l'avons préconisée depuis que nous avons fondé notre journal, n'est nullement une impraticabilité, puisqu'elle se résume en ces mots :

Se laisser conduire dans les affaires politiques non par tel homme ou tel parti, mais par la raison et la conscience, éclairées des lumières de la religion catholique ; par les règles immuables de la vérité et de la justice.

Cette véritable indépendance du chrétien, loin de " conduire à la libre-pensée en religion en droite ligne," est la seule chose qui puisse efficacement nous en éloigner.

L'homme qui s'attache aveuglément à un parti politique, qui le suit à tort et à travers, sans se demander si les actes de ce parti sont conformes aux préceptes de l'Eglise, s'engage dans un chemin qui peut facilement le mener à l'indifférence religieuse. Car il met le jugement de quelques hommes faillibles audessus du jugement infaillible de l'Eglise.

Il n'y a de place dans le monde que pour une infaillibilité. C'est celle que Jésus-Christ a promise à Pierre et à ses successeurs.

Vouloir ériger, à côté de l'infaillibilité de Pierre, d'autres infaillibilités, des infaillibilités humaines, c'est vouloir rapetisser la vraie infaillibilité du bon Dieu aux dimensions ridicules de nos petits bons hommes politiques !

Car, enfin, quel rapport peut-il y avoir entre l'enseignement infaillible de l'Eglise, et les tâtonnements, les erreurs, les contradictions des hommes politiques ?

Il y a quelque chose de vraiment navrant dans cette manie qu'ont certaines gens de mettre la politique, et surtout les politiqueurs, sur un pied d'égalité avec l'Eglise.

Louis Veuillot, le plus grand journaliste catholique que le monde ait jamais vu, n'a été si humblement docile aux enseignements de l'Eglise, si entièrement soumis à l'infaillibilité du Pape, que parce qu'il a toujours eu le courage de se montrer fièrement et chrétiennement indépendant en matière politique.

La *Vérité* n'a jamais dit qu'elle ne craint pas de tomber dans les extrêmes ; mais elle a prétendu, et elle prétend encore, qu'il n'est pas à propos, sous *prétexte* qu'on pourrait tomber dans l'extrême opposé, de vouloir étouffer un mouvement qui aurait pour effet de nous affranchir du joug de l'aveugle esprit de parti. Pourquoi faire dire à la *Vérité* ce qu'elle ne dit pas ? Etes-vous donc incapable de lui répondre à moins de travestir d'abord sa pensée ?

Nous aurions bien d'autres observations à faire sur cet étrange écrit du *Pionnier*, car le sujet est loin d'être épuisé. Mais l'espace nous fait défaut. Un seul mot encore pour finir.

Le confrère est d'avis qu'il " faut laisser faire ce que l'on ne peut empêcher " ; que " la sagesse et la prudence nous disent qu'il vaut mieux ne pas essayer à empêcher une chose quand on est sûr de ne pas réussir." Ce langage respire la mollesse et la pusillanimité.

Faut-il *laisser faire* la clique ?

Faut-il laisser piller le trésor et déshonorer la province ?

Les honnêtes gens peuvent-ils, oui ou non, empêcher les scandales que nous avons vus depuis trois ans ?

Avons-nous sérieusement essayé de les empêcher ?

Avons-nous le droit de nous croiser les bras avant d'avoir sérieusement *essayé* et d'avoir acquis la certitude absolue que le succès est impossible ?

Le *Pionnier* peut suivre cette politique de *laisser, faire*, s'il le veut ; pour nous, nous ne la suivrons certainement pas.

CENTRALISATION

7 juillet 1883.

On commence à s'alarmer, ailleurs que dans la province de Québec, des tendances centralisatrices de certains de nos hommes publics et particulièrement de la Cour Suprême. Le premier ministre de la province de Manitoba, M. Norquay, propose de convoquer une réunion de délégués qui seraient choisis parmi les ministres provinciaux, pour étudier cette question de la centralisation et d'aviser aux moyens à prendre pour sauvegarder l'autonomie provinciale.

Il est impossible de dire si cette convention aurait un résultat pratique ; mais il est évident qu'un grand malaise existe dans les esprits réfléchis par suite des tentatives nombreuses contre les pouvoirs des législatures locales au profit du gouvernement central.

Depuis que la Cour Suprême a été instituée, nous avons marché à pas de géant vers la centralisation. Chaque année, ce tribunal arrache aux provinces un lambeau de pouvoir en déclarant *ultra vires* quelque loi provinciale qui avait pourtant été jugée parfaitement constitutionnelle par tous les hommes d'Etat.

On dirait vraiment que cette Cour Suprême a été créée dans l'unique but de battre en brèche le pacte fédéral, de changer complètement le caractère de la constitution qui nous régit depuis 1867, d'enlever aux provinces toute juridiction, toute autonomie, de réduire les législatures locales au rang de simples conseils municipaux, et de constituer un seul et unique pouvoir politique, le pouvoir central.

La Cour Suprême veut tuer les provinces. Les provinces doivent donc tuer la Cour Suprême. C'est un cas de légitime défense.

Si la convention veut accomplir quelque chose d'efficace et de durable, elle devra commencer par aller à la racine du mal, par extirper la Cour Suprême.

Quant aux amendements qu'il convient d'apporter à la constitution, afin de mieux assurer les droits des provinces, ils semblent assez faciles à indiquer.

La constitution de 1867, en ce qui concerne la distribution des pouvoirs, renferme un principe erroné qui produira toujours des froissements tant qu'on ne l'aura pas fait radicalement disparaître. Ce faux principe, c'est que les provinces sont des *créations* du pouvoir central, tandis qu'en réalité, c'est le pouvoir central qui devrait être une *création* des provinces.

La constitution des Etats-Unis renferme le *vrai* principe, et c'est ce principe qui a permis à l'Union américaine de traverser de si fortes crises sans se briser, malgré tous les éléments de dissolution que l'on trouve dans le peuple américain, dans ses mœurs sociales et politiques, dans son éducation faussée par les écoles sans Dieu. En dépit de toutes ces causes de faiblesse, l'Union américaine a pu jusqu'ici tenir debout, grâce à l'excellence de cette partie de sa constitution qui reconnaît formellement les droits souverains des différents Etats, et qui subordonne le pouvoir fédéral aux pouvoirs locaux.

Dans notre pays, lorsqu'un pouvoir est mal défini par la constitution, on l'attribue au gouvernement central. Aux Etats-Unis, du moment que la constitution ne donne pas clairement un pouvoir au gouvernement fédéral, ce sont les différents Etats qui l'exercent.

Là-bas, on donne le bénéfice du doute aux provinces comme étant supérieures et antérieures au gouvernement central, ici, on le donne au gouvernement fédéral comme étant la source de toute autorité politique.

Pourtant, ce sont les provinces qui, en s'unissant pour leur propre commodité et leur mutuelle protection, ont constitué le pouvoir central ; ce n'est point le pouvoir central qui a créé les provinces.

Le gouvernement fédéral est pour les provinces et non pas les provinces pour le gouvernement fédéral.

Il devrait donc être bien entendu que les droits provinciaux priment les droits fédéraux, que ces derniers n'existent que pour la protection et la sauvegarde des premiers, et nullement pour les amoindrir, les absorber.

Malheureusement, les notions de plusieurs de nos hommes d'Etat, sur ces points élémentaires, paraissent confuses ou faussées, et chaque année on voit le mal centralisateur augmenter.

Si l'on désire réellement que la Confédération subsiste,

il faut de toute nécessité abolir la Cour Suprême et amender ou expliquer la constitution de manière à sauvegarder les droits des provinces. El le seul moyen efficace de sauvegarder ces droits, c'est de reconnaître franchement leur suprématie sur les droits fédéraux.

LE SERVICE CIVIL

7 juillet 1883.

Ne sachant que faire pour se tenir à flot pendant quelque temps encore, M. Mousseau se propose de faire des "économies."

Le brave homme compte beaucoup là-dessus, paraît-il, pour échapper au naufrage dont ses amis les *Castors* le menacent.

Le *Canadien* annonce que ces fameuses "économies" se chiffrent par dizaines de mille piastres : $50,000 dans le service civil, sans mentionner celles que l'on se propose de faire dans "les cours de justice à Québec et de Montréal et sur d'autres objets."

On voit bien que la situation est tendue à Jacques-Cartier : il faut avoir quelque chose à montrer aux intelligents et indépendants électeurs de ce comté, si l'on ne veut pas qu'ils suivent l'exemple de leurs voisins de Laval.

Et comme la chose presse, on taille à droite et à gauche dans le service civil : destitutions ici, réductions de traitement ailleurs.

La commission nommée pour s'enquérir de l'état actuel du service civil a fait un rapport, paraît-il, qui recommande ces économies, rapport que le gouvernement a accepté.

On ne sait pas trop si les commissaires-enquêteurs ont été unanimes ; il a été question d'un rapport spécial fait par M. Drolet qui n'aurait pas pu s'accorder avec ses collègues, mais nous n'avons encore rien d'officiel au sujet des travaux de la commission.

Cependant, nous n'avons pas besoin ni du rapport de la majorité, ni de celui de la minorité, si toutefois il y a deux rapports, pour savoir à quoi nous en tenir sur la conduite du gouvernement.

Nous croyons bien qu'il y a trop d'employés publics pour la besogne qu'il y a à faire ; que notre service civil donne lieu à des gaspillages considérables ; qu'il faut des réformes.

Mais il faut que ces réformes soient de véritables réformes, et non pas des injustices, des iniquités, des ruptures de contrats, des hontes pour le pays.

Or, s'il faut en croire le *Canadien*, et la rumeur publique qui confirme ses dires, le cabinet Mousseau s'est lancé dans la voie des *fausses économies*, des injustices, des spoliations.

Il existe entre l'employé civil, nommé à vie, et le gouvernement, un véritable contrat bilatéral. On a beau dire que presque tous ceux qui sont au service du pays ont sollicité les positions qu'ils occupent, cela ne prouve rien. Le gouvernement les a nommés à vie, et il ne peut, en justice, les démettre sans raison. Or, le désir de faire des " économies " n'est pas une raison.

S'il y a trop de fonctionnaires publics, c'est la faute du gouvernement et non des employés qui ne doivent pas être tenus responsables des bévues ou des fautes de l'administration. Pourvu que les fonctionnaires se comportent bien, ils ont un droit strict aux charges qui leur ont été confiées pour la vie.

Plus d'un membre du service civil a quitté un emploi ou l'exercice d'une profession pour devenir fonctionnaire public. Il a cru, de bonne foi, prendre une charge permanente, avec un salaire déterminé : il a fait ses calculs en conséquence, il a contracté des obligations basées sur ces calculs.

Aujourd'hui, le gouvernement vient le démettre de ses fonctions ou rogner son salaire. Il a le *pouvoir* de le faire mais il n'en a pas le *droit*. La loi même ne le lui permet pas.

C'est une mesure populacière, mais ce n'est pas l'acte d'un gouvernement sage et honnête. Nous doutons même que ces prétendues " économies " soient approuvées par les électeurs dont on veut flatter les préjugés.

Le peuple aime, sans doute, qu'on lui parle *d'économie*, mais tous les gens honnêtes, tous ceux qui réfléchissent et que les préjugés n'aveuglent point, aiment surtout la justice et le respect des contrats.

Du reste, cette mesure radicale et injuste n'est nullement exigée par les circonstances.

Que le gouvernement commence par mettre le trésor à l'abri des spéculateurs éhontés qui le pillent chaque jour.

Qu'il cesse de favoriser les coteries.

Qu'il se débarrasse de la clique *sénécaleuse*.

Qu'il ne jette pas l'argent du public dans les comtés pour corrompre les électeurs, comme le premier ministre a fait à Jacques-Cartier.

Qu'il ne subventionne plus la presse.

Qu'il cesse de gaspiller de cent manières différentes.

Qu'il fasse des économies où il peut en faire sans injustice, et il n'aura pas besoin de frapper les fonctionnaires publics.

Et s'il veut réformer le service civil, qu'il le fasse d'une manière intelligente et pratique.

Au lieu de bourrer les départements, pendant chaque session, d'employés surnuméraires, qu'il fasse faire les travaux additionnels par les employés ordinaires. Cette armée de surnuméraires, que les députés imposent chaque année aux ministres et que les ministres imposent ensuite aux Chambres, est un abus criant, qui ne cessera pas avec la décapitation de quelques pauvres employés sans influence politique.

De plus, quand un fonctionnaire meurt ou est mis à la retraite, au lieu de le remplacer par un fils de ministre ou par un cousin de quelque député peu *sûr*, qu'on fasse remplir sa charge par un de ces employés qu'on dit être de trop dans les départements.

De cette manière, dans quelques années, le service civil serait réformé et pas une injustice n'aurait été commise.

Mais on n'en fera rien, car dans les cercles politiques on semble avoir perdu toute notion du juste et de l'injuste.

On fera quelques victimes non pour économiser, mais pour jeter de la poudre aux yeux du public et pour pouvoir placer, au bout de quelque temps, des amis et des parents.

Nous apprenons de plus que les destitutions et les diminutions de salaires se font d'une manière arbitraire et tyrannique. De vieux et fidèles employés sont mis à la porte, tandis que des surnuméraires sont nommés employés permanents.

Un gouvernement qui fait de pareils actes est un gouvernement qui se noie.

Le défunt cabinet de MM. Joly et Turcotte est surpassé.

QUESTIONS SECONDAIRES

---

11 août 1883.

Un de nos lecteurs nous écrit pour se plaindre de notre journal. C'est son droit incontestable à titre d'abonné qui paie régulièrement et d'avance ; c'est aussi son droit à titre de sujet britannique, car, personne ne l'ignore, le premier privilège de tout sujet de Sa Majesté *is to grumble.*

Comme cet abonné n'est pas le premier venu, il s'en faut de beaucoup, nous croyons devoir répondre publiquement à ses remarques, afin que nos lecteurs puissent bénéficier de cette discussion amicale.

D'abord, notre abonné déclare qu'il approuve entièrement nos luttes sur le terrain purement social, contre les mauvais livres et les erreurs libérales qui se glissent partout. Nous le remercions de cette approbation.

C'est sur le terrain politique que nous ne sommes pas d'accord.

Notre contradicteur est un conservateur de la vieille école, et les luttes actuelles entre conservateurs lui déplaisent souverainement. Il ne veut pas qu'on brise le parti.

Il dit :

" Mais qu'à propos de la vente du chemin de fer du Nord, à propos de petites ambitions déçues, on travaille à un projet qui ne peut que tourner au profit des pires ennemis de l'Eglise et de la vérité, je ne puis faire autre chose que de blâmer votre conduite, de même que je blâme les accusations sans preuve portées contre le caractère privé des individus. . . Malheureusement, il y a trop de *canes muti*, qui laissent passer le loup sans crier. Criez aux loups, vous-même, mais ne frappez pas sur ce qui n'est pas loup.

" Les mauvais livres, le laisser-aller sur la doctrine, voilà le mal. La politique et les questions matérielles sont bien secondaires. D'ailleurs,on est souverainement injuste, de votre côté, contre les hommes."

Pour nous, qui avons suivi de près la vente du chemin de fer, nous sommes convaincu que ça été une iniquité sans nom, un vol organisé froidement et de longue main.

Nous sommes fermement convaincu que la province a perdu une somme considérable, somme qui est tombée dans le gousset des spéculateurs.

Nous sommes de plus moralement certain que, lors de la vente, il s'est pratiqué assez de corruption, soit par achat direct, soit par achat indirect, soit par promesses corruptrices, soit par intrigues inavouables, pour rendre la vente nulle en droit.

Au moment où la vérité allait éclater au grand jour, le principal coupable s'est habilement esquivé, et la coterie, qui avait ourdi cette vente inique pour s'enrichir, a mis à la place du premier ministre fugitif, un homme de paille prêt à tout faire pour cacher les tripotages des spéculateurs.

Un vol a été commis. Le premier coupable se met à l'abri des coups ; l'opinion publique ne peut plus l'atteindre. Faut-il, pour cela, que le crime reste sans punition? Evidemment non. Celui qui a pris la place du coupable, et qui, loin de désavouer l'acte commis par son prédécesseur, n'a pas craint d'empêcher toute enquête sur les faits scandaleux qui avaient précédé, accompagné et suivi la vente frauduleuse et illégale du chemin de fer ; celui-là, disons-nous, doit être tenu responsable de cette dilapidation du trésor public comme s'il l'avait commise lui-même. Voilà qui est clair.

Notre abonné parle de " petites ambitions déçues." Nous ne savons vraiment pas à quoi il fait allusion. Les journaux ministériels usent et abusent de cette formule banale contre toute opposition, quelque légitime, quelque désintéressée qu'elle soit.

C'est ainsi que les feuilles ministérielles en France accusent les catholiques, qui luttent contre la république athée, d'être mus par l'ambition.

Pour nous, nous avons une ambition, non petite mais grande, c'est de voir la province bien gouvernée. Nous n'en avons pas d'autre. Nous n'avons nulle envie d'être député, encore moins ministre ; les annonces et les impressions du gouvernement ne nous tentent aucunement ; nous en avons déjà donné la preuve. Que demain M. de Boucherville devienne premier ministre, nous, qui avons l'honneur de le compter parmi nos amis personnels, nous n'aurons qu'une *faveur* à lui demander : une enquête sur les mystères de la boutique de M. Ouimet et de M. Oscar Dunn.

De sorte que que cette affaire " d'ambitions déçues " nous paraît tout à fait comme un hors-d'œuvre de la part de notre honorable contradicteur.

Et des accusations sans preuve contre le caractère privé des individus, quand en avons-nous porté ?

Dieu merci, personne ne peut nous reprocher, avec l'ombre d'une raison, d'entrer sur le domaine de la vie privée, ou même semi-publique. Nous ne critiquons que les actes publics des hommes publics.

Et nous n'accusons pas sans preuve.

Nous avons accusé M. Mousseau, par exemple, de corrompre ses électeurs avec l'argent public—double méfait. Mais pour le faire, nous nous sommes appuyé sur des témoins assermentés que personne n'a contredits.

Ce fait seul nous justifierait de combattre le premier ministre actuel.

Un homme placé à la tête de la société doit donner le bon exemple à tous ses concitoyens. Quand le premier se livre ouvertement à la corruption, peut-on raisonnablement s'attendre à voir les électeurs fuir les honteuses pratiques qui souillent trop souvent nos élections ?

Un premier ministre qui donne un tel exemple, est-il digne d'être à la tête d'un peuple chrétien ? Ce n'est pas un problème politique que nous vous posons, mais un problème social. Si, par notre silence nous sanctionnons, comme peuple, de telles choses, où irons-nous comme peuple ? Nous laissons la réponse au bon sens de notre contradicteur.

Nous frappons non seulement sur les loups, mais avec plus d'ardeur encore sur ceux qui, n'étant pas loups eux-mêmes, laissent ou font entrer les loups dans le bercail. Car nous estimons le moindre de ces gens-là plus dangereux que le loup le plus féroce.

Un imbécile, de bonne foi, mais paresseux, qui s'endort lorsqu'il devrait veiller, peut être la cause de ravages incalculables.

Puis, il y a ceux qui ne craignent pas de frayer avec les loups par intérêt. Nous frappons sur ceux-là aussi, à coups redoublés.

Par exemple, la presse ministérielle, la presse *bleue*, à quelques très rares exceptions près, nous a pris en grippe pourquoi ? Non pas, parce que nous attaquons le cabinet Mousseau, de temps à autre ; mais précisément parce que nous crions au loup, comme le veut notre excellent confrère, parce que nous signalons les mauvais livres, les empiètements de l'Etat, les idées fausses en matière d'éducation, les machinations de la franc-maçonnerie.

C'est ainsi que la *Minerve*, le *Monde*, le *Quotidien*, l'*Evénement*, le *Canadien* nous détestent infiniment plus qu'ils ne détestent la *Patrie* et l'*Electeur* qui, pourtant, attaquent le gouvernement bien plus souvent que nous ne l'attaquons. Pourquoi ? Parce que nous crions au loup du *mauvais livre*, au loup du *laisser-aller*, à tous les loups modernes. On nous trouve *impossible*, " plus catholique que le pape," et le reste.

Si ces prétendus conservateurs n'avaient pas intérêt à voir les loups faire tranquillement leur besogne, il ne nous en voudraient pas tant.

Pourquoi donc nous reprocher de frapper sur ces gens-là, qui ne sont, après tout, que des loups déguisés, les pires de tous.

Vient maintenant l'affaire des *questions secondaires.*

D'abord, on admettra volontiers, croyons-nous, que la *Vérité* traite surtout et avant tout les questions sociales ; les questions politiques occupent, chez nous, la seconde place.

Et dans les questions politiques, nous faisons une distinction : les questions de pure administration et les questions politiques proprement dites. Ainsi, jamais il ne nous viendrait à l'idée de faire la guerre à un gouvernement parce qu'il aurait fait une nomination " contraire aux intérêts du parti." Les affaires de patronage nous laissent très froid.

Mais quand le cabinet est entre les mains d'une coterie, quand le vol et le pillage sont érigés en système, quand la dilapidation devient chronique, cela prend les proportions d'un *loup*, et force nous est de crier.

Les questions matérielles sont secondaires, si vous voulez, mais elles ont leur importance ; elles peuvent même devenir très importantes.

Nous ne sommes pas de ceux qui parlent sans cesse de commerce, d'industrie, de richesses matérielles. Nous ne demandons pas pour notre pays une prospérité sans bornes, des usines innombrables, un commerce florissant, car cela ne fait ni le bonheur ni la force des peuples. Si Dieu, dans sa bonté, veut nous donner toutes ces choses, acceptons-les avec reconnaissance, et tâchons de n'en point faire un mauvais usage ; mais n'allons pas nous attacher uniquement aux biens périssables, aux progrès de l'industrie et du commerce. Regardons plus haut. Nous le voulons autant que notre abonné peut le vouloir.

Mais ce n'est pas là une raison de laisser le gouvernement du pays entre les mains d'une misérable coterie, qui jette l'argent public par les fenêtres. Pendant qu'on gaspille, la colonisation, œuvre sociale, souffre. Est-ce que cela est *secondaire ?*

Puis, dans quelques années, si le régime actuel continue, nous nous trouverons en face d'embarras financiers très graves. Alors le peuple se voyant menacé de taxes lourdes, se jettera, soit dans l'annexion, soit dans l'union législative, afin d'éviter ces fardeaux que la fraude, l'imprévoyance et l'incapacité auront créés. A nos yeux, l'annexion serait un malheur, l'union législative un malheur plus grand encore. Il ne faut donc pas nous y exposer en permettant aux gens sans principe, sans patriotisme, de convertir notre gouvernement provincial en une caverne de voleurs.

Les Anglais, qui veulent que le peuple canadien-français disparaisse, ne demandent rien tant que de voir le gouvernement de Québec, devenir *a complete failure.* Or le *complete failure* viendra infailliblement si nous permettons à la corruption de s'ériger en permanence dans notre monde politique. Il y a parmi nous une école de politiqueurs, tant *bleus* que *rouges,* qui voudraient faire de la chose publique un véritable trafic. Combattre cette école, c'est un devoir *social ;* ce n'est pas une question *secondaire.*

Car si cette école venait à triompher définitivement, nous irions à la ruine financière, ce qui nous mènerait à l'annexion ou à l'union législative. Puis, tous les *loups* imaginables auraient le champ libre.

En frappant sur toute cette école, nous frappons donc sur ce qui est véritablement loup.

CRITIQUES LITTÉRAIRES

—

CHARLES GUÉRIN

—

ROMAN DE MŒURS CANADIENNES

Par M. P.-J.-O. Chauveau [1]

—

J'éprouve le besoin d'admirer quelque chose, et dans la littérature contemporaine je ne vois guère rien qui puisse même me plaire. De nos jours, et dans notre pays surtout, les hommes qui peuvent ou qui pourraient écrire se gardent bien d'entrer dans la carrière ingrate des lettres, tandis que ceux qui n'ont ni idée ni style sont a peu près seuls à salir du papier. Un tel fait des vers qui tombent à plat malgré une préface où le lyrisme déborde, tel autre délaye un récit de voyage dans des phrases interminables et somnifères, un troisième publie des élucubrations tellement abracadabrantes que l'on se demande si cela n'a pas été imprimé à Beauport...

Je ne suis pas du nombre de ceux qui croient ou qui feignent de croire que le genre humain progresse sans cesse et sous tous les rapports. Je suis franchement et carrément réactionnaire. Notre siècle a vu éclore des choses étonnantes, des inventions merveilleuses, mais tous

1—Cette étude a été publiée dans le *Canadien*.

ces prodiges tiennent à l'ordre matériel. On cultive la matière à outrance et on laisse l'esprit en jachère. S'il plaisait au bon Dieu de nous enlever l'électricité et la vapeur, il ne nous resterait pas grand'chose du progrès moderne. Privés de nos chemins de fer, de nos paquebots transocéaniques, de nos câbles sous-marins et de nos usines, nous serions bien à plaindre.

Nous vivons dans le luxe, le luxe affaiblit le corps et la faiblesse du corps réagit sur l'intellect.

En remontant dans le passé on trouve de fortes intelligences dans des corps robustes, des géants de la plume et des géants de l'épée, des hommes dont les œuvres et le souvenir restent et resteront toujours. Qu'on jette un regard sur la génération actuelle et que l'on m'indique ceux dont le monde s'occupera dans cent ans d'ici !—Cet affaiblissement de l'esprit se manifeste chez tous les peuples, et le peuple canadien n'est pas une exception à la règle. Chez nous, c'est dans les lettres que la décadence se fait le plus sentir. Les écrivains d'il y a trente ans l'emportent sur les auteurs du jour par le fond et par la forme, par le style et par la pensée. C'est qu'autrefois on travaillait ses écrits et qu'aujourd'hui on improvise.

Je me suis donc décidé à laisser de côté, pour un temps, les œuvres de mes amis de la Société d'admiration mutuelle et à parler de la littérature canadienne d'une autre époque.

Ouvrons d'abord Charles Guérin. N'appuyons pas trop sur les premières pages où il y a peut-être un peu trop de description et arrivons au récit. Nous sommes en 1830. Sur les bords du Saint-Laurent, en bas de Québec, vit, dans une modeste aisance, une famille canadienne, Mme Guérin, veuve, ses deux fils Pierre et Charles, qui viennent de terminer leurs études, et Louise, charmante enfant de quinze ans. A côté, on voit M. Wagnaër, homme intrigant, sournois, mercenaire, qui convoite la terre de sa voisine et qui n'a de bon que sa fille Clorinde.

Dans ce temps-là, comme aujourd'hui, il n'y avait que peu de carrières ouvertes à la jeunesse instruite qui a malheureusement un préjugé singulier contre l'agriculture, si digne pourtant de l'homme. Pierre ne peut se résoudre à suivre les sentiers battus, il traverse les mers à la recherche de la fortune et sa famille le croit mort. Charles, après avoir eu un instant l'idée de se faire prêtre, se décide enfin à étudier le droit chez un vieil avocat de Québec, M. Dumont.

Pendant une promenade à la campagne, le héros du roman rencontre Marie, ou Marichette Lebrun, jeune fille instruite, intelligente, jolie et bonne. Ces deux jeunes gens, il va sans dire, s'aiment avec toute l'ardeur d'un premier amour. Au bout de quinze jours ils sont fiancés, et Charles retourne à la ville bien déterminé à travailler très fort et à toujours rester fidèle à Marichette.

Hélas ! inconstance du jeune âge ! Charles oublie bientôt ses serments : Clorinde devient son idole et son amour est payé de retour. Au moment où il se croit à la veille d'épouser celle qu'il aime, il découvre qu'il a été la victime d'un affreux complot tramé par son futur beau-frère et par son prétendu ami, Voisin. Il voit les propriétés de ses ancêtres sur le point de passer en des mains étrangères ; le seul moyen qui lui reste de rentrer dans ses droits, est d'épouser Clorinde sans le consentement de son père. Celle-ci refuse.

Alors Charles renonce à tout espoir de sauver ses terres. La famille Guérin, presque ruinée, se réfugie à Québec, et Charles se met de nouveau au travail. Malgré leur pauvreté, Charles, sa mère et Louise vivent heureusement pendant quelque temps, ne voyant guère d'autre visiteur qu'un jeune homme au cœur d'or, Jean Guilbault. Mais un nouveau malheur frappe cette famille éprouvée. Le choléra se déclare à Québec et l'une de ses victimes est madame Guérin. Elle est enterrée dans la fosse commune par Pierre qui, devenu prêtre, vient d'arriver à Québec et ignore que sa mère est morte. Clorinde prend le voile au couvent des Ursulines, tandis que M. Wagnaër voit son bien mal acquis lui échapper. M. Dumont meurt et laisse sa fortune à son ancien clerc, Charles Guérin, et à sa nièce, Marie Lebrun.

Notre héros, devenu tout à coup cohéritier avec sa première fiancée, ne peut se résoudre à accepter cette fortune ; il écrit à Marie pour renoncer à la part que M. Dumont lui a léguée. Marie qui lui est restée fidèle, refuse d'accepter cette renonciation. Alors Charles se rend en personne auprès de mademoiselle Lebrun avec le dessein bien arrêté de l'engager de vive voix à prendre toute la fortune de son oncle. Mais, comme on pouvait le prévoir, il n'en fait rien. En se voyant, les deux jeunes gens se reconcilient et se marient bientôt. Guilbault épouse Louise ; les deux familles fondent une nouvelle paroisse et vivent heureuses et honorées.

On le voit, l'intrigue est très peu compliquée ; cependant il y en a assez pour captiver l'attention du lecteur dès les premières pages et l'intéresser jusqu'à la fin. L'action n'est pas précipitée comme dans les romans du jour où le malheureux lecteur est emporté d'une scène à l'autre avec la rapidité d'un train-éclair. Les situations dramatiques ne sont ni nombreuses ni d'un caractère très violent. C'est un roman de mœurs canadiennes, c'est-à-dire de mœurs en général paisibles. Les duels, les suicides, les meurtres et les autres crimes éclatants, sont heureusement fort rares parmi nous, et l'auteur ne l'a pas oublié : il faut l'en féliciter. Car un roman canadien dans lequel il se répand beaucoup de sang est un roman qui manque de naturel.

Il semble donc que M. Chauveau n'avait pas sous la main les matériaux nécessaires pour faire un livre intéressant. Pourtant, *Charles Guérin* est un ouvrage qui, s'il ne vous entraîne pas, vous charme singulièrement. Voyez-vous, l'auteur y a mis du travail et du talent. Pour produire un chef-d'œuvre, le peintre n'a besoin que d'un morceau de toile, d'un peu d'huile, de quelques couleurs et d'un pinceau ; le sculpteur ne demande qu'un bloc de marbre et un ciseau. De même, l'écrivain digne de ce nom peut, d'un sujet modeste, faire surgir un ouvrage de grand mérite.

Je reviens à mon train-éclair. De toutes les inventions modernes c'est peut-être la moins poétique, celle qui a le plus contribué à gâter le goût littéraire. On dirait que le romancier de nos jours a pris pour modèle le " cheval de fer ". L'un et l'autre font un grand bruit, beaucoup de fumée et de poussière, ils nous transportent bien loin en peu de temps, mais ils nous laissent à peine entrevoir le paysage qui tourne comme une immense roue et qui nous étourdit.

Vive l'antique diligence, vive le *stage-coach* de Dickens ! Ce moyen de transport ne convient peut-être pas à l'homme affairé. Mais celui qui se plaît à voir la campagne se dérouler lentement comme un vaste panorama,

20

celui qui aime à suivre de l'œil le ruisseau ombragé dans sa course à travers la plaine, celui qui écoute avec plaisir le gazouillement des oiseaux de la forêt, le joyeux babil des enfants du village, qui trouve de la musique et de la poésie dans chacune des mille voix de la nature, celui-là s'écrira avec moi : Vive l'antique diligence !

Le roman d'autrefois est la diligence de la littérature. Vous y trouvez la tranquillité, les détails intimes et charmants, les scènes domestiques, le *naturel*, qu'il ne faut pas confondre avec le réel. Je préfère la diligence au train-éclair. J'aime mieux aller moins vite et jouir plus.

Il y a des passages ravissants dans *Charles Guérin*. La description d'une tempête de nord-est, le souper aux huîtres des étudiants, l'*album* de Marichette, la scène dans le cimetière, sont des morceaux de littérature d'un ordre supérieur. L'auteur a le don de faire aimer ses *bons* personnages et détester les *mauvais*. On s'intéresse au héros, on admire le brave Guilbault, on sympathise avec la petite Marichette, on méprise Voisin et Wagnaër. Le caractère le mieux dessiné est celui du vieil avocat Dumont, qui *niait* le choléra, par principe, et qui en avait une peur mortelle.

Quelquefois l'écrivain s'élève à une hauteur de pensée remarquable. Le passage suivant, par exemple, ne révèle-t-il pas un esprit philosophique, une grande connaissance du cœur humain ?

“ De quinze à vingt ans, on ne sait encore rien des dégoûtantes vérités de ce monde ; on n'a pas encore vu l'intrigue, cette imprudente araignée, filer et nouer sa toile hideuse sur ce qu'il y a de plus saint et de plus vénérable ; on ne connaît encore ni les mots qu'il faut dire pour ne rien dire, ni le lâche silence plus dangereux que la parole ; on ne sait encore ni le prix que l'on doit offrir pour acheter ses ennemis, ni celui qu'on doit exiger pour vendre un ami ; on ne sait encore ni nier publiquement ce que l'on affirme privément, ni inventer les scrupules du lendemain, hypocrites expiations des fautes de la veille ; en un mot de quinze à vingt ans, *on manque d'expérience.* C'est du moins ce que disent les vieilles prostituées politiques et ce que répètent après elles les roués qui se forment à leur école."

Cette page était vraie il y a trente ans, elle est vraie aujourd'hui, elle sera toujours vraie parce qu'elle reproduit fidèlement les misères de la vie humaine, lesquelles ne changent point.

Le style de *Charles Guérin* est excellent. De la variété, de l'harmonie, de la clarté, de la correction grammaticale, point de phrases entortillées, boiteuses, chevillées. Ni clinquant, ni faux ornements, ni emphase. Rien qui choque le goût, rien qui martyrise le bons sens, et surtout, pas d'anglicismes. Pourquoi n'écrit-on guère plus comme cela aujourd'hui ? Que ceux qui croient au progrès littéraire répondent. Ou plutôt, je répondrai pour eux. On n'écrit plus comme on écrivait il y a trente ans, parce qu'on n'étudie pas ; parce qu'on ne lit guère plus que des *faits divers* ou des dépêches mal traduites, parce qu'on ne *pense* pas, parce qu'on s'amuse à des balivernes au lieu de s'occuper de questions sérieuses, parce qu'enfin, au Canada comme ailleurs, on dégénère. Il y a des exceptions, mais elles sont très rares.

UN NOUVEAU LIVRE

---

19 août 1882.

Nous venons de recevoir un exemplaire d'un joli volume intitulé : *Fables canadiennes*, par M. L.-Pamphile Lemay. Nous avons lu ce livre avec un vrai plaisir, et nous nous promettons bien de le relire.

Il y a dans ce volume des pages charmantes, remarquables sous le rapport du style et de la pensée. Nous dirons même qu'il n'y a pas dans ce recueil une seule fable qui ne renferme de véritables beautés. Il y en a, sans doute, où l'on remarque quelques vers un peu faibles, quelques négligences de style, quelques rimes forcées, mais, en somme, c'est un livre hors du commun qui fait honneur à M. Lemay et à la littérature canadienne. Pour nous, c'est de beaucoup ce que M. Lemay a écrit de mieux.

Nous l'avons toujours dit, ce poète a un genre à lui ; il excelle dans la poésie légère.

Le style des fables de M. Lemay est d'une simplicité charmante, règle générale ; c'est le vrai style qui convient au sujet. Nous citons quelques vers du *Jeune chat et la Souris*.

Un jeune chat venait de prendre
Une souris
Il en sautait de joie, et ça peut se comprendre,
Vu qu'il n'avait jamais rien pris.
Il était demeuré jusqu'alors à l'étude
De son métier,
Avait été nourri par la sollicitude
D'un vieux chat du quartier ;
Car l'histoire rapporte
Que sa mère était morte

En allant à la chasse au milieu des fourrés.
Les détails de sa mort n'ont pas été narrés.
Donc notre petit chat, tout fier de son adresse,
Voulut prolonger son plaisir
En lâchant pour la ressaisir,
Avec plus d'art que de tendresse,
La souris qui tremblait de peur.
Il avait, je suppose,
Vu pratiquer la chose
Au vieux chat son tuteur.

Tout cela est fort gracieux. Il y a dans ces fables de nombreux passages aussi bien réussis.

La fable, *Les deux ruisseaux et le rocher* nous a particulièrement frappé. C'est probablement la plus belle de toutes. Comme elle est courte, nous ne pouvons résister à la tentation de la citer en entier :

Deux ruisseaux, sortis d'une même source
S'en allaient gaiement à travers les prés.
Nul obstacle, d'abord, ne dérangea leur course ;
Ils arrosèrent loin, et les trèfles pourprés
Et les blés et le pâturage,
Tout en causant dans ce charmant langage
Qu'on appelle murmure et qu'on ne comprend pas.
Tout à coup devant eux un fier rocher se dresse

Et leur dit rudement :

—Par quelle maladresse
S'égarent ici vos pas ?
Prenez une autre route
Si vous voulez encore marcher
Et ne pas voir goutte après goutte
Votre onde ici se dessécher,
L'un des ruisseaux partit, décrivant mille courbes
Pour éviter le colosse ombrageux ;
Il se perdit bientôt sous les joncs et les tourbes
D'un marais fangeux ;

L'autre resta ; puis lentement ses ondes
Couvrirent le flanc du rocher.
Il devint un beau lac où les étoiles blondes,
Où la barque du nocher
Se berçaient mollement. Puis un jour de la cime
Il bondit de l'autre côté,
Jetant un voile sublime
Sur l'obstacle dompté.

Or, voici la morale, elle n'est point bien neuve :
Celui-là devient grand qui surmonte l'épreuve.

Il nous semble que c'est là un véritable petit chef-d'œuvre, un modèle du genre.

Ceux qui ont horreur de la ligne droite et qui, au lieu de surmonter les obstacles, cherchent sans cesse à les éviter, feraient bien de méditer cette fable.

Nous avons remarqué dans le *Courrier de Montréal* une prétendue critique des fables de M. Lemay. C'est triste, en vérité. Sans doute, ce livre n'est pas parfait, et il serait facile de signaler des passages défectueux, mais il est pitoyable de faire de la critique comme l'écrivain du *Courrier* en fait. C'est un vrai gâte-métier. Mieux faut ne rien dire du tout, que de parler d'un livre de cette façon.

Nous citons quelques passages de cette appréciation pour en montrer toute la faiblesse :

" Morale de la fable du *Brochet empressé :*

" C'est faire une sottise extrême
" Que de donner à ses pareils,
" Tous les jours de sages conseils.

" Allons-donc ! est-ce que par hasard il faudrait leur en donner de mauvais?

...Et ne pas veiller sur soi-même.

" Ah, voilà ! nous y sommes enfin.

" Il fallait le dire plus tôt ! Il est à supposer que la sottise dont parle l'auteur est dans la négligence à veiller sur soi-même et non dans le fait de donner de sages conseils, mais, d'après ce qu'il en dit, l'on serait porté à croire qu'il faut se rendre coupable et de l'action et de l'omission indiquées pour commettre cette sottise."

Assurément, cela n'est pas fort comme raisonnement, et les petits points, qui ne sont pas dans le texte, cela n'est pas honnête comme critique.

Mais voici quelque chose de plus désolant encore :

" Dans la fable suivante : *Le laboureur et l'athée*, l'auteur nous dit qu'un laboureur, honnête homme, etc.

" Un brave laboureur, vous dis-je,
" Qui ne demandait au Seigneur,
" Pour croire au céleste bonheur,
" Aucun autre prodige
" Que le spectacle radieux."

" Ceci se trouve au bas de la page, et avant que de tourner le feuillet, nous basant sur ce que nous avions vu précédemment, nous avons offert de parier que le vers suivant serait :-

" De sa charrue et de ses bœufs."

" Heureusement qu'on ne nous a pas pris au mot, car en tournant la page nous avons lu :

" Que le ciel fait éclore,
" Au couchant, à l'aurore,
" Chaque jour sous nos yeux."

« Ce qui vaut beaucoup mieux. Nos excuses à l'auteur pour l'avoir mal jugé, mais c'était un peu sa faute.»

Autant une saine et vigoureuse critique est nécessaire au développement des lettres, autant des inepties et des niaiseries du genre de celles que nous venons de citer sont nuisibles à tout progrès littéraire.

LE FRANÇAIS DE LA « MINERVE »

---

26 août 1882.

Qu'ils se rassurent, ceux qui craignent de voir disparaître de notre pays les primitifs habitants de nos forêts. Au lieu de perdre du terrain, nos frères les Peaux-Rouges en gagnent chaque jour. On croit assez généralement que ces farouches enfants des bois fuient devant la face hautaine du pâle Caucasien et se réfugient dans les lointaines régions du soleil couchant. Il n'en est rien. Les sauvages ne dédaignent pas le séjour de nos grandes villes, car voici qu'un fier guerrier algonquin ou iroquois —nous ne savons trop lequel—vient de s'installer dans les bureaux de la *Minerve* où il scalpe la langue française d'une manière horrible à voir.

Prenons, par exemple, l'article du 15 août où cet aborigène chante les louanges de son grand chef Chapleau. Ne parlons pas du fond, qui est d'une sauvagerie remarquable, mais de la forme qui est horrifique :

« M. Chapleau a inauguré un régime nouveau dans l'agriculture—(nous voudrions bien le voir ce régime)—dans l'exploitation des forêts, des *richesses* minières, dont notre pays est *si riche*, si on peut seulement tirer parti de ce que nous possédons.»

Voilà une bonne *scie*. *Si riche de richesses, si*. Du style, quoi !

" Les coteries qui avaient intérêt à voir *fléchir* ses succès. . . Pour tout cela il n'a jamais *dévié de sa conduite*."

On peut dévier de la ligne de conduite qu'on s'était tracée, mais M. Chapleau lui-même ne saurait *dévier de sa conduite*.

" On a essayé, tout le monde le sait, de le trouver en faute. On a été, pour cela, jusqu'à *susciter des inventions* qui, une fois étudiées, examinées, sont *tournées à la risée* de ses détracteurs."

On peut " exposer à la risée du public," on peut " être un objet de risée ", on peut encore " devenir la risée de tout le monde," comme le rédacteur de la *Minerve*, par exemple, mais une invention ne saurait " tourner à la risée de quelqu'un." Cela ne veut rien dire.

" On a déjà trouvé le temps, dans la presse anglaise, de *noter les notions* de M. Chapleau sur la question de l'indépendance."

Noter des notions ! quelle richesse d'expression. Ou, comme dirait l'algonquin de la *Minerve :* La langue française est si riche en richesses d'expression, si on sait en tirer parti.

Voici la perle de la fin :

" Après quinze ans de services signalés, le comté de Terrebonne, sans faillir à lui-même, à ses principes, à ses traditions, ne saurait lui refuser ses suffrages."

Quelle syntaxe ! Grammaticalement, cela signifie que c'est le comté de Terrebonne qui a rendu des services à M. Chapleau pendant quinze années. C'est peut-être vrai, mais ce n'est pas ce que notre algonquin voulait dire.

LA PROSE DE LA "MINERVE"

---

13 janvier 1883.

Pour nous dérider un peu, jetons un coup d'œil sur les colonnes de la *Minerve ;* nous sommes toujours certain d'y trouver amplement de quoi nous amuser. Depuis que le *Pionnier* a perdu M. Pingault, c'est la *Minerve* qui est le journal le plus humoristique de la province.

Ainsi, on pouvait lire, l'autre jour, dans le grand organe du sénécalisme, l'incroyable phrase que voici : " Nous ne voulons d'injustice pour personne : le soleil luit pour tout le monde, *et il en est de même des ports de mer.*"

Voyez-vous d'ici ces ports de mer qui *luisent !*

Puis, la *Minerve* nous informe sentencieusement que " ce n'est pas une raison de chercher à se grandir constamment aux dépens des autres."

Quelle force de raisonnement ! Parce que les ports de mer *luisent* pour tout le monde, il ne faut pas être accapareur !

Mais tout cela rentre dans l'ombre lorsqu'on le compare au premier-Montréal que la déesse a daigné adresser à ses adorateurs le lendemain du Jour de l'An. C'est là que l'esprit de la vieille *luit* de son plus vif éclat. Oyez :—

La vieille commence par souhaiter la bonne année à ses " lecteurs *complaisants.*" Le mot *complaisant* est bien trouvé en parlant des lecteurs de la *Minerve.* En effet, que ne fait-on pas par *complaisance*, depuis Adam ?

Voyez maintenant le but élevé que la déesse donne au journalisme :—

" On s'abonne à un journal, dit-elle, parce qu'on a intérêt de le faire : on désire être renseigné sur les événements de chaque jour et *principalement, par la voie des annonces, aux moyens de réaliser des profits.*"

Noble, n'est-ce pas? Puis, ce *renseigné aux moyens*, comment le trouvez-vous comme phrase?

" Pour le simple lecteur, il n'en est pas de même, continue la vénérable radoteuse. Le temps qu'il nous consacre, il semble que nous l'obtenons par pure faveur."

Quel cri du cœur! C'est la première fois, croyons-nous, qu'un journaliste pousse l'humilité jusqu'à avouer implicitement que c'est perdre son temps que de le lire. Jamais nous n'avons vu plus grosse vérité dans la *Minerve.*

La sublime déesse nous apprend ensuite avec la gravité de M. de la Palisse, qu' " il y a plusieurs classes d'abonnés." Ecoutez bien ce qui vient ensuite: " L'abonné par habitude, qui garde la collection du journal, est *certainement le plus intelligent de tous...*" Pourquoi? Vous ne devineriez jamais. Nous allons vous le dire tout de suite: " puisqu'il n'est pas *obligé de lire la feuille* qu'il paie avec une régularité exemplaire"! C'est tout comme j'ai l'honneur de vous le dire. Les plus intelligents parmi les abonnés de la *Minerve* sont *certainement* ceux qui ne sont pas obligés de la lire! Nous l'avions toujours cru, mais nous n'aurions jamais osé le dire.

Ces abonnés intelligents, après cet aveu formidable, se garderont bien de s'exposer à perdre leur intelligence en ouvrant la " collection du journal", qu'ils gardent, sans doute, simplement comme curiosité, comme un monument de la bêtise humaine.

Après l'abonné intelligent, qui ne lit pas la *Minerve*, vient " l'abonné sérieux qui LIT le journal"—Les grosses lettres sont de la *Minerve* et non de nous.

La preuve que cet abonné qui LIT la *Minerve* est seulement *sérieux*, mais nullement *intelligent*, c'est qu' " il y puise des renseignements dans lesquels il a foi, (vous voyez bien qu'il n'est que *sérieux*) des rapports vérédiques (Ah !), des prophéties qui *pourraient* se réaliser ", mais qui ne réalisent pas, sans doute, comme, par exemple, les prophéties concernant M. Chapleau et son entrée dans le gouvernement fédéral.

La vieille aborde ensuite l'abonné *grincheux.* Elle paraît très bien le connaître, celui-là ; elle doit le rencontrer souvent sur son chemin. Cet abonné grincheux est " celui qui ne lit le journal que pour y trouver à redire." S'il fait consciencieusement son devoir, cet abonné grincheux de la *Minerve* doit avoir de la besogne. Ses journées doivent être bien remplies. Mais nous craignons qu'il ne s'arrête qu'aux bagatelles de la porte, car la *Minerve* nous assure qu'il " nous raconte toutes les *lettres avariées* par *l'accent* (sic) et toutes les *virgules marquées à contre-sens*" (sic). Bien que ces choses-là soient très mystérieuses, et peut-être très graves, l'abonné grincheux emploierait mieux son temps en relevant les articles avariés par le déraisonnement et les entrefilets marqués à la mauvaise foi.

" Du reste, dit la *Minerve*, il est déjà assez puni par la peine qu'il a prise de lire le journal." En effet, le malheureux est trop puni. Quel rapport peut-il y avoir entre le malin plaisir qu'il s'est donné en dénichant quelques lettres avariées par l'accent et quelques virgules marquées à contre-sens, et l'affreux châtiment qu'il s'est infligé en lisant la *Minerve* ? Nous conseillons à cet abonné de cesser d'être grincheux et de devenir au plus tôt abonné *intelligent.* Alors il ne serait pas *obligé de lire le journal.* Qu'il veuille bien nous en croire, ça vaudra mieux pour lui.

Sautons par-dessus plusieurs bonnes bêtises, on ne saurait les relever toutes, pour arriver à celle-ci :

" Ils (les journalistes) ne représentent qu'une idée—généralement erronée—*un intérêt du plus grand vague dans les affaires du pays* (qu'est-ce que c'est que ça ?), *une volonté* à toute épreuve (oui-da)*mais trop peu maniable pour qu'on puisse en tirer parti.*" . L'auteur de cet écrit se noircit à plaisir. Sa volonté et celle de tous les autres rédacteurs de la *Minerve* sont très maniables ; Sénécal en fait ce qu'il veut.

Enfin, la vieille fait ses souhaits :

" Dans ces circonstances, tout ce que nous pouvons souhaiter à nos lecteurs *c'est un courage suffisant pour nous lire*, une intelligence qui puisse nous apprécier en *nous comprenant*, une *fortune capable de nous faire continuer l'œuvre* dont nous avons la responsabilité."

On avouera que le *courage* et l'*intelligence* sont des choses dont les lecteurs de la *Minerve* ont rudement besoin ; ce n'est pas un souhait futile. Dans la dernière partie de cette phrase, sous prétexte de faire un souhait à leurs abonnés, les rédacteurs de la *Minerve* crient famine à M. Sénécal. Celui-ci est averti qu'il faut encore de l'argent pour soutenir l'*œuvre.* A l'approche de grands froids, les appétits s'aiguisent.

Mais ce n'est pas tout. Voici le mot de la fin :

" Si nos vœux sont remplis *notre pays en profitera*, nos lecteurs en seront *heureux*, et nous, nous jouirons du bonheur des autres."

Nous avons toujours remarqué qu'à mesure que les *vœux* de la *Minerve se remplissent*, la caisse publique *se vide.* Le profit que le pays retirera de tout cela nous paraît fort problématique.

N'est-ce pas que la *Minerve* est un journal comique bien réussi ?

Mais il y a un côté triste à toutes les farces. Il est souverainement pénible, en effet, de voir une feuille qui passe à l'étranger pour le principal organe des Canadiens-français publier de telles platitudes dans un aussi exécrable iroquois.

UN MOT SUR M. ROUTHIER

3 mars 1883.

L'événement du jour, c'est l'article de Léon Lefranc, dans l'*Etendard*, sur M. le juge A.-B. Routhier en sa qualité de conférencier. Cet écrit a causé une sensation profonde, et tout le monde se demande qui peut en être l'auteur. C'est évidemment un Québecquois, ou du moins quelqu'un qui connaît parfaitement le juge Routhier, qui l'a souvent entendu parler et qui, de plus, se tient au courant de certain...comment dirai-je cela?...de certaines petites misères...non, ce n'est pas cela ; de certains froissements...pas tout à fait cela, non plus...de certains *estrangements*—que c'est commode de savoir l'anglais!– survenus entre l'honorable juge et ses anciens amis.

Naturellement, j'ai mes soupçons, mais comme je suis la discrétion même, je les garde pour moi.

Quel qu'en soit l'auteur, l'article est extrêmement bien pensé et bien écrit. Tout en rendant pleine et entière justice au talent incontestable de M. Routhier, Léon Lefranc indique, avec autant de délicatesse que de fermeté, les points faibles du célèbre conférencier. Il a fait de la véritable critique, et M. Routhier en avait grand besoin, car jusqu'ici il n'a connu que les coups d'encensoir ou d'assommoir. Les coups d'encensoir sont particulièrement dangereux, et ce sont ceux-là que l'honorable juge a reçus en plus grande abondance.

Il lui manquait une critique franchement amicale et amicalement franche. Il l'à eue ; espérons qu'il en fera son profit.

Le véritable critique n'est ni un bourreau ni un coiffeur : de même qu'il n'assomme pas son homme, de même aussi il ne s'applique pas à le pommader, à le peigner, à le friser ; c'est un chirurgien habile qui sonde les plaies pour les guérir ; il fait mal, mais quand il a fini on lui dit : Merci !

L'HISTOIRE DES CANADIENS-FRANÇAIS

3 mars 1883.

Lisez-vous la grande histoire des Canadiens-français par M. Benjamin Sulte ? Je la lis, moi, et j'en suis attristé.

D'abord, c'est écrit à coups de pioche. M. Sulte n'a ni le style ni la manière de l'historien.

Puis, il est d'une arrogance inconcevable. Avant lui personne n'a rien compris à l'histoire du Canada.

A part cela, M. Sulte a des marottes ridicules.

Enfin, et c'est là le point réellement condamnable de son ouvrage, il fausse l'histoire de son pays d'une manière scandaleuse.

Je me propose d'entretenir vos lecteurs, de temps à autre, de l'ouvrage de M. Sulte et de l'envisager à différents points de vue.

Commençons tout de suite, si vous voulez, par le chapitre X, 15e livraison. Dans ces quelques pages il y a une mine inépuisable de choses qui ne ressemblent pas du tout à des pierres précieuses. Voici le commencement de ce chapitre :

" Notre clergé, dit-on souvent, a fait œuvre nationale, et les Canadiens lui doivent de la reconnaissance. Ceci est parfaitement conforme à l'opinion de tous les gens éclairés ; mais la masse des lecteurs ne se doute peut-être pas de la distinction qu'il y a à faire entre *notre* clergé et le clergé français du dix-septième siècle. Confondre les jésuites, par exemple, avec les prêtres canadiens, c'est prendre l'eau pour le feu, sans compter que durant le dix-septième siècle, nous n'avons pas eu de clergé canadien, grâce aux jésuites."

Cette entrée en matière, où la négligence du style coudoie la pauvreté du raisonnement, me fournirait le thème de bien des réflexions. Mais il faut se borner.

M. Sulte dit : " Confondre les jésuites avec les prêtres canadiens, c'est prendre l'eau pour le feu." Quel rapprochement bizarre et folichon sous la plume d'un historien ! Sont-ce les jésuites qui représentent l'eau et les prêtres canadiens le feu, ou *vice versa ?*

Evidemment cela n'a pas de sens littéraire.

On dira peut-être que M. Sulte a voulu marquer par là l'antagonisme radical qui existe, selon lui, entre les jésuites et les prêtres canadiens. Alors, à part l'œuvre peu catholique qu'il poursuit et dont je parlerai plus tard, l'écrivain fait le joli raisonnement que voici : Confondre les jésuites avec les prêtres canadiens c'est prendre l'eau pour le feu ; mais prendre l'eau pour le feu, c'est l'acte d'un véritable insensé ; or, la masse des lecteurs a jusqu'ici confondu les jésuites avec les prêtres canadiens puisqu'elle ne s'est pas doutée de la distinction qu'il y a à faire entre *notre* clergé et le clergé français du dix-septième siècle ; donc la *masse des lecteurs* au Canada se compose d'insensés et d'imbéciles.

Et dire que celui qui raisonne ainsi sur l'intelligence de ses compatriotes se mêle d'écrire leur histoire !

Et que faut-il penser de la dernière partie de la citation ? M. Sulte dit que c'est grâce aux jésuites si nous n'avons pas eu de clergé canadien au dix-septième siècle ! Nous reviendrons sur ce point, mais dès aujourd'hui faisons remarquer l'incroyable contradiction dans laquelle M. Sulte tombe. Il commence par dire qu'il faut distinguer entre *notre* clergé et le clergé français du dix-septième siècle, puis quatre ou cinq lignes plus loin il affirme que, grâce aux jésuites, *notre* clergé n'existait pas au dix-septième siècle ! Comment peut-on distinguer une chose qui *n'existe pas ?*

---

9 juin 1883.

Comme nous avons publié intégralement le magnifique ouvrage de M. J.-C. Taché sur les *histoires* de M. B. Sulte, nos lecteurs sont parfaitement en état de porter un jugement motivé sur le mérite de cette œuvre qui a la prétention d'être nationale. Après avoir lu l'éloquente protestation de M. Taché, tout homme impartial reste convaincu que M. Sulte a fait un livre malheureux, un livre qui non seulement blesse la vérité historique, mais aussi la fierté du peuple canadien.

M. Suite, qui a prétendu parler au nom de ses compatriotes, n'a pas craint de jeter l'insulte à la face de cette admirable compagnie de Jésus qui a tant fait pour la colonie naissante, même au point de vue purement temporel. Il a commis là un acte d'ingratitude sans nom, et M. Taché a rendu un grand service au pays en élevant sa voix autorisée pour protester contre cette pitoyable histoire.

Mais il n'a fait que protester. Il n'a pas critiqué le travail de M. Sulte dans tous les détails. Pour le faire, il faudrait écrire un gros volume. Nous espérons qu'un jour quelqu'un nous donnera une réfutation complète des erreurs historiques dans lesquelles M. Sulte est tombé, car il faut démolir chaque mensonge que l'esprit du mal invente, afin que personne ne puisse plaider ignorance.

Le livre de M. Sulte n'est donc pas un sujet épuisé, malgré les belles pages que M. Taché y a consacrées. Nous n'avons nullement la prétention de faire le grand travail de réfutation dont nous venons de parler, mais nous nous proposons de dire un petit mot, de temps à autre, de cette prétendue histoire des Canadiens-français.

Les auteurs qui ont traité de la franc-maçonnerie nous assurent que dans, les pays catholiques, l'un des premiers soins de la secte est de chercher à susciter la division parmi les catholiques et particulièrement à soulever le clergé séculier contre le clergé régulier. Si elle peut réussir à *dépopulariser* les ordres religieux, à les rendre plus ou moins suspects aux yeux du clergé *national*, elle éprouve beaucoup moins de difficulté à battre en brêche les jésuites, les oblats, les dominicains, les franciscains, etc. Une fois les ordres religieux abattus, une fois ce premier rempart de l'Eglise renversé, l'assaut devient de plus en plus facile. On jette bas les masques, on ne flatte plus le clergé *national* et l'on fait une guerre au *prêtre* en général, au cléricalisme, à la religion, à Dieu lui-même.

M. Sulte, soit à dessein, soit par ignorance, a procédé dans son livre comme procède la détestable secte maçonnique : il a voulu jeter dans le pays les germes d'une funeste hostilité entre le clergé séculier et les ordres religieux ; il a voulu diviser le clergé en deux camps opposés et faire croire que son clergé *national* poursuit un but tout à fait différent de celui que poursuivent les jésuites.

Nous ne savons pas du tout si M. Sulte s'est bien rendu compte de toute la perfidie de sa thèse favorite ; il n'a été peut-être qu'un simple instrument, qu'un écho. Aussi ne prétendons-nous pas juger ses intentions. Nous nous contentons de condamner ses actes.

Heureusement il n'a pas réussi dans la tentative qu'il a faite ou que d'autres ont faite par son entremise : le clergé séculier et le clergé régulier sont restés unis dans notre province. Tous les prêtres de notre pays ont ressenti les insultes lancées à la face des jésuites dans le triste chapitre X du troisième volume de cet ouvrage que M. Sulte n'aurait jamais dû commencer et qu'il ne devrait certainement pas finir.

---

23 juin 1883.

Dans son fameux chapitre X, où il malmène si fort la vérité historique, M. Benjamin Sulte s'écrie, avec cette arrogance qui le distingue :

" L'histoire du Canada a été écrite par trois classes d'hommes : les français qui n'ont voulu y voir que les intérêts français ; les religieux qui se sont extasiés sur les missions, et les laïques effrayés par la menace des censures ecclésiastiques. Nous qui ne sommes ni Français de France, ni prêtre, et qui ne craignons pas les censures ecclésiastiques, nous écrivons la vérité."

Nous ne disons rien de l'incroyable orgueil qui perce dans ces lignes. Il est peut-être permis d'avoir une bonne opinion de soi, quoique la perfection ne soit pas là ; mais lorsque M. Sulte vient poser en créateur de l'histoire de son pays ; lorsqu'il affirme aussi crûment qu'avant lui on n'a écrit sur le Canada que des fables, des légendes ; que lui seul possède la vérité, il dépasse toutes les limites et tombe dans le ridicule.

Se vanter à ce point, c'est puéril au suprême degré.

On dirait un *encanteur* qui vante sa marchandise.

Mais ce n'est là qu'un incident. Strictement parlant, M. Sulte a le droit de s'exposer aux rires de ses compatriotes.

Ce qu'il n'a pas le droit de faire, par exemple, c'est de dire, comme il le fait dans les lignes citées plus haut, que l'Eglise n'a de rigueurs que pour ceux qui disent la vérité.

Nous ne savons vraiment pas si M. Sulte a bien pesé ses paroles, s'il s'est rendu compte de la portée de cette sotte tirade, dictée peut-être plutôt par la vanité que par la haine contre l'Eglise. Donnons-lui donc le bénéfice du doute et disons que c'est à l'ignorance, et non point à la méchanceté, qu'on doit attribuer ces malheureuses lignes.

Car, pour être malheureuses, elles le sont assurément. Si elles signifient quelque chose, elles veulent dire qu'avant M. Sulte les historiens laïques, par crainte des censures ecclésiastiques, n'ont jamais parlé le langage de la vérité ; que pour oser tenir ce langage, il ne faut pas craindre les foudres de l'Eglise. En d'autres termes, d'après M. Sulte, l'Eglise favorise le mensonge et l'erreur, et combat la vérité. Voilà ce que M. Sulte dit *logiquement*.

On le voit, il est difficile d'aller plus loin, de jeter une plus sanglante injure à la face de l'Eglise. Les écrivains les plus hostiles à la religion ne parlent pas autrement.

C'est ce livre de M. Sulte que la *Concorde* et la *Patrie* défendent ouvertement, et que l'*Electeur* semble vouloir prendre sous sa protection !

ÇÀ ET LÀ

L'ANGLETERRE AUX COLONIES

26 août 1882.

M. John Wisker, de Melbourne, Australie, a publié naguère dans le *Fortnightly Review* un article sur la manière dont les Anglais font de la colonisation dans la colonie de Queensland. Cet écrit a causé un émoi considérable, et non sans raison, car le récit de M. Wisker est de nature à faire dresser les cheveux. A ce propos, le *Pall Mall Gazette*, que certes, on ne soupçonnera pas d'anglophobie, dit : " C'est une vieille histoire, mais il faut la répéter de temps à autre pour que, pendant que nos oreilles sont charmées par des phrases mielleuses touchant notre humanité, notre fraternité et notre civilisation, nous n'oublions pas tout à fait qu'aux yeux d'une multitude d'êtres humains nous ne sommes que les représentants sans remords d'un système basé sur l'assassinat, la convoitise et la luxure. . .M. Rochefort se moque sans cesse de la nation qui distribue des *tracts* dans l'univers entier et qui en même temps extermine sans pitié les aborigènes des antipodes, et cette fois le sarcasme de M. Rochefort s'appuie sur la vérité."

Voilà comment parle un journaliste anglais de la conduite de ses compatriotes dans les colonies d'Australie.

M. Wisker affirme que les colons anglais de Qneensland exterminent systématiquement les nègres de ce pays ; ils leur font la chasse comme on ferait la chasse à des bêtes fauves. Et à l'assassinat, ils ajoutent la plus affreuse immoralité qu'il soit possible d'imaginer. Dans d'autres parties de la colonie, un véritable système d'esclavage existe en vertu de la loi. Les aborigènes sont employés pour trois ans au taux de trente dollars par année. Mais leurs gages ne leur sont payés qu'au bout des trois années.

Leurs maîtres les font travailler si fort et les nourrissent si mal qu'un très grand nombre de ces malheureux meurent avant l'expiration de l'époque pour laquelle ils sont engagés. De sorte que le planteur n'a rien à payer. La mortalité parmi les aborigènes de Queensland est terrible ; sur 1,000, il en meurt chaque année de 80 à 100, tandis qu'en Angleterre, la mortalité n'est que de neuf sur mille.

Et pendant que des écrivains anglais font de pareilles révélations sur la conduite des Anglais aux colonies, on voit des journaux canadiens faire des souhaits pour que ce système basé, comme dit le *Pall Mall Gazette*, sur " l'assassinat, la convoitise et la luxure " s'étende et se propage !

L'histoire se répète. Ce que les colons anglais font à l'égard des misérables aborigènes de l'Australie, des Indes et de l'Afrique méridionale, les colons anglais l'ont fait autrefois aux sauvages de l'Amérique.

C'est que le peuple anglais ne colonise pas, comme faisait jadis la France, pour répandre les lumières de l'Evangile et la douce liberté de Jésus-Christ, mais dans un esprit de lucre.

CONGRÈS SCIENTIFIQUE

26 août 1882.

Il se tient de ce temps-ci à Montréal un prétendu congrès scientifique. Parmi les *savants* qui doivent s'y faire entendre est le *philosophe* anglais Herbert Spencer.

Voici ce qui suffit pour montrer l'esprit dudit Spencer : C'est un court extrait de son livre de " l'Education intellectuelle, morale et physique," p. 46 et suiv. de la traduction française publiée, à Paris, chez Germer, 108, Boulevard Saint-Germain, et à vendre chez J.-B. Rolland et Fils, à Montréal :

" Enfin, nous devons dire,—et l'assertion causera sans doute une extrême surprise,—que la discipline de la science est supérieure à celle de l'éducation ordinaire, à cause de la culture *religieuse* qu'elle donne à l'esprit humain. Il va sans dire que nous n'employons pas ici les mots *scientifique* et *religieux* dans l'acception bornée où on les prend ordinairement, mais bien dans leur sens le plus large et le plus élevé. Sans doute, la science est hostile aux superstitions qui ont cours dans le monde sous le nom de religion ; mais elle ne l'est pas à la religion essentielle, que ces superstitions ne font que nous dérober... Par ses expériences accumulées, l'homme de science acquiert une croyance inébranlable aux rapports immuables des phénomènes, à la relation invariable de cause à effet, à la nécessité des bons et mauvais résultats. Au lieu des récompenses et des châtiments dont parlent les symboles traditionnels et que les hommes espèrent vaguement obtenir ou éviter en dépit de leur désobéissance, le savant découvre qu'il y a des récompenses et des châtiments qui découlent de la constitution ordonnée des choses, et que les mauvais résultats de la désobéissance sont inévitables...

" Ce n'est point par les assertions dogmatiques qu'elle

(la science) enseigne l'impossibilité de comprendre la cause ultime des choses ; mais elle nous conduit à reconnaître clairement cette impossibilité, en nous faisant toucher, à toutes les directions, les bornes que nous ne pouvons franchir... Tandis qu'à l'égard des traditions et des autorités humaines elle (la science moderne toujours) peut avoir une attitude fière,—fierté justifiée—son attitude est humble, d'une humilité réelle, devant le voile impénétrabie qui couvre l'Absolu."

Ainsi, c'est assez clair, la science de M. Spencer est " hostile aux superstitions qui ont cours dans le monde sous le nom de religion ", donc à la religion *catholique* avant tout, puisque les protestants ont jeté bien des *superstitions* par-dessus bord ! Et sa " croyance " c'est tout simplement celie " aux rapports immuables des phénomènes ", etc., à " l'Absolu " non " aux assertions dogmatiques " ni " aux récompenses et aux châtiments dont parlent les symboles traditionnels."

Voilà des oracles qu'on espère entendre au *congrès scientifique :* c'est à exciter le zèle du *Monde* et d'un certain personnage qui s'est chargé de faire des invitations à des catholiques *distingués !* Et la *lecture* de madame Dall, donc, *on women's rights !* Mériterait-il le nom de savant, pourrait-il porter le front levé, le catholique qui ne l'aurait pas entendue ?

---

2 septembre 1882.

Franchement, n'a-t-on pas fait trop de tapage autour du congrès scientifique qui a siégé à Montréal la semaine dernière et dont les membres ont daigné visiter Québec samedi et dimanche.

Qu'on soit poli pour les étrangers, à la bonne heure, mais pourquoi faire du zèle en faveur d'une réunion d'hérétiques et de libres-penseurs ?

Puis, au point de vue purement scientifique, croit-on sérieusement que le demi-quart de ces gens-là méritent le titre de savants? Mais ils étaient au nombre de 400 environ, tant *savants* que *savantes !* Est-il un pays au monde qui peut se vanter, avec quelque chance d'être cru, de posséder quatre cents savants ?

Le *Monde* de Montréal, à propos de cette réunion, a écrit la platitude suivante :

" Ce congrès est *d'une grande importance* pour l'avancement des sciences, et pour LA RÉPUTATION de notre ville ; il est à désirer que tous les citoyens y portent tout l'intérêt qu'il mérite."

Puis ailleurs, notre *savant* confrère disait :

" Madame Dall, de Washington, qui s'est rendue célèbre par ses écrits en faveur des *droits de la femme*, assistera à la convention et lira un travail sur cette *intéressante* question."

Et encore :

" Un correspondant spécial du *Monde* assistera à toutes les séances de la convention et nos lecteurs seront tenus au courant de tous les travaux des délégués."

Nous voudrions savoir si ce correspondant était de taille à réfuter les mille sophismes dont la *science* moderne s'enveloppe ?

Les *savants modernes*, on connaît leur but, c'est de convaincre les peuples que la foi chrétienne peut être remplacée par quelque chose de meilleur, par leur prétendue science, qui est la pire des folies.

Et l'on voit des catholiques se pâmer d'admiration devant ces gens-là. En vérité, c'est triste.

9 septembre 1882.

A propos du fameux congrès dit scientifique qui vient de lever ses séances à Montréal, nous lisons dans le *Monde :*

" Tous les délégués sont enchantés de leur séjour au milieu de nous. Ils ne tarissent pas en éloges sur le comité de citoyens qui les ont reçus et fêtés de leur mieux. *Cependant, le peuple en général n'a pas semblé prendre à leurs délibérations autant d'intérêt que la population des villes américaines où ils se sont assemblés.*"

Eh bien ! tant mieux. " Le peuple en général " a donné un exemple de bon sens que le *Monde* aurait bien dû imiter.

---

16 septembre 1882.

Nos amis du *Monde* sont derechef indignés ; c'est l'état normal de ces aimables gens. Nos observations au sujet du congrès dit scientifique les ont piqués au vif. Ils sortent leurs grands clichés de circonstance. " Petite personnalité, nature envieuse, étroitesse d'esprit, pharisaïsme, Tartufe, intolérance, profonde hypocrisie, étroite coterie, etc., etc." Cette chanson-là nous est connue ; elle n'a pas le don de nous émouvoir. Est-ce qu'il n'y aura pas moyen de trouver quelque chose de neuf en fait d'injures à notre adresse ? Notre confrère nous assure que " le vrai zèle ne se répand pas à tout propos en reproches amers, en mercuriales vides de sens et pleines de venin." D'où nous serions justifiable de conclure que le vrai zèle est banni des bureaux du *Monde.* Mais passons.

Défendant son protégé, le Congrès scientifique, le *Monde* dit :

" Si l'association mise en cause avait pour objet de propager l'hérésie ou la libre-pensée, ou bien, si le congrès avait marqué de semblables intentions dans ses délibérations et ses conférences, on pourrait s'expliquer les vertes semonces du confrère. Mais rien de tel n'apparaît, et il n'a jamais été question de cela."

Voyons un peu si le congrès n'a " rien fait de tel."

La *Gazette de Montréal* du 29 août, rendant compte de la séance de la veille, nous apprend que " le comité permanent soumet un rapport au sujet d'un monument à la mémoire (mémorial) de Charles Darwin, recommandant que les " scientistes " américains et canadiens contribuent pour cet objet et que les contributions soient transmises à Alex. Agassiz, Cambridge, Mass. Le rapport est adopté.

Il est vrai que le reporter du *Monde* a cru à propos de ne point parler de cet incident ; mais le silence du grand journal montréalais ne change rien aux faits.

C'est ainsi que le fameux projet de loi sur l'éducation a été proposé à la dernière session de la législature locale, bien que le *Monde* n'en ait jamais soufflé mot.

Nous n'avons pas besoin d'insister sur l'*inopportunité*, pour un journal se disant catholique, de faire du zèle en faveur d'un congrès prétendu scientifique où l'on propose d'ériger un monument à la mémoire de l'impie qui a dépensé les talents que le bon Dieu lui avait donnés à guerroyer contre le christianisme et à semer le doute dans l'esprit de ses semblables.

INCIDENT TERRIBLE

23 septembre 1882.

Il vient de se passer en Irlande un incident qui fait frémir. Un nommé Hynes, accusé de meurtre, vient d'être exécuté. Nous ne savons pas si le malheureux était coupable ou non; mais ce qui paraît certain c'est qu'il n'a pas eu un procès équitable, *a fair trial*. Un M. O'Brien affirme, sous serment, et son témoignage est appuyé par plusieurs autres personnes respectables, que plusieurs membres du jury qui a trouvé Hynes coupable, étaient complètement ivres quelques heures avant de rendre leur verdict.

En face de cette affirmation si catégorique et bien appuyée, qu'ont fait les autorités anglaises? Il nous semble que dans tout autre pays civilisé on aurait accordé un sursis au condamné, pour donner le temps à une commission d'enquête d'établir la vérité ou la fausseté de l'accusation. Mais non, le gouvernement anglais a refusé toute enquête et a pendu Hynes. Plus que cela, un journaliste et membre du parlement fort respectable de Dublin, M. E.-Dwyer Gray, un homme qui possède la confiance de ses concitoyens et qui a déjà été maire de la capitale de l'Irlande, ayant publié dans son journal, le *Freeman's Journal*, la lettre de M. O'Brien, et l'ayant fait suivre de commentaires extrêmement modérés—nous en avons le texte sous les yeux—s'est vu condamné, par un juge anglais, à une forte amende et à trois mois d'emprisonnement.

La chose serait presque incroyable si on disait qu'elle était arrivée en Russie, ou chez quelque peuplade sauvage de l'Afrique ou de l'Asie. Mais cela vient de se produire en Angleterre, dans ce pays de la *liberté constitutionnelle !* Quelle dérision !

L'hypocrisie du gouvernement anglais est quelque chose d'invraisemblable. On a de la peine à croire qu'une grande nation puisse se rendre coupable d'une telle duplicité ; pourtant, les faits sont là et crient vengeance au ciel.

Pendant que l'Angleterre tyrannise l'Irlande, pendant qu'elle refuse aux plus respectables citoyens la justice qu'un potentat barbare ne voudrait pas refuser au moindre de ses sujets, elle fait des guerres injustes et cruelles, elle porte le feu et la flamme chez les peuples faibles au nom de l'ordre, au nom de la civilisation, au nom de la justice !

Le châtiment se fait attendre ; car Dieu choisit son heure ; mais si l'Angleterre n'abandonne pas sa politique matérialiste, hypocrite et cruelle, le châtiment viendra, et il sera terrible.

SYMPATHIES MAL PLACÉES

7 octobre 1882.

Le *Courrier de Montréal* joue en ce moment un rôle qui ne lui fait pas honneur. Il y a quelque temps, l'éditeur-propriétaire de cette feuille adressait au clergé une circulaire, dans laquelle il vantait les services rendus par son journal à la cause de la religion. Et pendant que l'éditeur demandait ainsi l'appui de l'autorité ecclésiastique, le rédacteur écrivait ce qui suit :

" Nous n'avons pas répondu à *Cyprien* [1] pour plusieurs raisons. Vous (la *Vérité*) étiez là pour lui répondre et,

1—C'est M. Louis Fréchette qui écrivait sous ce nom de plume.

quoi que vous en disiez, la *Minerve* vous a prêté main forte. Vos réponses ont été tellement écrasantes que vos lecteurs ont dû se dire qu'après tout, *Cyprien pourrait bien avoir raison.* Au lieu de réfuter les assertions du correspondant de la *Patrie*, vous lui avez reproché d'amoindrir la gloire de la France en énumérant les méfaits de certains rois.

"Or, il y a longtemps que vous jetez de la boue à tout ce qui est français sous prétexte de combattre la république, et vos lecteurs ne l'ont pas oublié. Ils en ont conclu, avec raison, que vous *aviez provoqué* les attaques de *Cyprien* contre la monarchie. Maintenant que vous vous êtes fourré dans un guêpier, vous voudriez nous mettre à votre place et nous faire partager avec vous les piqûres que vous vous êtes attirées. Merci. Nous ne nous sommes jamais faits les champions de la monarchie héréditaire et nous ne commencerons pas aujourd'hui dans l'unique but de vous être agréable."

Nous citons ce morceau en entier afin que nos lecteurs sachent bien que l'esprit qui anime le *Courrier de Montréal* est à peu près aussi mauvais que l'esprit du Frère Beaugrand. En effet, le *Courrier* sympathise ouvertement avec la *Patrie* dans sa guerre sauvage, non pas contre la monarchie française, mais en faveur des hommes de la Révolution, et, par conséquent, contre l'Eglise que ces hommes voudraient détruire. Car, enfin, quel but pratique se propose Cyprien dans sa prétendue " histoire de France." N'est-ce pas de convaincre ses lecteurs que ces infâmes persécuteurs de l'Eglise sont dignes d'admiration, ou du moins ne sont pas dignes d'exécration ?

Il y a plusieurs faussetés dans les lignes citées plus haut.

D'abord, il est faux que nous nous soyons placé au même point de vue que la *Minerve*, comme l'insinue le *Courrier.*

Nous avons même reproché à la *Minerve* d'avoir soutenu implicitement que sous la monarchie l'expulsion des jésuites était chose tout à fait justifiable, et qu'en chassant ces religieux les rois *étaient d'accord avec le Saint-Siège.*

Bien que l'énumération des méfaits de certains rois ne constitue nullement " l'histoire de France," ou même l'histoire de la monarchie française, nous aurions probablement laissé passer le travail de la *Patrie* sans protestation, si ce journal maçonnique n'avait pas eu l'intention, évidente pour tous, de faire l'apologie de la Révolution dans tout ce qu'elle a de plus satanique: la guerre à Jésus-Christ. Il n'est pas du tout nécessaire de " réfuter les assertions " de la *Patrie* pour la combattre, quoique plusieurs de ces " assertions " constituent de véritables mensonges historiques: comme, par exemple, lorsqu'elle nous dépeint Charlemagne sous les traits d'un monstre.

Mais ce que nous prétendons, c'est qu'il est souverainement criminel de chercher à pallier les crimes de la République française contre Dieu en invoquant les péchés, quelque grands qu'ils soient, de certains rois de France; ce que nous prétendons, c'est que quand même tous les rois de France auraient été cent fois plus criminels que le plus coupable d'entre eux, cela ne devrait en rien diminuer notre horreur pour les entreprises impies de la République actuelle; ce que nous prétendons encore, c'est qu'aucun roi de France, même le plus dépravé, n'a commis le grand crime dont se souille le gouvernement français du jour qui attente à la Foi de toute une nation, qui cherche à plonger tout un peuple dans l'abîme de l'athéisme.

Voilà ce que nous avons dit à la *Patrie*, et ce que nous répétons au *Courrier* qui accorde ses sympathies à la feuille maçonnique.

Le *Courrier* dit que nous jetons de la boue depuis longtemps à tout ce qui est français. C'est là une atroce calomnie, et le *Courrier* le sait. Il ne peut citer une seule ligne de nous qui puisse s'interpréter comme une insulte à la nation française. Nous avons flétri, chaque fois que l'occasion s'en est présentée, l'ignoble gouvernement qui fait la honte de la France, qui travaille à détruire la nation française, et nous l'avons fait parce que nous aimons notre ancienne mère-patrie, parce que nous voulons la voir reprendre son grand rôle de Fille aînée de l'Eglise. Si le Canada avait un gouvernement comme celui qui déshonore la France, pourrait-on nous accuser de " jeter de la boue " à notre pays parce que nous combattrions ce gouvernement infâme? Evidemment on ne le pourrait pas. Pourquoi donc nous accuser d'avoir provoqué les attaques de Cyprien, si on ne sympathise pas avec ce triste écrivain, et avec les francs-maçons et les athées français qu'il défend ?

Le *Courrier* sympathise tellement avec le chroniqueur de la *Patrie*, et il est si pressé d'afficher cette sympathie, qu'il *oublie* le prétexte de cette sortie de son ami. Ce n'est pas nous qui l'avons fourni à Cyprien, c'est M. David, de la *Tribune*. Ou plutôt, pour être juste envers ce dernier, c'est Cyprien qui se l'est créé. M. David avait reproché à la République la persécution des ordres religieux. Aussitôt Cyprien prend feu et commence sa croisade, apparemment contre les rois, mais en réalité en faveur de la République et contre l'Eglise.

Reste la question de la monarchie héréditaire. Nous ne demandons pas à notre confrère d'être légitimiste ; car nous-même nous sommes de l'école de Louis Veuillot qui était toujours prêt à accepter n'importe quel gouvernement, pourvu que ce gouvernement ne fût pas hostile à l'Eglise, et qui s'est attiré, par cette conduite admirable, les attaques de plusieurs légitimistes.

Mais ce que nous demandons au *Courrier de Montréal*

c'est de se montrer un peu plus catholique ; c'est de ne plus écrire des articles qui méritent les honneurs de la reproduction dans les colonnes de la feuille du franc-maçon Beaugrand, comme celui-ci les a mérités et obtenus ; c'est de ne point accorder ses sympathies aux pires ennemis de l'Eglise et du Canada ; c'est de ne point, sous prétexte de ne pas vouloir défendre la monarchie française, laisser faire, sans au moins protester, l'apothéose des suppôts de Satan.

UNE VISITE AU SAINT-SACREMENT

14 octobre 1882.

Un journal catholique des Etats-Unis publie le trait suivant, que le R. P. John-P. Dunn, mort il y a quelques années à Philadelphie, se plaisait à raconter.

Au commencement de son ministère sacré, le R. P. Dunn eut une preuve bien touchante de la puissance cachée du Saint-Sacrement. Un jour, il fut appelé à la maison d'un ministre anglican qui se distinguait par sa haine aveugle pour tout ce qui se rapporte à l'Eglise de Rome. Quelque peu surpris par cet appel, le Père Dunn se rendit immédiatement à la résidence du ministre, s'attendant à se voir conduire au chevet de quelque fidèle servante dont les instances avaient triomphé de la bigoterie de ses maîtres. A son grand étonnement, il fut introduit dans une chambre élégante, où la fille unique du ministre était étendue sur son lit de mort.

C'était une charmante enfant de neuf ans, l'idole de ses parents, d'une intelligence supérieure à son âge. Douée d'une excellente santé, et surveillée avec une tendre sollicitude, elle paraissait devoir traverser la vie sans peine et sans douleur. Cependant, depuis quatre ans, cette jeune fille nourrissait une peine secrète, qui, sans maladie et sans accident, l'avait finalement conduite au bord de la tombe. Le médecin disait qu'il n'y avait rien à faire; elle se mourait sans symptôme de maladie. Les hommes de l'art étudiaient son cas avec un vif intérêt; les amis s'étonnaient, en pleurant; les parents devenaient de plus en plus sombres et comme endurcis dans leur douleur, car ils savaient bien, eux, ce qui avait réduit leur enfant unique à cette condition.

Le jour où le Père Dunn fut appelé, le médecin de la famille avait saisi la première indication qui pût le guider. Ce fut une parole acerbe contre les servantes catholiques prononcée par la mère qui, les yeux seçs et hagards, contemplait cette fleur qui se fanait. Le médecin demanda une explication de ses paroles, lui disant sévèrement qu'il avait le droit de connaître la cause de cette maladie étrange. L'hésitation de la mère fut finalement vaincue, et elle raconta qu'ils avaient eu un jour le malheur d'engager une servante irlandaise catholique pour avoir soin de leur enfant. Cette servante avait été traitée presque comme un membre de la famille, car ils avaient l'espoir de la convertir au protestantisme, d'autant plus que cette jeune personne ne pratiquait pas sa religion, n'allait jamais a l'église et n'avait apporté avec elle aucun livre de piété.

Une après-midi, elle sortait avec un enfant pour la promenade ordinaire, et pour la première fois depuis des années comme elle le dit plus tard, elle entra dans une église catholique avec la petite fille. Il y avait salut, et, dit la mère, c'est de ce jour-là que date notre malheur. L'enfant avait été tellement impressionnée par les cérémonies qu'elle voulait y retourner. Elle changea complètement de caractère, ne voulut plus réciter les prières que ses parents lui avaient enseignées, et, dans l'église protestante, elle montrait une grande irrévérence. Naturellement, les parents avaient congédié la servante infidèle, et avaient entouré leur enfant de toutes les influences qui pouvaient la ramener au protestantisme. Mais en vain. Il fallait à l'enfant la cérémonie catholique qu'elle avait vue et ce désir la minait et la faisait mourir.

Après avoir écouté attentivement le récit de la mère, le médecin ordonna immédiatement qu'on fît venir un prêtre catholique. Il suggéra le nom du Père Dunn, qu'il avait souvent rencontré ; et malgré l'opposition de la mère, le jeune prêtre fut mandé. L'enfant ne savait rien de ce qui s'était passé. Le médecin protestant s'imaginait que le prêtre ferait quelque cérémonie qui ranimerait l'enfant, et se tenant dans la porte, il regardait avec anxiété. A son étonnement, l'enfant se leva tout à coup dans son lit du moment que le prêtre entra dans sa chambre, et, les mains jointes, s'écria d'une voix pathétique mais joyeuse : " Vous m'apportez mon Dieu ! Je ne partirai pas sans Lui ! " Le Père Dunn, dont la surprise n'était pas moindre que celle du médecin, essaya de la calmer et de la distraire ; mais elle plaça ses petites mains décharnées sur sa poitrine où était le Saint-Sacrement, et par ses réponses prouva bientôt au prêtre qu'elle était aussi instruite que lui touchant le grand Mystère. " Contentez-la, dit le médecin anxieux, il y va de sa vie." Le jeune prêtre comprenait mieux que le vieux médecin, mais il n'hésita plus. Il fit réciter à l'enfant innocent un acte de contrition et de charité, puis lui donna la sainte communion. Et l'enfant, un sourire angélique sur ses lèvres, rendit sa belle âme à Dieu.

UNE IDÉE DE FRANÇAIS

10 février 1883.

Nos bons cousins, les Français, ont de singulières idées sur le Canada et les Canadiens-français. Ils s'imaginent que nous sommes des sauvages plus ou moins civilisés. Ils ne peuvent pas croire que nous sommes pour le moins aussi *Français* qu'eux-mêmes. C'est ainsi que nous trouvons dans la *Mosaïque*, l'un des journaux du groupe Dalloz, le curieux passage que voici :

" La *Mosaïque*, qui a publié plusieurs études fort intéressantes sur la France de l'extrême-Orient, ne pouvait oublier la France américaine, fille à jamais regrettée que tant de souvenirs rattachent à la mère-patrie. Les Annamites sont d'hier, et les Canadiens appartiennent, depuis plus de deux siècles, à la France, qui les a engendrés à la civilisation."

Ce rapprochement entre les Annamites et les Canadiens est d'une naïveté charmante. Et que penser de ces " Canadiens engendrés à la civilisation" par la France ? Evidemment, l'aimable écrivain de la *Mosaïque* nous prend pour les descendants des Hurons et des Algonquins qu'évangélisèrent, il y a deux siècles, les missionnaires de la compagnie de Jésus. Personnellement, nous aimerions autant avoir pour ancêtres les sauvages d'Amérique que les anciens sauvages d'Europe, les Gaulois et les Francs. Mais comme question d'histoire, les Canadiens n'appartiennent ni de près ni de loin à la race rouge. C'est une vérité élémentaire que nos amis les Français paraissent incapables de saisir.

LE CARNAVAL

---

3 février 1883.

" As-tu vu le carnaval ? "

" Où est le carnaval ? " Telles étaient les questions qu'on entendait partout, à Québec, au commencement de la semaine. Et les réponses invariables étaient : " Pas vu ", " Sais pas."

En effet, ce fameux carnaval a été un immense fiasco, mais un fiasco comme on n'en voit pas souvent.

Sans les journaux, qui battaient la grosse caisse avec l'énergie du désespoir, le bon public québecquois ne se serait jamais imaginé qu'il y avait un carnaval dans notre ville. Ça n'était pas visible à l'œil nu.

Jusqu'au *Courrier du Canada*, qui, après avoir combattu le projet, a fait appel aux gens d'y mettre de l'entrain, de la *furia !* Vains efforts ! Le peuple est resté calme, et il a bien fait, car il n'y avait pas de quoi s'exciter.

Le but des fêtes était d'attirer des étrangers à Québec. Ils sont venus au nombre de six, et pour dépenser le moins possible, ils n'ont pris que trois chambres à l'hôtel Saint-Louis. Succès merveilleux !

Aussi, il fallait être bourré d'illusions pour croire que les *carnavaleux* étrangers, après avoir mangé de la glace, de la neige, du galet, du toboggan, de la traîne sauvage, et de la raquette pendant trois ou quatre jours à Montréal, allaient venir à Québec pour continuer le même remède. Il y a une limite pour s'amuser. Et en voyant le programme québecquois, les *étrangers* ont dû se dire : " Merci, nous *sortons* d'en prendre."

Lundi, la haute pègre anglaise, les membres du *driving club*, et du *tandem club*, se sont rendus processionnellement, le maire Langelier en tête, aux chutes Montmorency. Le célèbre *sault*, s'il avait eu le don de la parole, aurait sans doute répété ce vers de Boileau :

Un sot trouve toujours un plus sot qui l'admire.

Le soir, il y a eu des glissades quelque part sur les Buttes à Nepveu. Un pauvre diable nommé Joint s'est cassé une jambe. C'est l'incident le plus marquant du carnaval.

Les décorations des rues étaient grandioses. Nous avons compté nous-même quatre drapeaux, dont un sur la résidence du maire et un autre devant une boutique d'encanteur. Nous avons aussi remarqué trois sapins plantés sur les bords du chemin qui conduit à la citadelle.

Samedi soir, quelqu'un s'est aperçu que la terrasse Frontenac était toute encombrée de neige. Qu'est-ce que les (six) étrangers vont penser de notre intelligent, de notre actif, de notre progressif, de notre adorable maire, s'ils trouvent notre promenade dans ce triste état ? Sauvons la réputation du maire à tout prix. C'est pourquoi les journaux ont annoncé, sans un mot de protestation, que des charretiers avaient été employés pendant toute la journée et toute la soirée du dimanche à déblayer la terrasse ! Ne blâmons pas trop ces pauvres charretiers qui ont un si grand besoin de travailler, mais ceux qui les ont fait travailler le dimanche, sans nécessité aucune.

UN NOUVEAU JOURNAL

3 février 1883.

Enfin, la ville de Montréal possède un journal quotidien digne d'être lu ! l'*Etendard* vient de paraître. Nous saluons avec le plus vif plaisir notre nouveau confrère à qui nous souhaitons longue vie et prospérité.

L'*Etendard* a pour directeur M. le sénateur F.-X.-A. Trudel, et pour administrateur M. J.-A. Prendergast. Il s'annonce comme journal politique, commercial, industriel et économique. Conservateur dans le véritable sens du mot, il ne sera pas l'organe d'aucune faction. Il se propose de combattre la clique qui joue un si triste rôle dans notre politique provinciale et qui cherche à s'introduire dans les affaires fédérales. L'*Etendard* a devant lui une grosse besogne sous ce rapport, car, il faut bien l'avouer, à part quelques très rares exceptions, la presse de la province est plus ou moins sous l'influence de cette néfaste combinaison qui nous ruine. Inutile d'ajouter que notre nouveau confrère s'opposera de toutes ses forces à la *coalition* dont la réalisation serait le triomphe du libéralisme.

Dans la discussion des questions religieuses, l'*Etendard* s'engage à suivre les enseignements de Pie IX, de Léon XIII et des conciles provinciaux.

La rédaction de ce nouveau journal sera très variée, et si nous pouvons en juger par le numéro-prospectus, extrêmement bien faite. Il comptera un très grand nombre de collaborateurs et des correspondants dans les principales villes du Canada et de l'Europe.

En somme, tout nous fait espérer que l'*Etendard* sera un beau et bon journal, indépendant, honnête et catholique. Encore une fois, nous saluons son apparition avec le plus vif plaisir, nous dirons même avec enthousiasme [1].

UNE PEINE DE $25,000 [2]

24 mars 1883.

On trouvera plus loin, à la cinquième page de notre journal, le premier chapitre d'un roman canadien inédit. C'est une belle primeur.

Ce roman sera fait en collaboration, non pas à la façon

1—L'*Etendard* rencontra beaucoup d'obstacles et de difficultés, dès avant sa naissance. Les fondateurs de ce journal avaient d'abord songé à le publier sous le nom de l'*Etoile du matin*, mais ce projet fut publiquement condamné par Mgr l'évêque de Saint-Hyacinthe. (Voir l'appendice.) A la suite de cette condamnation par anticipation, les promoteurs de l'entreprise adoptèrent le nom de l'*Etendard*. Tant que vécut M. Trudel, l'*Etendard* fut le défenseur puissant de la race française en Amérique. M. Trudel mourut, malheureusement, dans la force de l'âge, le 17 janvier 1890. L'*Etendard* continua d'exister pendant quelques années encore, mais les difficultés financières, qui avaient toujours été grandes, finirent par le faire disparaitre.

2—Au mois de mars 1883, M. Tarte, alors directeur du *Canadien*, de Québec, crut pouvoir imposer silence au directeur de la *Vérité* en lui intentant un procès pour libelle, par lequel il réclamait la somme de 25,000 dollars. Cette poursuite lui inspira les biuettes qu'on va lire. La poursuite de 25,000 dollars fut retirée et remplacée par une autre de 30,000. Cette dernière traîna longtemps devant les tribunaux, et finalement n'eut pas de suite. Dans l'article qui valut au directeur de la *Vérité* la première poursuite il était question d'un homme qui cherchait à rançonner les entrepreneurs. M. Tarte se déclara visé.

de M. Fréchette. Nous nous sommes assuré les services d'un des plus illustres écrivains du pays, M. Tarte (Joseph-Israël) notaire, journaliste, ex-député. C'est lui qui sera chargé des facéties, de l'ironie, du sarcasme et du *sentimentalisme;* nous nous réservons les chapitres plus sérieux, besogne qui convient mieux à notre rôle de grand capitaliste que notre collaborateur nous a si spirituellement assigné.

Ce premier chapitre est l'œuvre de M. Tarte ; c'est d'une gaieté folle et d'une tristesse navrante. La peinture que M. Tarte fait de lui-même est tout simplement délicieuse. Puis, quand il nous parle de la grosse peine de $25,000 que nous lui avons faite, c'est à fendre le cœur le plus dur.

La scène de ce beau roman se passera en grande partie devant les tribunaux de Sa Majesté ; les principaux personnages seront M. Tarte (Joseph-Israël), M. Tardivel (Jules-Paul), des avocats et des huissiers. Le dénoûment sera probablement tragique. De toute évidence, nous finirons nos jours en prison en vertu de la cruelle contrainte par corps qu'on voit poindre à l'horizon, car, en romancier habile, M. Tarte nous laisse entrevoir déjà le châtiment du coupable afin d'exciter davantage l'intérêt, et pour rassurer le lecteur sur la moralité du récit. Il faut que le crime soit flétri ! Il le sera, n'en doutons pas.

On verra donc, du moins d'après le plan de notre collaborateur, le nommé Tardivel (Juies-Paul) languir dans un noir cachot ; on le verra dépérir ; on verra ses cheveux blanchir, malgré la prédiction d' " Un Journaliste ; " on le verra enfin mourir en prison entouré de sa femme et de ses enfants en pleurs. Ce sera touchant.

Voilà, croyons-nous, le canevas sur lequel M. Tarte entend broder les chapitres qu'il nous promet. Il est vrai que les quelques passages que nous écrirons ou ferons écrire, modifieront peut-être quelque peu le plan primitif. Mais il est certain qu'on peut s'attendre à quelque chose de poignant.

Il est possible, toutefois, que M. Tarte veuille bien accepter la transaction suivante : Le nommé Tardivel (Jules-Paul), au lieu de faire un long débat devant les tribunaux, confesserait jugement, et s'engagerait à payer les $25,000, évitant par là l'horrible contrainte par corps. Mais comme ledit Tardivel n'a pas le sou—ses moyens pécuniaires étant une pure fiction du romancier—il paiera sa dette en nature. Or, sa seule *nature* à lui c'est l'encre, ce sont les écritures. Il écrira des articles dans les journaux dudit Tarte jusqu'à concurrence de ladite somme de $25,000. Le sujet de ces écrits sera " Faits et gestes de M. Tarte (Joseph-Israël), ses exploits, ses mœurs politiques, ses compagnons d'armes, ses luttes, ses voyages en caravane, et finalement sa conversion opérée par le bon Lacoste." Ledit Tarte aura le droit de fixer lui-même la valeur desdits écrits. Quand il trouvera qu'il en a eu pour $25,000, il le fera assavoir au dit Tardivel qui cessera dès lors, en retour d'une quittance générale et finale, d'écrire dans les journaux dudit Tarte, se réservant toutefois le droit de terminer ses dits récits dans d'autres feuilles.

Nous est avis que si M. Tarte acceptait notre proposition, le roman serait beaucoup moins long et moins compliqué qu'il ne le sera d'après le plan dressé par notre collaborateur. Il serait même très court, car nous sommes convaincu que M. Tarte estimerait la prose dudit Tardivel à un prix fou, tant il la trouverait intéressante et instructive pour ses lecteurs !

Notre roman serait, sans doute, moins dramatique, si

notre offre était acceptée ; il n'y aurait ni prison, ni cachot, ni pleurs, ni grincements de dents ; mais en revanche nous aurions une fameuse étude de mœurs canadiennnes.

---

7 avril 1883.

Nous sommes désappointé, affligé, humilié. M. Tarte, qui nous avait promis solennellement sa collaboration, nous a fait faux bond à la dernière minute ; il ne veut plus écrire, il ne veut plus du roman canadien qu'il avait si bien commencé et qui promettait d'être si intéressant. Il boude. C'est très laid da sa part, et nous demandons pardon pour lui à tous nos lecteurs. C'est un jeune homme inconstant, voyez-vous, qui ne sait pas trop ce qu'il veut. Absorbé comme il est par les durs travaux auxquels il se livre pour " acquérir l'indépendance sous le rapport de la fortune," il ne saurait guère se consacrer aux œuvres de l'esprit, ni cultiver avec avantage les arts d'agrément. Nous comprenons tout cela ; mais M. Tarte aurait dû y penser avant de s'engager si formellement à nous fournir de la *copie*.

Nous ne renonçons pas à notre roman ; loin de là. Seulement, comme il va falloir que nous l'écrivions seul—les avocats appellent cela procéder *ex parte*—nos lecteurs voudront bien attendre encore un peu. Nous ferons tout en notre pouvoir pour rendre ce feuilleton aussi épicé que possible.

En attendant que nous puissions continuer notre œuvre, et pour dédommager un peu nos amis de ce fâcheux contre-temps, nous allons leur conter deux petits contes ; un conte canadien et un conte arabe.

***

Il y avait une fois un fabricant de bonnets ; il faisait des bonnets de toutes sortes, de toutes dimensions et de toutes les couleurs.

Un jour il fit un très vilain bonnet, un bonnet ridicule à voir, qu'aucun honnête homme n'aurait voulu se mettre sur la tête.

Il y avait dans ce pays-là un être excentrique qui voulait passer pour avoir beaucoup d'esprit. Le fabricant de bonnets prend son vilain bonnet et le montre à cet individu en lui demandant ce qu'il en pense. L'être excentrique saute sur le bonnet, se l'ajuste sur la tête, et trouve que ça lui va à merveille.

Mais chose singulière, l'être excentrique se fâche tout rouge contre le bonnetier, l'accuse de l'avoir insulté, injurié, et le menace d'une bonne dégelée s'il ne vient lui ôter le vilain bonnet. Or, pour toute réponse, le fabricant de bonnets éclate de rire. Et l'être excentrique, au lieu de fustiger le bonnetier, comme il avait menacé de le faire, garde le vilain bonnet sur sa tête, salue profondément la compagnie et s'en va.

Et il court encore, toujours coiffé du vilain bonnet, au grand amusement des gens de ce pays-là.

Voici maintenant le conte-arabe :

Il y avait autrefois, près du grand désert de Sahara, un puissant cheik nommé Israël qui n'avait qu'une préoccupation, c'était de devenir riche. Pour atteindre son but il employait parfois des moyens qui n'étaient pas reconnus par le Coran. Les caravanes qui passaient près de sa tente étaient souvent forcées de lui payer un tribut. Cependant, le cheik Israël n'était pas heureux, car il y avait dans les environs un lion dont les rugissements, la nuit, l'empêchaient de dormir. Ce lion n'était pas de forte taille, mais il ravageait le troupeau du cheik d'une manière alarmante.

Un jour le cheik, qui se croyait très brave et grand chasseur devant Allah, jura par la barbe du Prophête qu'il débarrasserait le pays du lion. Il s'affubla donc de son grand burnous. Ce burnous avait été jadis blanc comme les neiges du mont Atlas, mais à l'époque dont nous parlons il était très sale, le cheik l'ayant affreusement maculé et déchiré dans ses courses après les caravanes auxquelles il voulait faire payer le tribut. Puis il décrocha son long fusil et le chargea jusqu'à la gueule, le bourrant de 25,000 balles. Il prit le chemin du désert.

Tout à coup il se vit en présence du lion qu'il cherchait. Il arma son fusil et fit mine de tirer, croyant que son ennemi allait prendre la fuite. Mais le lion, adossé à un rocher, se contenta de lui montrer les dents ; c'était sa manière à lui de sourire. Alors la peur saisit le brave Israël. " Si je tire, se disait-il, et si je manque mon coup, je suis mort, car non seulement le lion va me manger, mais mes balles frappant le rocher vont rebondir sur moi. Sauvons-nous ! " Et prenant ses jambes à son cou, et jetant loin de lui son long fusil chargé jusqu'à la gueule, l'intrépide cheik s'enfuit.

Et lui aussi court encore, au grand plaisir de toutes les caravanes qui traversent le désert de Sahara, lesquelles caravanes ne sont plus soumises au tribut par le terrible cheik.

21 avril 1883.

Impossible de nous occuper longuement, cette semaine, de la nouvelle poursuite que M. Tarte nous a intentée, car nous l'avons reçue, cette nouvelle action. C'est un sujet fort intéressant, sans doute, mais il y a des questions plus importantes à traiter. Nous y reviendrons du reste. Qu'il nous suffise de dire que M. Tarte a ajouté quelques oripeaux au vilain bonnet dont il s'est coiffé. Il croit que cela embellit sa coiffure. Le public en jugera bientôt.

Ce bon M. Tarte veut nous faire payer ces nouveaux brimborions ; ils sont chers, allez ! $5,000, s'ils vous plaît ; ce qui, avec le prix du bonnet, fait la bagatelle de $30,000 ! C'est cela ! avec les grands capitalistes comme nous on ne se gêne pas.

Le brave cheik Israël reprend son long fusil et y fourre 5,000 autres balles. Mais va-t-il tirer ? A tout événement, comme dirait M. F.-X. Archambault, le petit lion adossé au rocher ne bouge pas.

PASSE D'ARMES AVEC M. NANTEL

17 mars 1883.

M. Nantel, rédacteur du *Nord*, et député de Terrebonne, termine deux colonnes de plates injures à notre adresse par la phrase que voici :

" Le gouvernement ira droit son chemin. Il n'a pas besoin de monsieur le pessimiste. Quand même il en aurait besoin, il n'aura jamais son appui, et jamais gouvernement, fût-il composé d'hommes ou de personnages célestes, ne pourra jamais compter sur lui d'une manière sûre et certaine."

M. Nantel a dit là une grosse vérité sans le vouloir. En effet, la *Vérité* ne soutiendra jamais aucun gouvernement d'une manière " sûre et certaine ", c'est-à-dire, quand même, à tort et à travers, comme fait M. le député de Terrebonne. Nous donnerons notre appui à tout gouvernement qui nous paraîtra digne de cet appui ; mais jamais nous ne renoncerons à notre franc-parler.

Si le lourd et servile député de Terrebonne ne comprend pas la supériorité de notre position comparée à la sienne, eh bien ! tant pis pour lui. C'est que l'esprit de parti le plus abject et le *sénécalisme* le plus révoltant l'ont complètement aveuglé.

---

31 mars 1883.

Un Canadien qui n'est pas de belle humeur c'est le brillant jeune homme qui cumule les fonctions de rédacteur du *Nord* et de député de Terrebonne à la législature provinciale, l'intéressant M. G.-A. Nantel, enfin. Les quelques lignes que nous lui avons consacrées dans notre avant-dernier numéro nous ont valu quatre colonnes de beaux compliments. M. Nantel nous dédie toute sa dernière " Lettre de Québec," tandis que son assistant, homme inconnu, mais violent, nous accable dans un article *ad hoc*. Comme on le voit, c'est une belle exécution.

M. Nantel commence par dire qu'il vaut mieux " *ignorer* complètement ce Pierrot de la presse " ; que " si, au loin, on connaissait M^{tre} Tardivel comme on le connaît ici, [à Québec] il [M^{tre} Tardivel] n'aurait pas cent lecteurs." Il affirme de plus que M. Tardivel est un de " ces êtres faibles et impuissants qui éprouvent le besoin de mordiller quand ils ne peuvent dévorer." Enfin, l'aimable homme nous décoche mille autres traits aussi cruels.

Une seule remarque, en réponse à toute cette éloquence : Si la *Vérité* est chose si insignifiante, pourquoi le rédacteur du *Nord* y consacre-t-il toute une page de sa feuille !

M. Nantel nous fait un peu beaucoup penser à ce bon M. Tarte qui affecte de ne pas s'occuper de nous et qui, nonobstant, évalue un seul de nos articles au prix exorbitant de $25,000.

***

En commençant ses trois colonnes de compliments, M. Nantel adresse un reproche à son assistant qui a eu le mauvais goût de s'occuper de nous. " A sa place, dit-il, j'aurais fait comme les journalistes de Montréal et de Québec qui ignorent complètement ce Pierrot de la presse."

Nous trouvons que le reproche est mal placé dans la bouche de M. Nantel. Son assistant se contente d'une colonne à notre adresse, tandis qu'il faut au rédacteur en chef les trois-quarts d'une page pour nous dire combien il nous *ignore*. Ce n'est pas un modèle de concision.

Quant aux journalistes de Montréal et de Québec qui nous *ignorent* complètement, nous les *connaissons*, eux. Ce sont de braves polichinelles que la même ficelle, tirée par la même main, fait danser au son de la même musique. Ne pouvant nous répondre d'une manière passable ils ont reçu l'ordre du Maître de se taire, et ils se taisent, ou à peu près ; pourtant, c'est plus fort qu'eux, et ils laissent échapper un petit cri de temps à autre.

M. Nantel doit comprendre que le silence de ces excellentes marionnettes ne nous impressionne pas plus que les grandes colères du député de Terrebonne.

***

M. Nantel nous reproche tous nos méfaits, et ils sont nombreux, on voudra bien le croire. Ou plutôt, il affirme que " si nous étions quelque chose," il nous dirait ci et ça. Mais comme, dans l'opinion de M. Nantel, nous ne sommes rien du tout, il faut conclure que ces trois colonnes sont écrites pour ne rien dire. On s'en doutait un peu.

Il va sans dire que parmi nos méfaits il y a " le *tort* que nous faisons à la religion et aux véritables principes."

Nous félicitons M. Nantei d'avoir hérité de ce superbe cliché libéral qui arrondit si bien une phrase.

A part ce grief, M. Nantel nous reproche aussi notre manque de vénération pour MM. Mousseau, Chapleau et autres. Nous avouons humblement n'avoir rien à répondre. Nous avons essayé d'admirer tous ces gens-là, en commençant par M. Sénécal et en finissant par M. Nantel, mais nous avons eu la douleur de constater que la bosse de l'admiration n'est guère développée chez nous. Nous n'avons pas la faculté de nous pâmer à tout propos et à propos de rien. Nous le savons, c'est un grave défaut chez un journaliste, mais c'est la nature qui en est coupable. Va-t-on nous lapider parce qu'il nous manque une bosse ?

Quoique M. Nantel soit sublime, nous dirons franchement que son assistant l'enfonce. Dans l'article spécial dont ce jeune homme nous gratifie, il y a des perles, des rubis, des diamants. Par exemple, après que M. Nantel nous a enseveli sous trois colonnes de " Lettres de Québec " à la première page, ce candide écrivain nous assure, à la deuxième page, que le dit M. Nantel " n'a pas durant la session *les loisirs* (sic) de s'occuper de ce singulier personnage" — c'est le titre qu'il veut bien nous donner.

Mais voici ce qui nous inquiète. M. Nantel s'occupe de nous ; or il n'a pas *les loisirs* de le faire pendant la session : donc il néglige ses devoirs de député. C'est grave, mais la conclusion est rigoureusement logique.

Après cet effort, il n'est pas étonnant de voir le jeune homme qui aide M. Nantel à rédiger le *Nord*, nous comparer à Lucifer. Ça y est en toutes lettres, lisez plutôt :

" Il y a toujours eu de ces êtres orgueilleux et outrecuidants. Dans la cour céleste il y avait Lucifer qui préférait ses lumières à celles du Très-Haut : dans ce bas monde il y a M. Tardivel, M. le Pessimite, qui préfère son franc-parler et sa *Vérité*."

Et tout cela, voyez-vous, parce que, faute d'une bosse, nous n'admirons pas suffisamment MM. Dansereau, Sénécal, Mousseau et cie. On est bien cruel, au *Nord* !

JOURNALISTES LAIQUES

---

7 avril 1883.

Nous voyons que notre excellent confrère du *Catholic Universe*, de Cleveland, Ohio, est, comme nous, aux prises avec certaines gens qui ne veulent pas que les journalistes laïques touchent, de près ou de loin, aux questions reli-

tous les pays les mêmes préjugés, les mêmes fausses idées, les mêmes haines !

Notre confrère se défend avec vigueur et expose très habilement le rôle du journaliste catholique laïque.

Pie IX et Léon XIII ont formellement, et à plusieurs reprises, reconnu la nécessité de la presse catholique militante. Que d'encouragements le grand Pontife qui n'est plus n'a-t-il pas donnés aux écrivains laïques ! Que de fois n'a-t-il pas béni M. Louis Veuillot, le type du journaliste catholique !

Mais, pour certains esprits chagrins, ces actes des Pontifes romains ne suffisent pas ; ils sont toujours hostiles, non seulement à tel ou tel journaliste en particulier, ce qui pourrait facilement s'expliquer, mais à la presse religieuse comme institution. Ils voudraient que les journaux, si l'on excepte peut-être les *Semaines religieuses*, ne fussent remplis que d'articles purement politiques, purement scientifiques, purement d'affaires. Un écrit où sont défendus les droits de l'Eglise, où ses ennemis sont démasqués et combattus, où les erreurs sociales sont signalées, leur donne d'affreuses crispations. L'écrivain laïque qui ose toucher à ces questions a beau employer un langage modéré, il a beau s'appuyer sur les autorités les plus sûres, il a beau proclamer les principes les plus incontestables, il a beau dire les vérités les plus opportunes, il est toujours certain de se faire lancer par la tête ce vieux cliché qui paraît avoir été traduit du français dans toutes les langues modernes : " Vous faites tort à la religion " ! On finit par s'y habituer.

Nous avons déjà publié, sur cette question du journalisme catholique, un extrait du deuxième concile de Québec, tenu en 1854. Nous croyons à propos de le remettre sous les yeux de nos lecteurs. Sous la rubrique : “ Des journaux,” les Pères du deuxième Concile disent :

“ Le besoin d'un journal français, pour propager les bons principes, se fait de plus en plus sentir. Ce journal, rédigé par des LAIQUES instruits et chrétiens, produirait plus de fruits, parce qu'il rencontrerait moins de préjugés que s'il était sous l'entière direction du clergé.”

Si notre estimable confrère de Cleveland voulait faire connaître cette décision du deuxième concile de Québec aux journalistes américains qui n'aiment pas que les laïques touchent aux questions religieuses, il réussirait peut-être à les convaincre qu'ils sont dans l'erreur.

LOUIS VEUILLOT

14 avril 1883.

Une des plus grandes figures des temps modernes vient de disparaître ; le plus puissant écrivain de ce siècle, le père du journalisme catholique n'est plus ; Louis Veuillot est mort !

Que sa belle et grande âme qui a tant lutté, qui a tant souffert ici-bas, goûte là-haut les ineffables jouissances du repos éternel !

Lecteurs de la *Vérité*, priez pour l'âme de Louis Veuillot. Demandez à Jésus de ne point tenir compte des faiblesses humaines auxquelles son grand serviteur n'a peut-être pas échappé ; mais de lui accorder sans délai la récompense promise à ceux qui soutiennent le bon combat jusqu'à la fin.

Dans ce siècle pervers et lâche, Louis Veuillot n'a jamais rougi de Jésus-Christ devant les hommes. Confesser Jésus-Christ, ça été le trait caractéristique de sa vie. Nous avons donc l'assurance que Jésus ne rougira pas de lui devant son Père.

Comment parler de cet homme de bien dans un court article de journal écrit à la hâte? Comment, dans quelques lignes, rendre justice à ce talent transcendant, à ce grand héros catholique, à ce vaillant champion de l'Eglise? La tâche est au-dessus de nos forces. Cependant, il nous est impossible de laisser passer cette circonstance sans essayer de rendre un faible témoignage à la mémoire de ce courageux soldat du Christ.

Nous dirons peu de choses de sa vie; nous voulons surtout parler de ses œuvres. Pourtant, sa vie a été un bel enseignement. Né de parents pauvres, dans une obscure campagne de France, obligé de s'instruire tout seul, pour ainsi dire, il a rempli le monde entier du bruit de son nom. Pendant trente ans, il a été, parmi les laïques, la figure la plus en évidence de l'Europe. Et c'est par la force de son génie, par la puissance de sa voix, par la fermeté inébranlable de ses convictions qu'il attirait les regards de tous ses contemporains. Il n'avait à sa disposition ni la fortune, ni le pouvoir, ni la réclame complaisante; il a brillé par le seul éclat de l'immense talent dont Dieu l'avait doué et par le saint usage qu'il a toujours fait des belles facultés qu'il avait reçues du ciel.

Louis Veuillot naquit à Boynes, en 1813. Son père était un simple ouvrier qui ne put donner à ses enfants qu'une instruction fort élémentaire. Par malheur, le jeune Veuillot n'était pas chrétien. Cependant, bien que plus tard, dans son humilité, il ait flétri sévèrement cette partie de sa vie, on ne voit pas qu'il soit tombé dans la fange du vice. Il était à cette époque plus ignorant que méchant, plutôt étourdi que pervers. De 1832 à 1836 il rédigea plusieurs journaux politiques de province avec un grand talent et une extrême vigueur. En 1838, il fit un voyage à Rome, où les imposantes cérémonies de la Semaine sainte l'impressionnèrent profondément. Il revint en France sincèrement converti. C'était un homme nouveau. Et depuis cette époque jusqu'à sa mort il est resté fervent catholique. Au milieu des terribles luttes de sa longue carrière, il a su conserver une douce piété, une tendre dévotion que l'ardeur des combats n'a jamais pu altérer.

De 1838 à 1843, il écrivit plusieurs ouvrages remarquables, entre autres : *Les pèlerinages de Suisse.* Il aecompagna le maréchal Bugeaud en Afrique, en qualité de secrétaire. Pendant son séjour dans ce pays, il composa son ouvrage intitulé : *Les Français en Algérie.* Revenu de l'Algérie, il fut nommé à un emploi au ministère de l'intérieur, mais il quitta bientôt ce poste pour entrer à la rédaction de l'*Univers* dont il devint le rédacteur le plus marquant dès 1843. C'est de là que date sa véritable carrière.

Louis Veuillot a créé le journalisme catholique. Joseph de Maistre, au commencement du siècle, avait porté de terribles coups à l'impiété voltairienne dans le domaine de la philosophie. Louis Veuillot a été le continuateur de l'œuvre de l'immortel auteur des *Soirées de Saint-Pétersbourg.* Il a pour ainsi dire vulgarisé l'enseignement de de Maistre. Il a porté la guerre partout, dans la politique, dans les sciences, dans les lettres. Il a brisé à coups de hache les barrières et les obstacles élevés par le paganisme moderne pour empêcher la doctrine de Jésus-Christ de circuler librement parmi toutes les classes de la société.

Il a lutté corps à corps avec les ennemis de l'Eglise, les

terrassant toujours. On lui a reproché de porter des coups trop rudes, mais quand on étudie le caractère des luttes auxquelles il a été mêlé, quand on se rend bien compte du genre d'adversaires contre lesquels il avait à combattre, il faut reconnaître que ce reproche n'est point fondé. On parle aussi beaucoup de ses discussions avec certains membres de l'épiscopat français et on le représente comme un homme qui cherchait sans cesse à se mettre à la place des évêques. C'est une pure calomnie qu'on répète de confiance, car il est impossible qu'un homme de bonne foi puisse lire les ouvrages de Veuillot sans admettre que jamais l'autorité épiscopale n'a eu un plus courageux défenseur que le rédacteur en chef de l'*Univers*.

On a grandement exagéré ses démêlés avec l'épiscopat. Il est vrai qu'il est venu en conflit avec certains évêques, mais ce n'était pas là le trait saillant de ses luttes, comme on a voulu le donner à entendre. C'était simplement des incidents que Louis Veuillot regrettait plus sincèrement que ceux qui formulent contre lui ce reproche. La preuve que le rédacteur de l'*Univers* n'a jamais méconnu l'autorité épiscopale, c'est qu'il a reçu de Pie IX et de la grande majorité de l'épiscopat français les plus magnifiques éloges, les plus chaleureux encouragements. Pour nous, cela nous démontre que son œuvre était bonne et opportune. Sans doute, elle n'a pas été exempte de toute imperfection; quelle est l'œuvre humaine qui soit sans tache? Mais l'histoire impartiale dira que Louis Veuillot a rendu des services immenses à l'Eglise.

On se plaît ordinairement à ne considérer en Veuillot que le polémiste ardent, le journaliste militant, l'apologiste plein de feu. Sans doute, il a été grand dans son rôle de soldat, mais ses goûts le portaient ailleurs. On s'imagine généralement qu'il était agressif de sa nature, qu'il se battait pour le plaisir de se battre. Rien de plus inexact. Par tempérament, il était porté à la douceur. Au milieu de la bataille, il a écrit des pages d'une suavité angélique. *Ça et là*, *Historiettes et fantaisies*, *Corbin et d'Aubecourt* sont des œuvres qui respirent la poésie la plus pure, une tendresse, une douceur, une sérénité qui vont droit au cœur. Dans la préface de ce dernier ouvrage, Veuillot nous fait la confidence suivante :

" Si j'ai soutenu tant de polémiques, dit-il, ce fut bien par ma volonté, mais mon goût me portait ailleurs. J'ai été journaliste comme le laboureur est soldat uniquement parce que l'invasion l'empêche de rester à cultiver ses champs. Je ne tenais ni à recevoir ni à porter des coups, et les joies de ma carrière ne sont pas d'avoir été mis à l'ordre du jour pour quelque fait d'armes plus ou moins heureux, mais d'avoir vu parfois une pauvre petite fleur éclore dans mon courtil délaissé."

C'était, en effet, l'invasion de l'impiété qui forçait Veuillot à quitter les œuvres purement littéraires, qui lui auraient donné la fortune et la gloire, et à se jeter dans la lutte. Il ne pouvait endurer la vue des railleurs de la libre-pensée qui insultaient l'Eglise, la papauté, le clergé, tout ce qui lui était cher. Pendant la suppression de l'*Univers* il écrivit, dans les *Odeurs de Paris*, ce passage qui peint bien le sentiment qui le poussait à combattre.

" J'évite la lecture du *Siècle*, compère Louis Jourdan. Vous êtes là un chœur de cacographes qui n'avez plus rien à me montrer, et qui me donneriez trop la tentation d'écrire.

" Je n'écris point quand je veux, compère ! Il me faut ou beaucoup de papier, ou un peu de timbre, et passer par bien des tourniquets redoutés. . . Qu'il s'agisse de politique, de religion, d'économie sociale, ou seulement de repousser les attaques de l'histrionnerie, la moindre chose que je veuille dire m'oblige de demander au lecteur 75 centimes tout au moins. Vous autres, heureux cacographes, vous êtes libres comme la Belle-Hélène. Vous tenez tous les propos, vous faites tous les gestes, vous dansez toutes les danses...

" Prissé-je le parti insensé de faire chaque semaine une brochure à 75 centimes, il y a des lois qui me protégeraient contre ma folie. *Péridiocité déguisée*, délit prévu par quantité d'articles munis de crocs, de pinces et de courroies : amende, prison, confiscation. Vous le savez, homme juste.

" Vous comprenez donc que la lecture des journaux me ferait davantage sentir, sans nul profit, le bâillon que je porte depuis six ans. Votre *Siècle* aimant surtout à s'occuper de l'Eglise, je m'écarte du *Siècle* surtout. Imaginez un prisonnier qui ne pourrait regarder à travers ses barreaux sans voir une certaine livrée outrager sa mère... Ah ! cacographes, si j'ai parfois, quand j'étais libre, troublé vos délices, vous êtes vengés."

L'histoire de l'*Univers* depuis 1843 c'est l'histoire des luttes pour la liberté religieuse en France et pour les droits de l'Eglise dans toute l'Europe. Les dix-huit volumes de *Mélanges*, composés des meilleurs articles de Louis Veuillot, forment un véritable arsenal où l'on trouve toutes les armes nécessaires à la défense de la vérité et de la justice.

Sous Louis-Philippe, de 1843 à 1848, Veuillot, avec Montalembert qui marchait alors sous le drapeau de l'*Univers*, et plusieurs autres catholiques, livra un combat acharné au monopole de l'enseignement. Cette campagne fut couronnée d'un succès partiel sous la république de 48.

En 1852, eut lieu la grande discussion à propos des auteurs païens dans les écoles. Veuillot prit fait et cause pour Mgr Gaume et l'enseignement chrétien. Vers ce temps le rédacteur de l'*Univers* eut une vive polémique avec l'abbé Gaduel au sujet de Donoso Cortès, grand ami de Veuillot. En cette circonstance Mgr Sibour, archevêque de Paris, censura l'*Univers*. Mais Veuillot en appela à Rome où il eut gain de cause. C'est pour clore cet incident que Pie IX écrivit sa célèbre encyclique *Inter multiplices*, dans laquelle il recommande les journalistes catholiques à la bienveillance des évêques. L'archevêque de Paris leva aussitôt les censures portées contre l'*Univers*.

Plus tard, en 1856, l'abbé Cognat, dans un libelle intitulé : l'*Univers jugé par lui-même*, et l'abbé Sisson, dans le journal l'*Ami de la religion*, firent une guerre des plus déloyales contre Veuillot. Ce fut à cette occasion que le grand écrivain reçut de près de 40 évêques français et d'un grand nombre d'évêques étrangers un magnifique témoignage d'estime.

Puis vint la question italienne. Louis Veuillot soutint avec une vigueur remarquable les droits du Saint-Siège, et s'attira par là les colères de l'empereur Napoléon III. Le 28 janvier 1860, le rédacteur en chef de l'*Univers* reçut la lettre encyclique, *Nullis certe verbis*, condamnant les derniers attentats contre le Saint-Siège. Louis Veuillot porta cette lettre du Pape à ses collaborateurs en leur disant : " Voici l'arrêt de mort ; le journal ne vivra plus demain." La lettre fut publiée et l'*Univers* fut supprimé. Cette fin glorieuse est la meilleure réponse aux ennemis de Louis Veuillot qui l'accusent d'avoir flatté l'empire. N'étant pas homme de parti, il a soutenu l'empire tant que ce régime lui a paru favorable à l'Eglise. Mais aussitôt que l'empereur eut prévariqué nul ne l'a combattu aussi courageusement que lui.

En 1867, l'*Univers* fut rétabli. Pendant le Concile, Louis Veuillot soutint une lutte restée mémorable en faveur de l'infaillibilité. Durant la guerre franco-prussienne et le siège de Paris, il écrivit des articles d'une vigueur incroyable. Il se rallia à la cause du comte de Chambord qu'il considérait comme le seul homme capable de sauver la France.

A part ses articles de polémique, Louis Veuillot a composé un grand nombre de livres, dont les plus remarquables sont : *les Odeurs de Paris*, *Le parfum de Rome*, *Çà et là*, *L'honnête femme*, *Le droit du Seigneur*, *La Vie de Notre-Seigneur*, *Le lendemain de la Victoire*, *Rome et Lorette*, *Les libre-penseurs*, etc.

Depuis plusieurs années, miné par une cruelle maladie, il n'écrivait plus. Il est mort samedi dernier, le 7 avril, à l'âge de 70 ans.

Sa vie et ses œuvres sont un exemple de courage, de constance, de dévouement dans la lutte pour le droit, la vérité et la justice.

CONTE CANADIEN

14 juillet 1883.

En l'an de grâce 1883, Sénécal et la clique régnant, des ouvriers travaillaient à déblayer le terrain où s'élevaient naguère les bureaux et ateliers du *Canadien*.

Soudain, un coup de pic met à découvert un cercueil en plomb. Aussitôt un groupe se forme autour de la merveilleuse trouvaille, et la conversation suivante s'engage :

PREMIER OUVRIER :—Qu'est-ce que c'est que ça ?

SECOND OUVRIER :—Tu vois bien, Pierre, c'est un cercueil.

TROISIÈME OUVRIER :—Qu'est-ce qu'on va en faire ?

QUATRIÈME OUVRIER :—Quand on a démoli le vieux collège des jésuites, on a trouvé comme ça des ossements, et le *foreman* les a donnés à M. Faucher de Saint-Maurice. Peut-être ben qu'il faudrait lui donner ce corps-là aussi.

PREMIER OUVRIER :—Je me rappelle avoir lu dans les gazettes que M. Faucher avait perdu ses ossements.

SECOND OUVRIER : — Pourtant il a composé un beau livre sur cette affaire, à ce que j'ai entendu dire [1].

TROISIÈME OUVRIER : — Tout de même, comme dit Pierre, il a perdu ses ossements et je ne suis pas pour qu'on lui donne ce cadavre-ci.

QUATRIÈME OUVRIER :—Ouvrons toujours la tombe pour voir ce qu'il y a dedans.

Dans un instant le cercueil fut ouvert et les ouvriers, étonnés et interdits, contemplaient le cadavre d'un homme, parfaitement conservé.

Pendant qu'ils délibéraient ensemble sur le parti à prendre, M. Sigismond Mohr, gérant de la compagnie de téléphone, vint à passer, avec une batterie électrique sous le bras. Voyant le rassemblement il s'approcha ; puis croyant l'occasion bonne pour faire une expérience, il appliqua son appareil au cadavre auquel il donna plusieurs chocs violents.

Au bout de quelques instants, le cadavre ouvrit les yeux, s'assit dans son cercueil, et jeta autour de lui un regard effaré.

Où suis-je ? dit le cadavre d'une voix sépulcrale.

1—Voir au premier volume des *Mélanges* l'article intitulé : *De la petite bière dans de grosses bouteilles.*

Les ouvriers reculèrent épouvantés.

PREMIER OUVRIER :—Mon Dieu, c'est M. Tarte, du *Canadien !*

SECOND OUVRIER :—T'es pas fou, Pierre, M. Tarte n'est pas mort, je l'ai vu encore ce matin. Pourtant, ça lui ressemble diablement.

PLUSIEURS OUVRIERS :—C'est lui, certain.

LE CADAVRE :—Vous parlez de Tarte, c'est moi qui suis Tarte.

PLUSIEURS OUVRIERS :—Tu vois bien, Baptiste, c'est lui ; il doit se connaître, cet homme.

SECOND OUVRIER :—Pourtant, je vous jure que je l'ai vu entrer dans son bureau il n'y a pas une demi-heure. Mais pour en avoir le cœur net, je m'en vas au *Canadien* les avertir.

Le brave ouvrier entre au *Canadien*, force la consigne, fonce dans le cabinet du rédacteur en chef, et trouve M. Tarte occupé à écrire un premier-Québec sur la nécessité de l'indépendance sous le rapport de la fortune.

Sans le moindre préambule, l'ouvrier s'écrie :—

M. Tarte, on vient de déterrer un homme qui vous ressemble et qui dit qu'il est vous.

M. TARTE. —Déterrer un homme ! Où çà ?

L'OUVRIER :—Au coin de la rue Garneau, là ousqu'on bâtit une maison.

M. TARTE :—Où est-il, cet homme ? Qu'est-ce qu'il veut ? Comment l'avez-vous trouvé ?

L'OUVRIER.—On a mis le cercueil à découvert, puis on l'a ouvert, et le cadavre a repris ses sens et il a dit qu'il était Tarte.

M. TARTE (pâlissant) :—Un cercueil ! Un cadavre ! Il faut que je voie ça ! Montrez-moi ça !

Et M. Tarte se rend en courant, suivi des deux Demers,

des deux Levasseur, de M. Marcotte et de tous les typographes de l'établissement, à l'endroit indiqué par l'ouvrier.

Le cadavre était encore assis dans le cercueil et conversait avec les ouvriers qui se tenaient encore un peu à l'écart. Ils avaient dit au ressuscité qu'un des leurs était allé au *Canadien* chercher M. Tarte.

LE CADAVRE :—Mais je vous dis, mes amis, que c'est moi qui suis M. Tarte, Joseph-Israël Tarte, ancien rédacteur du *Canadien*, mort en 1882. Mais peut-être que c'est mon frère Napoléon qu'il est allé chercher.

UN OUVRIER :—Non, monsieur, c'est M. Tarte l'écrivain, c'est vous qu'il est allé chercher.

LE CADAVRE :—Je ne comprends plus rien.

M. Tarte, à la vue de son propre cadavre, tombe évanouit dans les bras de Nazaire Levasseur. De son côté, le cadavre, voyant cet autre lui-même plein de vie, faillit se trouver mal.

Le commis chez Burke étant accouru avec de l'amoniac, on réussit à faire reprendre connaïssance à M. Tarte.

Ce fut le ci-devant cadavre, que nous appellerons dorénavant Tarte l'Ancien qui entama la conversation par ces mots :

Qui êtes-vous ?

TARTE LE JEUNE :—Je suis Joseph-Israël Tarte, rédacseur du *Canadien* et de l'*Evénement.*

TARTE L'ANCIEN :—Mais c'est là mon nom aussi, et je fus jadis rédacteur du *Canadien* dont les modestes bureaux s'élevaient à cet endroit même.

LOUIS DEMERS :—Il faut voir les beaux bureaux que nous avons maintenant sur la rue de la Fabrique !

TARTE LE JEUNE : — Je me souviens d'avoir entendu parler de vous. Vous êtes mort empoisonné par Sénécal, si je me rappelle bien.

TARTE L'ANCIEN :—D'où venez-vous ? Quand et où êtes-vous venu au monde ?

TARTE LE JEUNE :—La première fois que j'aie vu la lumière du jour, c'était à bord du *Parisian*, sur les côtes de l'Irlande. J'étais dans les bras de Sénécal. Dansereau et le bon Lacoste entouraient mon berceau et recueillaient mes premiers vagissements. Je grandis rapidement, et pus bientôt suivre la caravane jusqu'à Paris. Là Chapleau ne voulut pas croire que c'était moi, et madame Sénécal refusa de me recevoir. Mais le bon Lacoste me fit visiter les églises de Paris...

TARTE L'ANCIEN : — Chose étrange, ce Sénécal qui semble vous avoir donné la vie est celui-là même qui m'a donné la mort. Je me rappelle encore le jour néfaste où il me plongea dans un sommeil mortel en faisant sur moi un signe magique. Et Tarte l'Ancien traça dans l'air, de sa main décharnée, le signe cabalistique : **$**. Puis il continua : Ensuite, une fois endormi, il me fit respirer une poudre jaune comme de l'or. L'âcre odeur de cette poudre me tua. Comme j'étais mort dans des circonstances aussi ténébreuses on n'a pas voulu m'enterrer en terre sainte et l'on m'a enfoui dans la cave. C'était en 1882. Suis-je mort depuis longtemps ?

TARTE LE JEUNE :—Depuis une année seulement. Nous sommes en 1883.

TARTE L'ANCIEN :— Donnez-moi des nouvelles de mon journal le *Canadien*, et des amis d'autrefois. Que sont-ils devenus ? Vous avez dit que vous étiez rédacteur du *Canadien !* Vous avez continué les traditions du passé. Vous dénoncez toujours la clique à la *Minerve.* Vous défendez le coffre provincial contre Sénécal et sa bande. Vous faites la guerre aux libéraux. Vous condamnez toujours l'idée de la coalition. Vous êtes l'ennemi acharné des concessions, des compromis. Vous considérez le libéralisme catholique comme le grand danger de l'époque. Vous vous montrez ultramontain, c'est-à-dire défenseur courageux de la doctrine catholique...... Vous gardez le silence. Parlez, je vous en conjure.

Tarte le jeune :—Sachez, monsieur, qu'il faut obéir aux décrets de Rome, qu'il faut se soumettre aux ordres du Saint-Siège, qu'il faut écouter la voix du pape !

Tarte l'ancien :—Mais êtes-vous un échappé de l'asile de Beauport ? Qui vous parle des décrets de Rome ? Qu'est-ce que vous voulez dire ? Expliquez-vous.

Tarte le jeune :—Moi, je vous dis que je ne veux pas être parmi les révoltés contre les ordres du Saint-Père.

Tarte l'ancien :—Mais il est fou !

De quels ordres parlez-vous ? Quand les décrets dont vous parlez sont-ils venus ?

Tarte le jeune :—Les décrets du 13 septembre 1881. Puis le décret du mois de février de cette année.

Tarte l'ancien :—Mais les décrets de 1881, je les connais ; cela est venu avant ma mort. Il n'y a rien là-dedans qui empêche les journalistes catholiques de continuer la lutte contre le libéralisme catholique et les erreurs modernes qui menacent d'envahir notre pays, après avoir désolé les pays d'Europe. Et les autres décrets dont vous parlez, que disent-ils ?

Tarte le jeune :—Il s'agit de la succursale de l'Université-Laval à Montréal. Il faut se soumettre, entendez-vous !

Tarte l'ancien :—Mais il s'agit de la clique à Sénécal, de la vente du chemin de fer, de l'achat des consciences, de la corruption qui nous envahit de tous côtés, des voleurs organisés qui pillent la province pendant que les ministres et les députés laissent faire, quand ils ne sont pas complices. Prétendez-vous que tout cela soit dans les décrets de Rome et que le Saint-Siège vous ait défendu de toucher à ces questions-là ?

TARTE LE JEUNE :—Evidemment, vous êtes un rebelle, un révolté contre l'autorité religieuse. Vous parlez comme Trudel, de l'*Etendard*, le *Journal des Trois-Rivières*, et ce misérable Tardivel que je poursuis pour trente mille piastres.

TARTE L'ANCIEN :—(Avec étonnement.)

Mais de quel Trudel parlez-vous, de Benjamin ? A-t-il fondé un journal qui s'appelle .l'*Etendard ?* Je me rappelle que Benjamin avait menacé de me fouetter une fois...

TARTE LE JEUNE :—Non ! non ! le sénateur Trudel, F.-X. Trudel, le Grand Vicaire !

TARTE L'ANCIEN :—Mais c'était un de mes meilleurs amis ! Je lui ai fait des compliments dans mon journal. C'était un vrai catholique sans peur et sans reproche. J'aurais voulu le voir ministre. Mais comme je l'ai dit dans le temps, il avait un grand défaut, c'était d'être carrément catholique et foncièrement honnête. Serait-il tombé dans le libéralisme catholique ? Serait-il devenu endormeur ? Est-il en faveur de la clique, de la coalition ?

TARTE LE JEUNE :—C'est un révolté contre le Saint-Siège. Il bat en brèche l'autorité religieuse tous les jours dans son journal l'*Etendard*.

TARTE L'ANCIEN :—Mais, mais, mais, c'est singulier, lui qui s'était toujours montré le vaillant défenseur de l'Eglise. Lui qui s'était attiré la haine des libéraux. Il doit être bien avec la *Patrie*, maintenant.

TARTE LE JEUNE :—Oh non ! la *Patrie* l'injurie toujours.

TARTE L'ANCIEN : — Alors, qu'est-ce qu'il fait contre Rome ?

TARTE LE JEUNE :—Il désobéit aux décrets.

Tarte l'ancien :—Comment, qu'est-ce qu'il fait !

Tarte le jeune :—Il éreinte la clique à Sénécal, il dénonce la vente du chemin de fer, il combat Mousseau.

Tarte l'ancien :—Et c'est pour cela que vous dites qu'il est en révolte contre les ordres du Saint-Siège ?

Tarte le jeune :—Oui. Voyez-vous, la politique de Léon XIII en est une de conciliation...

Tarte l'ancien :—Mais je trouve que vous faites un abus épouvantable de la religion et des choses saintes en les indentifiant avec des causes aussi scabreuses que celle de la fameuse clique à Sénécal. Quand j'étais rédacteur du *Canadien*, si quelqu'un avait parlé comme vous parlez là, je l'aurais certainement dénoncé comme un hypocrite et un mauvais catholique qui cherche à ruiner l'autorité religieuse en la compromettant.

Et l'ami Gédéon Desilets, qu'est-ce qu'il fait pour mériter le titre de révolté ?

Tarte le jeune :—Il fait comme Trudel. De plus, il défend les jésuites...

Tarte l'ancien :—Et mon ancien collaborateur et ami Tardivel, que fait-il avec sa *Vérité* dans laquelle il a si vaillamment lutté avec moi contre la vente inique du chemin de fer du Nord à Sénécal et à sa bande.

Tarte le jeune :—Ne m'en parlez pas, il est encore pire que tous les autres révoltés ; je le poursuis pour $30,000. Il faut que je le ruine ; il me fait tort auprès du clergé.

Tarte l'ancien :—C'est-il possible ! Mon ancien compagnon d'armes avec qui j'ai lutté pendant sept ans contre le libéralisme qui nous envahit ! S'il n'y avait pas tant de monde ici, je pourrais vous raconter quelques-uns de nos travaux, en dehors du journalisme. Et il s'en va à la dérive avec les libéraux !

Tarte le jeune :—Je n'ai pas dit cela. Il n'est pas plus

avec les libéraux que de votre temps. Mais c'est un énergumène qui crie contre la franc-maçonnerie, contre le *laïcisme* et contre la corruption dans la politique. Il empêche les gens de dormir.

TARTE L'ANCIEN :—Mais c'est justement ce que nous faisions ensemble !

TARTE LE JEUNE :—Il combat la clique, lui aussi : de plus, il se mêle de mes relations avec les entrepreneurs publics. C'est pour cela que je le poursuis. Enfin il est en pleine révolte contre le Saint-Siège.

TARTE L'ANCIEN :—Quel abus du nom du Saint-Siège !

Mais qui sont donc vos amis, puisque tous mes anciens amis sont vos ennemis ?

TARTE LE JEUNE :—François Langelier, Char...

TARTE L'ANCIEN :—François Langelier, François-Stanislas Langelier, votre ami ! L'homme de l'influence indue ! L'homme que j'ai dénoncé avec tant de véhémence et de sainte colère comme l'ennemi mortel de sa province ! L'homme que j'ai flétri publiquement comme un menteur ! L'homme que j'ai flagellé à maintes reprises sur les hustings ! François Langelier votre ami !!!

Ensuite ?

TARTE LE JEUNE :—Charles Langelier, Ernest Pacaud...

TARTE L'ANCIEN :—Charles Langelier ! celui que j'ai nommé le dévidoir No 2 ! Et Ernest Pacaud, le petit rouge d'Arthabaska ! Ça fait un beau cercle d'amis pour le rédacteur du *Canadien !* Puis Nazaire Levasseur, qu'est-ce qu'il fait ici ? Est-ce un de vos amis, ça ?

TARTE LE JEUNE :—Sans doute, c'est un de mes assistants.

TARTE L'ANCIEN :—Avez-vous jamais vu...Mais vous avez dit tout à l'heure que vous étiez rédacteur de l'*Evénement.* Qu'est-ce que cela veut dire ? Ecrivez-vous dans cette feuille empoisonnée contre laquelle j'ai tant crié et qui a tant crié contre moi ?

TARTE LE JEUNE :—Oh oui ! Grâce à M. Sénécal, le roi non couronné, j'ai acheté l'*Evénement*, et j'en ai fait l'édition du soir du *Canadien*. C'est là que j'ai commencé la réhabilitation de tous les libéraux, *bleus* et *rouges*.

TARTE L'ANCIEN :—Au moins, en prenant la rédaction de cette feuille, vous en avez répudié et condamné le passé scandaleux ?

TARTE LE JEUNE :—Cela aurait fait de la peine à mon ami François Langelier qui écrivait dedans. François Langelier est maire de Québec, vous savez, et il y a des contrats de ce temps-ci. On construit un nouvel aqueduc, et il est question d'un manège.

TARTE L'ANCIEN :—Et les principes ? Vous ne vous en occupez plus ? Vous ne songez qu'à faire fortune ? Je me suis bien élevé contre les journalistes de votre espèce !

TARTE LE JEUNE :—Pour défendre les principes avec avantage, il faut commencer par acquérir l'indépendance sous le rapport de la fortune. Je commence par le commencement.

TARTE L'ANCIEN :—Comment vous y prenez-vous.

TARTE LE JEUNE :—Ça, c'est mon secret. Il y a trop de monde ici. Cela pourrait servir à Tardivel contre moi.

TARTE L'ANCIEN :—Malheureux que vous êtes ! Quels changements depuis une année ? Pauvre pays !... Pauvre journal ! C'en est trop ! c'en est trop ! Renfermez-moi dans mon cercueil et clouez-en bien solidement le couvercle...

En prononçant ces mots, Tarte l'ancien tombe à la renverse dans son cercueil.

TARTE LE JEUNE :—(aux ouvriers) Arrangez donc cette affaire-là. Il faut que j'aille voir le maire à propos de l'aqueduc.

DE VIEUX AMIS

10 novembre 1883.

Depuis longtemps nous les avions perdus de vue, nos vieux et chers amis de la Société d'admiration mutuelle. Ils ne donnaient guère plus signe de vie ; ils ne ravissaient plus le public par leurs merveilleuses productions littéraires ; ils se contentaient d'écouler tranquillement leur marchandise dans le bureau de M. Ouimet.

Cela " paie " beaucoup plus et offre infiniment moins d'inconvénients.

N'écrivant plus pour les *profanes*, nos admirables gens de la Société d'admiration mutuelle ne sont pas exposés aux railleries de ces monstres à face humaine, les critiques.

Du reste, c'est si vulgaire que de détailler ses livres à un public peu enthousiaste ! il vaut beaucoup mieux faire des ventes en gros à M. Ouimet, par l'entremise de M. Dunn. C'est plus chic, comme on dit à Paris, et c'est toujours le même public qui paie, en fin de compte.

Seulement, si un autre gouvernement arrivant au pouvoir, on faisait une enquête sur toutes ces transactions de la Société avec le bureau de M. Ouimet ! ...

Mais chassons loin de nous cette noire pensée....

Donc nous les avions perdus de vue, depuis longtemps, ces vieux et chers amis. Ou, pour parler plus correctement, c'étaient eux qui avaient oublié le public, car, pour nous, nous suivions toujours, d'un œil attendri, leurs progrès constants dans l'art....d'écouler leur marchandise.

Mais les voici qui reparaissent sur la scène de ce monde, ces bons amis d'autrefois.

Permettez que je les embrasse !

Ah ! ils sont bien ce qu'ils ont toujours été, et leur séjour dans le bureau de M. Ouimet ne leur a nullement fait oublier leur honorable métier. Comme ils savent encore joindre l'utile à l'agréable et ramasser des écus sur le chemin de la gloire !

Mais arrivons aux faits.

Donc il est, et a toujours été notoire que les membres de la Société d'admiration mutuelle soupirent après les douceurs intellectuelles de Paris, la Ville Lumière, la ville de Hugo et de Sarah Bernhardt, " l'oiseau des pays bleus " de M. Fréchette.

Mais un voyage à Paris ne se fait pas sans bourse délier, et quoique le bureau de M. Ouimet remplace avantageusement le public comme acheteur, on a contracté certains petits goûts raffinés incompatibles avec l'épargne.

Il faut par conséquent faire appel à son génie pour trouver les " voies et moyens."

L'hiver dernier, ces braves gens avaient imaginé un plan délicieux : c'était une grande loterie qui devait leur permettre de faire ce petit voyage tant désiré. On la décora d'un nom sonore et M. Faucher de Saint-Maurice, chevalier de ceci et de cela, se chargea de la faire légaliser par la législature de la province.

Hélas ! malgré les flots d'éloquence de M. Faucher de Saint-Maurice, les députés firent entendre un éclat de rire homérique, et la loterie tomba à l'eau.

Mais la Société d'admiration mutuelle a des ressources et ne se décourage pas facilement.

On découvrit quelque part qu'un vieux statut permet les loteries en faveur des œuvres de *charité* et de *colonisation.*

Mais il paraît difficile de relier une loterie, dont l'unique but est d'envoyer les membres de la Société d'admiration mutuelle se promener à Paris, à une œuvre de *charité*, encore plus à une œuvre de *colonisation ?*

C'est ici que le génie de nos amis se montre dans toute sa splendeur. Ils choisissent ce qui semble le plus difficile : la *colonisation*.

Vitement, ils forment une société de colonisation. Et remarquez ici un autre trait de génie : eux, tous de Québec, se constituent en société de colonisation des Trois-Rivières !

Que la ville trifluvienne est honorée ! Les membres de la Société d'admiration mutuelle daignent se servir de son nom pour se payer un petit voyage ! Ils auraient pu choisir une autre localité qui n'avait pas encore organisé une société de colonisation ; mais ils ont préféré Trois-Rivières ! Heureuse, trois fois heureuse ville trifluvienne !

Celui qui descend la rue du Palais, côté gauche, peut remarquer au numéro 18, une grande affiche qui raconte au long la prouesse de nos amis. On y lit d'abord ces lignes :

" La Société de Colonisation de la cité des Trois-Rivières a été fondée principalement dans le but d'attirer dans cette province des immigrants français catholiques et de les aider à s'y fixer d'une manière permanente."

Puis avant d'aller plus loin, on jette un coup d'œil au bas de l'affiche pour voir qui sont les citoyens des Trois-Rivières à la tête de cette louable entreprise. Oh ! étonnement, voici les seuls noms qu'on y trouve :

" Le comité de direction est composé comme suit :

" Président, L. N.-CARRIER.
" Vice-président, PHILIPPE VALLIÈRE,
" Secrétaire-trésorier, J. MICHEL.

“ Conseillers adjoints :

“ N. Faucher de Saint-Maurice, M. P. P.
“ N. de Saint-George, M. P.
“ Paul de Cazes,
“ Joseph Bouchard.”

Tous de Québec, moins un, de Lévis !

Pas seulement l'ombre d'un trifluvien !

Singulière société de colonisation de la cité des Trois-Rivières, en vérité !

La curiosité est vivement piquée, et on lit cette affiche d'un bout à l'autre pour voir ce que cette société des Trois-Rivières composée exclusivement de Québecquois se propose de faire.

L'étonnement du lecteur va toujours *crescendo*. Voici :

“ Pour parvenir à son but, c'est-à-dire pour attirer dans cette province des immigrants français catholiques, elle a cru que le meilleur moyen était d'*aller nous faire connaître aux Français, sous notre véritable jour*, et pour cela d'organiser une grande excursion en France, représentant toutes les classes de notre population et accompagnée de *personnes choisies* qui auront mission non seulement de fournir tous les renseignements et statistiques nécessaires, mais de faire apprécier aussi d'une manière intuitive les ressourses de cette province, en apportant avec eux des échantillons de nos productions minérales, végétales, industrielles et *artistiques*. (*De tribord à babord*, par exemple.)

“ A cet effet la société a donc résolu d'organiser une Grande Excursion qui se fera par voie de tirage au sort dans les conditions suivantes :”

Nous faisons grâce au public des détails du projet. Qu'il suffise de dire que c'est la loterie de l'hiver dernier qui revoit le jour.

Il ressort de la simple lecture de cet exposé que le véritable but de la société n'est pas tant de faire *venir* des Français que de faire *aller* des Canadiens.

Mais voici le trait de génie qui dépasse tous les autres. Ils ont dû se mettre dix pour trouver ceci :

" Pourront faire *au besoin* également partie de l'excursion, un certain nombre de personnes choisies par la direction et chargées plus spécialement de faire connaître les ressources de notre pays."

Avons-nous besoin de dire que le *besoin* de *personnes choisies* se fera sentir à chaque voyage, et que les directeurs auront le bon goût de choisir des membres de la Société d'admiration mutuelle pour accompagner les excursionnistes *moins éclairés ?* Cela va sans dire. *Of course.* Qui, en effet, est plus en état que M. Faucher de Saint-Maurice, M. Legendre, M. Dunn, M. Evanturel, etc., de " faire connaître les ressources de notre pays " ? Qui, mieux qu'eux, peut initier nos compatriotes aux mystères des théâtres de Paris, aux arcanes des boulevards et des cafés chantants ? Qui, surtout, pourra conduire plus dignement qu'eux *le* pèlerinage à Notre-Dame de Lourdes ? Car le programme renferme un pèlerinage, s'il vous plaît. Si vous ne me croyez pas, lisez plutôt :

" Le séjour à Paris sera d'un mois entier pendant lequel les excursionnistes pourront *jouir de tous les agréments* de la Capitale. Les théâtres, les concerts, les palais, les monuments publics, les églises principales, les jardins, les établissements remarquables, les différentes curiosités. Tout cela visité par eux sans aucun frais de leur part. Après quoi, ceux qui le désireront pourront faire partie *du* Pèlerinage de Notre-Dame de Lourdes."

Après avoir couru les théâtres de Paris pendant un mois, un pèlerinage viendra fort à propos. Mais pourquoi parler *du* pèlerinage à Notre-Dame de Lourdes, comme s'il n'y en avait qu'un seul? Un peu de grammaire ne nuit pas, même à une loterie.

Et voilà comment on se propose de coloniser le haut Saint-Maurice et autres lieux ! Voilà comment on s'y prend pour " se faire connaître aux Français (et aux Canadiens) *sous son véritable jour* " ! ! !

Les immigrants français *catholiques*, ce qu'il y a de plus catholique, ne manqueront pas d'affluer vers nos rives après qu'une cinquantaine de Canadiens, " des personnes choisies " (tel que M. Faucher) en tête, auront *joui* pendant un mois, " de tous les agréments de la Capitale."

C'est un moyen infaillible d'attirer le monde ici, et il n'y a que la Société d'admiration mutuelle de Québec, transformée en société de colonisation des Trois-Rivières, qui puisse trouver de ces choses-là.

Vive le génie !

SOUVENIRS

18 août 1883.

M. Tarte s'est réfugié dans ses terres à Saint-Gabriel de Valcartier, et de là il nous envoie un gros soupir. Recueillons-le :

" J'offre mes remerciments à la compagnie du chemin de fer du Lac St-Jean. On part de Québec le soir, on s'en vient respirer amoureusement l'air des montagnes et l'on retourne à la ville frais et joyeux. Les mouches vous piquent bien un peu, mais elles sont moins venimeuses que les maringouins du journalisme, et elles ne vous doivent aucune reconnaissance. Vous ne les avez jamais nourries de vos faveurs. Puis elles nous prennent si peu ! Une gouttelette de sang. Les autres, s'ils le pouvaient, nous arracheraient tout notre honneur d'une seule piqûre de leur lancette."

Il n'est pas tout à fait mort, puisqu'il sent l'aiguillon. Il y a donc lieu d'espérer !

M. Tarte fait évidemment allusion au rédacteur de la *Vérité*, car je suis le seul journaliste que le rédacteur du *Canadien* ait été en mesure de " nourrir de faveurs."

Réglons tout de suite cette affaire de faveurs.

Pendant les sept années que j'ai fait partie de la rédaction du *Canadien*, M. Tarte m'a toujours bien traité, j'aime à le reconnaître ; mais il ne m'a jamais régalé de *faveurs*. Je gagnais bien plus que mon salaire, M. Tarte l'admettra lui-même. Je prétends ne rien lui devoir.

Qu'il mentionne une seule *faveur* qu'il m'ait accordée, et que je n'aie amplement payée, dans le temps, par des services réels !

Jadis, il est vrai, M. Tarte m'amenait avec lui, de temps à autre, dans ces belles montagnes de Valcartier d'où il écrit en ce moment. Mais c'étaient des congés gagnés au prix d'un rude travail.

Je ne sais quels sentiments le souvenir de ces belles journées d'automne ou de printemps passées avec moi évoque dans le cœur de M. Tarte ; mais pour ma part je ne puis songer à ces excursions de pêche et de chasse à travers les Laurentides, au bord des beaux lacs, le long des rivières bondissantes en compagnie de M. Tarte, sans me sentir accablé d'une tristesse profonde, sans éprouver un mouvement de colère, non contre le rédacteur du *Canadien*, mais contre les influences maudites qui nous l'ont ravi.

***

C'est dans ces jours de congé, loin du bruit et des intrigues de la ville, que j'ai connu le véritable Tarte d'autrefois, non le Tarte apparent, celui que la foule connaissait et que plusieurs n'aimaient pas, même alors ; mais le Tarte qu'on retrouvait, à la veillée, devant le feu de bivouac, l'homme sérieux, le journaliste convaincu, l'ami sincère.

Beaucoup n'ont vu que le Tarte de la ville, le Tarte en temps d'élection ; moi, j'ai connu intimement l'autre, celui qui lisait Veuillot avec moi ; qui sondait avec moi les plaies et les misères de la société moderne, les dangers qui menaçaient, et qui menacent plus que jamais, notre jeune pays. C'est là-bas, au milieu de ces superbes montagnes, que nous avons eu ensemble nos plus graves entretiens, nos épanchements les plus fraternels. Nous n'avions alors qu'une seule pensée, qu'une seule volonté. Nous envisagions les questions politiques, sociales et religieuses au même point de vue. Nous condamnions ensemble les mêmes doctrines, les mêmes tendances, les mêmes hommes, les mêmes intrigues.

Joseph-Israël Tarte, je puis me rendre le témoignage devant Dieu et devant les hommes que je n'ai pas changé depuis. Ce que j'étais alors, je le suis encore ; ce que je croyais alors, je le crois encore ; ce que j'approuvais alors je l'approuve encore ; ce que je condamnais alors, je le condamne encore ; nos amis communs, nos adversaires communs d'alors sont encore mes amis et mes adversaires.

Alors nous étions unis comme des frères ; aujourd'hui nous sommes aux antipodes. C'est donc vous qui avez changé ; c'est donc vous qui adorez ce que vous avez tant de fois brûlé avec moi ; c'est donc vous qui brûlez ce que, ensemble, nous proclamions grand et digne de respect !

Et qu'avez-vous gagné à ce changement ?

Un peu plus d'aisance, peut-être ; mais il est impossible que vous ayez cette tranquillité d'âme de l'homme qui a fait son devoir, tranquillité d'âme qui vaut infiniment plus que tout l'or du monde, sans laquelle il ne peut y avoir ni repos, ni bonheur, même ici-bas.

Vous étiez l'espoir des catholiques, non pas de ces catholiques tièdes et endormis que vous fréquentez aujourd'hui, que vous repoussiez alors ; mais des catholiques militants, ardents, qui voient les dangers dont notre pays est menacé et qui veulent les conjurer pendant qu'il en est encore temps ; vous étiez l'espoir du clergé, qui avait confiance en vous, qui voyait en vous un vaillant défenseur des vérités sociales, insensible aux coups, plein de courage, doué par le bon Dieu d'un beau talent.

Par votre faute, vous avez perdu la confiance de toutes ces âmes d'élite. Pour tous vos anciens amis, vos anciens admirateurs, vos anciens compagnons d'armes, vous êtes moins que rien, vous êtes un déserteur qui abandonne le vieux drapeau au milieu de la bataille !

Est-ce que la bonne opinion de tout ce qu'il y a de plus digne parmi nos compatriotes ne valait pas mieux qu'un peu d'or ?

Oh ! je vous en prie, tout en parcourant ces bois et ces montagnes, témoins de nos entretiens, témoins de vos engagements solennels, songez à ce que vous auriez pu être et à ce que vous êtes devenu.

Vous me disiez souvent combien vous étiez heureux d'avoir un coin de terre à vous, où, les mauvais jours arrivant, vous pourriez vous retirer pour laisser passer la tempête.

Les mauvais jours sont venus pour vous ; pas le besoin, pas le manque de pain ; mais quelque chose de plus terrible encore.

Au lieu de faire du bien à vos compatriotes, vous leur faites du mal.

Cessez donc de faire du journalisme, cessez donc d'exercer cet apostolat dont vous vous seriez reconnu indigne autrefois. Vous n'avez plus le feu sacré ; quand vous n'écrivez pas quelque chose de mauvais, vous n'êtes qu'insignifiant. Brisez donc entièrement votre plume. Retirez-vous pendant cinq années à Saint-Gabriel de Valcartier. Le monde oublie vite. Revenez, ensuite, mais revenez ce que vous étiez autrefois quand ensemble nous parcourions les monts et les vaux de la rivière aux Pins.

COLONISATION

OBSTACLES ET ABUS

---

18 août 1883.

L'œuvre de la colonisation souffrira toujours tant qu'on ne l'aura pas entièrement soustraite à cette chose néfaste qu'on appelle la politique, mais qui n'est qu'un abus de la politique.

Grâce au système actuel, une très grande partie de l'argent voté chaque année pour les fins de la colonisation est dépensée en pure perte et pour des fins qui n'ont aucun rapport avec le défrichement de nos terres incultes.

Cet argent de colonisation sert à faire les élections de monsieur celui-ci et de monsieur celui-là.

En le dépensant, on ne fait nullement entrer en ligne de compte les véritables besoins de la colonisation ; on ne considère que les prétendus besoins du parti au pouvoir.

Sous ce rapport, comme sous tant d'autres, les deux partis sont également coupables.

Il faudrait donc que la colonisation fût soustraite à ces funestes influences qui la paralysent, et confiée à des hommes compétents.

Nous disons compétents, car depuis la mort de notre regretté ami, J.-O. Fontaine, nous entendons des plaintes sur le bureau de colonisation. Il est possible que quelqu'un dans ce bureau s'occupe plus de ses chroniques que de ses chemins.

Un autre obstacle sérieux aux progrès de la colonisation, ce sont les compagnies dites de colonisation, mais qui devraient plutôt être appelées compagnies *contre* la colonisation. Elles nuisent grandement à l'œuvre, voilà tout.

Il suffit de visiter un canton où une de ces compagnies se trouve installée pour s'en convaincre. Il faut entendre les plaintes des colons ! Et ces plaintes sont pleinement justifiées par les faits.

Règle générale, ces compagnies n'ont qu'un but : spéculer, faire de l'argent. Et cela se comprend. Les compagnies, a-t-on dit avec vérité, n'ont point d'âme. Elles ont encore moins de dévouement. Or, pour faire de la colonisation il faut du dévouement, beaucoup de dévouement. Entreprendre de faire de la colonisation et de l'argent en même temps, c'est entreprendre une impossibilité absolue.

Et les compagnies de colonisation le comprennent parfaitement bien. Aussi. comme leur but est de faire de l'argent, laissent-elles complètement de côté la coloni-tion.

Elles prennent un certain nombre de lots, les plus beaux qu'on puisse trouver, font faire des bouts de chemin par-ci par-là ; aussitôt quelques braves colons de bonne foi, croyant aux belles promesses de la compagnie, vont s'y fixer, travaillent comme des nègres pendant des années au milieu des mouches et des mauvais chemins. Car les lots de la compagnie restent toujours dans l'état primitif, bien entendu, attendant que le travail des colons leur ait donné de la valeur.

La loi s'oppose aux spéculations de ce genre, il est vrai, mais l'intrigue est plus forte que la loi auprès des ministres. D'un côté on a affaire à une compagnie dont les membres sont plus ou moins influents, d'un autre côté, à quelques pauvres diables dont les plaintes sont faciles à étouffer.

C'est ainsi que la colonisation languit, tandis qu'elle devrait être florissante.

LE " WITNESS " ET LES JÉSUITES

27 octobre 1883.

Le *Witness* souffre dans le moment d'une sérieuse attaque de jésuitophobie. Ces dignes religieux sont toujours son cauchemar ; mais de temps à autre il est saisi d'une crise très aiguë.

C'est le livre de M. Benjamin Sulte qui a déterminé chez notre confrère l'attaque dont il souffre actuellement.

Le *Witness* consacre à " M. Sulte et ses critiques ", un premier-Montréal des plus épicés. Il va sans dire que l'organe du fanatisme protestant prend notre malheureux compatriote sous sa haute protection et se pâme d'admiration devant *l'Histoire des Canadiens-français.* C'est un livre selon son cœur de sectaire et de mangeur de jésuites. Il réédite les mensonges contenus dans ce triste ouvrage, et en fait des vérités historiques bien établies, cela va de soi.

Pour M. Sulte, c'est le châtiment qui commence !

Va-t-il enfin ouvrir les yeux à la lumière ? Va-t-il enfin comprendre qu'il fait fausse route ? En voyant son livre approuvé par le *Witness*, dont la haine contre l'Eglise est notoire, ne s'arrêtera-t-il pas un instant pour réfléchir ? Nous l'espérons.

Après avoir croqué du jésuite en compagnie de M. Sulte, le *Witness* ne pouvait pas s'en tenir là. Car chez lui, comme chez le commun des mortels, l'appétit vient en mangeant.

Dans le même numéro où se trouve ces éloges compromettants à l'adresse de M. Sulte, nous voyons une longue lettre d'un Rév. Borland sur la question des biens des jésuites.

Il va sans dire que ce M. Borland ne fait que ressasser les arguties de M. Rankin contre la restitution de ces biens, restitution qu'exigent à la fois le droit ecclésiastique, le droit civil et le droit naturel. On le sait, ceux qui sont hostiles à cet acte de simple justice se basent sur ce qu'ils appellent la " conquête " du pays et sur la suppression de l'ordre des jésuites par le pape Clément XIV.

Nous avons réfuté longuement ces prétentions dans la *Vérité*, en répondant à un malheureux entrefilet de la *Minerve*.

Le droit de conquête ne peut pas être plus invoqué contre les biens des jésuites que contre les biens des sulpiciens, des ursulines, du séminaire de Québec, ou la propriété des citoyens en général. C'est un axiome de droit international bien admis que le souverain conquérant se trouve mis à la place du souverain conquis, mais qu'il ne peut en aucune façon faire main basse sur les biens des particuliers ou des corporations civiles. Par conséquent, lors de la cession du pays à l'Angleterre, les jésuites, qui jouissaient paisiblement de leurs biens sous le régime français, ont continué à en jouir sous le régime anglais. Au moment même de la conquête, le gouvernement anglais n'a pas plus songé à s'emparer des biens des jésuites que des autres propriétés privées. Il est donc souverainement ridicule de parler du "droit de conquête" en traitant de cette question des biens des jésuites.

Comme nous l'avons déjà fait voir dans ces colonnes, l'Angleterre s'est engagée par un traité solennel à protéger les droits et la propriété des particuliers, les biens des jésuites comme les biens des autres communautés religieuses. En reconnaissant les biens des jésuites comme biens ecclésiastiques, le gouvernement anglais a admis, implicitement, le principe qui régit ce genre de propriété : advenant la dissolution d'une communauté religieuse, les biens que cette communauté a possédés retournent à l'Eglise universelle. Ainsi, en supposant que les jésuites aient été supprimés au Canada, leurs biens n'ont pas pu retourner à l'Etat par droit de déshérence, attendu que l'Eglise, héritière *légale* des jésuites, était là pour recueillir leur succession. Donc, on ne peut pas, même au point de vue du droit civil, invoquer la suppression des jésuites par le pape Clément XIV pour appuyer les prétentions de l'Etat sur les biens des jésuites.

Voilà pour la lettre du Rév. Borland. Car nous ne parlons pas de ses longues et haineuses diatribes contre les jésuites, cela étant de rigueur. Cet amateur de la liberté va jusqu'à faire appel aux catholiques et aux protestants de s'unir, non seulement pour s'opposer à la restitution des biens des jésuites, mais " pour expulser cet ordre du pays tout de suite et à jamais." Cet appel, il va sans dire, ne sera entendu que par les fanatiques du *Witness* et les catholiques de l'école de M. Benjamin Sulte.

En appelant l'attention de ses lecteurs sur la communication du Rév. Borland, le *Witness* place un gros mensonge de son cru. Il dit carrément que les biens des jésuites actuellement détenus par le gouvernement ont été " CONFISQUÉS PAR LE GOUVERNTMENT FRANÇAIS, avant la conquête." Il est impossible que le rédacteur du *Witness* ignore à ce point l'histoire du Canada. Il a donc voulu fausser les faits.

Ce même *Witness* qui ment à l'histoire, qui suinte le fanatisme, profite de cette occasion pour dire son mot sur la politique. Il se réjouit de ce qu'il appelle la défaite des programmistes dans la récente élection à Jacques-Cartier. Pour lui, le triomphe de M. Mousseau et de l'école de la *Minerve*, est un coup porté à l'influence des jésuites et des ultramontains. N'est-ce pas que nos ministériels ont de charmants amis ? Eux qui ont reproché aux conservateurs de Montréal d'avoir combattu M. Mousseau en compagnie de certains libéraux, ils réjouissent par leurs victoires le cœur des protestants les plus fanatiques !

Il y a dans ce fait matière à sérieuse réflexion.

APPENDICE

CIRCULAIRE AU CLERGÉ DU DIOCÈSE

Saint-Hyacinthe, 21 novembre 1882.

Bien chers collaborateurs,

Je sais de source certaine que l'on sollicite de votre bienveillance des secours en argent pour l'établissement à Montréal d'un journal catholique qui aurait pour nom l'*Etoile du Matin*, et qui se consacrerait à la défense des principes religieux.

Il est de plus à ma parfaite connaissance que Mgr l'évêque de Montréal s'oppose de toutes ses forces à l'établissement de cette publication.

Dans ces circonstances, bien aimés Frères, je viens vous dire que vous ne pouvez patronner, en aucune façon, ce nouveau journal.

Puisqu'il est d'avance répudié par l'Ordinaire de Montréal, c'est qu'il n'a pas sa raison d'être et que de plus il peut être préjudiciable aux intérêts religieux, que ledit prélat doit être le premier dans son diocèse à sauvegarder et auxquels plus que tout autre il doit veiller et pourvoir. Ceci doit être compris sans effort de jugement.

Quels que soient donc les hommes qui s'adressent à votre bourse pour cette œuvre insolite, pour ne pas dire davantage, vous ne devez pas leur donner votre appui. Ils savent fort bien qu'ils vont tout à fait à l'encontre des vues de leur évêque, et vous, vous savez à n'en pas douter, qu'il en est ainsi, puisque je me donne le souci de vous en informer. Vous ne seriez pas alors excusables devant votre conscience de dépenser une partie, la plus minime que vous le supposiez, de vos revenus ecclésiastiques, pour une entreprise qui est désavouée par l'autorité religieuse du lieu.

Il y a là un point de discipline. Si ces hommes veulent lui faire une brèche, c'est leur affaire. Pour vous, n'allez pas, par un zèle intempestif et imprudent, vous mettre à leur suite, et les encourager dans leurs illusions.

C'est assez vous dire, je pense, que vous iriez contre toutes mes intentions en vous constituant les patrons et les protecteurs de la mesure en question. Et je vous prie de vous rappeler que l'on finit toujours par regretter de ne pas marcher avec ceux qui ont mission de nous conduire...

Je demeure bien sincèrement,

Messieurs,

Votre tout dévoué en N.-S.,

† L.-Z., Evêque de Saint-Hyacinthe.

Québec, 28 février 1883.

Monsieur l'Editeur de la *Vérité*,

Québec.

Monsieur l'Editeur,

Je suis chargé par Monseigneur l'Archevêque de Québec de vous transmettre copie de la lettre ci-incluse de Son Eminence le cardinal Simeoni en date du 3 du courant, avec prière de la publier (texte et traduction) sans commentaire.

J'ai l'honneur d'être,

Monsieur l'Editeur,

Votre très humble serviteur,

C.-A. Marois, ptre,

Secrétaire.

Lettre de Son Eminence le cardinal Simeoni, à monseigneur l'Archevêque de Québec, 3 février 1883

(Texte).

Illme ac Rme Domine,

Cum ex ephemeridibus noverim in proximo nonnullas electiones politicas in istis regionibus locum habituras, ut omne periculum amoveatur, ne quis forsan e clero indebita ratione sese in iis immisceat, haud inopportunum putavi eadem super re ad Te scribere. Idque eo minus perficiendum censeo quod Administrator diœcesis

Trifluvianæ D. Caron, dum Episcopus absens erat, epistolam scripserat quæ minime consentanea est Instructionibus per Supremam Congregationem Sancti Officii hac de re latis atque omnibus Provinciæ Quebecensis Episcopis communicatis, et quibus omnes adamussim inhærere jussit SSmus D. N. Leo XIII, uti constat ex litteris a me ad A. T. datis die Sept. ejusdem anni.

Qua quidem administratoriis epistola etiam in præsens nonnullos abuti compertum est.

Profecto hanc rationem agendi probare minime possum, utpote quæ lugendis plane effectibus occasionem præbere potest, atque pacem et concordiam inter catholicos non absque gravi animarum detrimento convellit.

Hinc Amplitudini Tuæ committo ut hanc S. Congregationis mentem SSmi D. N. præscriptionibus apprime conformen, eo modo quo tibi opportumus videatur, notam reddas, ut omnes in debito conti neantur officio ac promptam obedientiam S. Sedi exhibeant.

Interim precor Deum ut te diutissime sospitet.

Romæ ex ædibus. S. C. de Propaganda Fide die 3 februarii 1883.

Uti frater addictissimus,

(Signat.) JOANNES, CARD. SIMEONI,

Præfectus.

(Subsign. † D. ARCHIEP. TYREN,

Secrius.

Illmo ac Rvmo.

P.-D. ALEXANDRO TASCHEREAU,

Archiepiscopo Quebecensi.

Pro apographo,

C.-A. MAROIS, *Pter. Secretarius.*

(Traduction)

Illustrissime et Révérendissime Seigneur,

Ayant appris par les journaux que quelques élections doivent avoir lieu prochainement dans ce pays, j'ai cru opportun de vous écrire à ce sujet afin de prévenir tout danger que quelque membre du clergé ne s'y immisce d'une manière indue. Et je pense que cela est d'autant plus nécessaire que l'administrateur du diocèse des Trois-Rivières, M. Caron, au mois de novembre 1881, pendant l'absence de l'évêque, a écrit une lettre qui n'est nullement conforme aux instructions données à ce sujet par la Suprême Congrégation du Saint-Office et communiquées à tous les évêques de la Province de Québec, et que Sa Sainteté Léon XIII a ordonné à tous de suivre fidèlement, comme on le voit par la lettre que j'ai adressée à Votre Grandeur, le 13 septembre de la même année.

Il est notoire que même à présent quelques personnes abusent de cette lettre de l'administrateur.

Je ne puis certainement pas approuver cette manière d'agir qui peut produire des effets très déplorables et qui, au grave détriment des âmes, détruit la paix et la concorde entre les catholiques.

C'est pourquoi je charge Votre Grandeur de faire connaître en la manière qui lui paraîtra plus opportune cette décision de la Sacrée Congrégation qui est absolument conforme aux prescriptions du Saint-Père, afin que tous se tiennent dans les bornes tracées et s'empressent de montrer envers le Saint-Siège l'obéissance qui lui est due.

Je prie Dieu de vous accorder longue vie et prospérité.

Rome, de la S. C. de la Propagande, le 3 février 1883.

De Votre Grandeur, le frère très dévoué,

JEAN, CARDINAL SIMEONI, *Préfet.*

† D., ARCH. DE TYR., *Secrétaire.*

Illme et Rme,

Mgr ALEXANDRE TASCHEREAU,

Archevêque de Québec.

DÉCRET DE LA S. C. DE LA PROPAGANDE CONCERNANT L'UNIVERSITÉ-LAVAL

(Traduction)

Comme l'Université Laval et sa succursale établie à Montréal par autorité apostolique se trouvent depuis longtemps en butte à de grandes difficultés à cause des discussions qu'on a soulevées et des inimitiés qu'on a suscitées contre elle à leur très grave détriment, Notre Très Saint-Père Léon XIII, par la divine providence, Pape, voulant extirper jusqu'à la racine toutes les dissensions et ramener la paix et la concorde, après avoir examiné de nouveau et pesé la valeur de toutes les raisons exposées jusqu'à présent sur cette affaire, a ordonné dans l'audience du 18 février 1883, en vertu de son autorité, qu'en tout ce qui concerne ladite Université et sa Succursale établie à Montréal, tous les fidèles observent scrupuleusement les prescriptions contenues tant dans la résolution ou le décret de la S. C. de la Propagande du 1er février 1876, que dans la constitution apostolique qui érige canoniquement la dite Université et qui ont d'ailleurs été renouvelées et confirmées par le même Souverain Pontife.

De plus, dans la même audience, Sa Sainteté a ordonné rigoureusement, en vertu de la sainte obéissance, à tous les fidèles, ainsi qu'aux ecclésiastiques de quelque degré et dignité que ce soit en Canada, de ne point oser à l'avenir, par eux-mêmes ou par d'autres, par des actes ou par des écrits, surtout s'ils sont rendus publics, tramer quoi que ce soit contre ladite Université et sa Succursale, ou l'attaquer d'une manière quelconque, mais que plutôt s'abstenant de mettre le moindre empêchement à l'exécution du dit décret et de la constitution apostolique susdite, tous s'appliquent suivant leurs forces à favoriser ladite Institution et à lui prêter secours et protection.

Enfin le Saint-Père a ordonné que le présent décret soit publié par tous les évêques de la province de Québec dans leurs diocèses respectifs, comme ordre absolu du Saint-Siège pour dirimer les susdites questions.

Donné à Rome, de la S. C. de la Propagande, le 27 fevrier 1883.

L. † S.

[Signé], JEAN. CARD. SIMEONI,
Préfet.

[Signé], † D., ARCH. DE TYR,
Secrétaire.

Québec, 9 avril 1883.

M. l'éditeur de la *Vérité.*

M. L'éditeur,

Pour mettre fin à bien des rumeurs contradictoires au sujet du futur diocèse de Nicolet, Monseigneur l'Archevêque me charge de vous faire les communications suivantes :

1° L'érection de ce diocèse est une affaire réglée par le Souverain Pontife.

2° Nos Seigneurs les évêques de la province sont chargés, avec Monseigneur l'Archevêque, de proposer au Saint-Siège les limites qu'il convient d'y donner et les noms de trois candidats. Sur ce dernier point en particulier, vous êtes prié de ne reproduire aucune rumeur.

J'ai l'honneur d'être,

Monsieur l'éditeur,

Votre très humble serviteur,

C.-A. MAROIS, ptre,

Secrétaire.

MANDEMENT DE Mgr E.-A. TASCHEREAU, ARCHEVÊQUE DE QUÉBEC, SUR LES SOCIÉTÉS SECRÈTES

ELZÉAR-ALEXANDRE TASCHEREAU, par la grâce de Dieu et du Siège Apostolique, Archevêque de Québec, assistant au trône pontifical.

Au clergé Séculier et Régulier, et à tous les fidèles de l'Archidiocèse de Québec, Salut et Bénédiction en Notre-Seigneur.

Personne d'entre vous, Nos très chers frères, n'ignore que, pour de très solides raisons, la Sainte Eglise Catholique défend à ses enfants de s'enrôler dans les sociétés secrètes, soit que l'on y exige un serment, soit que l'on s'y contente d'une simple promesse.

La peine d'excommunication qu'encourt par le fait même celui qui viole cette défense montre assez quelle importance l'Eglise y attache. " L'expérience, disaient en 1868 les Pères du Quatrième Concile de Québec, prouve le danger qu'elles offrent pour la religion et pour la société. D'ailleurs le simple bon sens ne dit-il pas que la vérité et la justice ne redoutent point la lumière, et qu'une association dont le but serait honnête et avouable ne s'envelopperait pas ainsi de mystères impénétrables? " Fermez donc l'oreille, dit le Souverain Pontife Léon XII, d'heureuse mémoire, fermez l'oreille aux paroles de ceux qui, pour vous attirer dans leurs assemblées, vous affirment qu'il ne s'y commet rien de contraire à la raison et à la religion. D'abord ce serment coupable que l'on prête dans les grades inférieurs, suffit pour que vous compreniez qu'il est défendu d'entrer dans ces premiers grades et d'y rester. Ensuite, quoique l'on n'ait pas coutume de confier ce qu'il y a de plus criminel et de plus compromettant à ceux qui sont dans les grades inférieurs, il est cependant manifeste que la force et l'audace de ces sociétés pernicieuses s'accroissent en raison du nombre et de l'accord de ceux qui en font partie. Ainsi ceux des rangs inférieurs doivent être considérés comme complices de tous les crimes qui s'y commettent." (Lettre Apostolique de Léon XII, 13 mars 1826).

Le même Quatrième Concile nous met en garde contre certaines autres sociétés, moins secrètes, il est vrai, mais encore trop dangereuses. " Sous prétexte de protéger les pauvres ouvriers contre les riches et les puissants qui veulent les opprimer, les chefs et les propagateurs des sociétés cherchent à s'élever et à s'enrichir aux dépens de ces mêmes ouvriers souvent trop crédules. Ils font sonner bien haut les beaux noms de " protection mutuelle et de charité " pour tenir leurs adeptes dans une agitation continuelle et fomenter des troubles, des désordres et des injustices. Croyez-le bien, N. T. C. F., concluent les Pères du concile, lorsque vos pasteurs et vos confesseurs cherchent à vous détourner de ces sociétés, ils se montrent vos véritables et sincères amis: vous seriez bien aveugles si vous méprisiez leurs avis pour prêter l'oreille à des étrangers, à des inconnus qui vous flattent pour vous dépouiller et qui vous font des séduisantes promesses pour vous précipiter dans un abîme, d'où ils se garderont bien de vous aider à sortir."

De cet enseignement de l'Eglise il résulte, N. T. C. F., comme première conséquence, que c'est toujours une faute très grave de s'enrôler dans les *sociétés secrètes* proprement dites, connues sous le nom générique de franc-maçonnerie, quelle que soit la dénomination particulière qui les distingue les unes des autres.

Cette première conséquence conduit à une autre sur laquelle je crois devoir appeler aujourd'hui votre attention et donner une règle précise et pratique pour mettre fin à l'aveuglement funeste dans lequel tombent un trop grand nombre de personnes, qui ne réfléchissent pas assez sur les conséquences de leurs actes et de leurs paroles.

La théologie nous enseigne que le dommage injustement causé à la réputation du prochain, soit par calomnie, soit par médisance, est un péché mortel de sa nature, contre la charité et la justice. Elle dit encore que le jugement téméraire est une faute mortelle de sa nature contre la justice.

A l'égard d'un catholique, l'accusation de franc-maçonnerie est certainement assez grave de sa nature pour être la matière d'une calomnie ou d'une médisance ou d'un jugement téméraire grave. Les circonstances peuvent y ajouter un nouveau degré de malice, par exemple, s'il s'agit d'un prêtre, d'un grand vicaire, d'un évêque, d'un cardinal, ou de la réputation d'une institution catholique.

Par le temps qui court, certains catholiques semblent avoir mis en oubli ces principes élémentaires de justice et de charité, dans leurs conversions et dans leurs écrits, en portant à la légère cette accusation de franc-maçonnerie contre les membres du clergé et contre des officiers publics. Sous le plus futile prétexte on soupçonne d'abord, puis on affirme et l'on jette aux quatre vents du ciel cette atroce accusation à laquelle on finit par croire fermement, parce qu'elle revient de cent côtés divers et souvent sous le couvert d'un secret hypocrite que l'on reçoit et que l'on communique sans le moindre remords.

La plus élémentaire bienséance, aussi bien que la charité et la justice, exigerait que les réclamations des victimes de ces calomnies fussent acceptées comme une justification suffisante ; mais une fois entrés dans la voie de l'injustice et de la haine, les calomniateurs ne voient dans ces protestations qu'un nouveau motif de croire à la vérité de leurs accusations.

Serait-on bien aise de se voir soi-même dénoncer de cette manière comme coupable de désobéissance à l'Eglise en matière grave ?

Si on n'a pas de preuve de ce qu'on soupçonne ou de ce qu'on a entendu dire, la charité et la justice exigent rigoureusement que l'on garde le silence. La calomnie et la médisance en matière grave tuent du même coup et celui qui la propage et celui qui la reçoit volontairement.

Avez-vous des preuves certaines à fournir ? si vous comprenez tant soit peu votre devoir de chrétien, ce n'est pas aux oreilles d'amis et de confidents impuissants à remédier au mal que vous ferez part de ce que vous savez, car ce serait une *médisance*, un péché grave de sa nature ; mais après avoir consulté votre confesseur, si vous avez quelque doute, allez donner vos informations et surtout vos preuves à l'autorité compétente.

Si, par le temps qui court, ces deux règles élémentaires de la justice et de la charité avaient été respectées, combien de fautes graves auraient été évitées ! combien de consciences faussées par un zèle mal avisé pour la religion, seraient restées dans le droit chemin ! combien de scandales et de discordes épargnées à la cause catholique.

Que les coupables examinent donc sérieusement s'ils n'auraient pas à réparer des dommages à la réputation et à la fortune peut-être de leur prochain.

Et afin que chacun comprenne bien son devoir sur ce grave sujet, nous déclarons cas réservés dans le diocèse de Québec, les fautes suivantes :

1° Répandre ou répéter de vive voix ou par écrit une accusation gratuite de franc-maçonnerie contre un catholique quelconque, même étranger au diocèse.

2° Faire connaître de vive voix ou par écrit à d'autres qu'à l'Ordinaire de l'accusé ou à son official, cette accusation quand on la croit bien fondée. Il est entendu que le pénitent peut toujours consulter son confesseur.

Jusqu'à nouvel ordre, ces deux cas réservés ne pourront être absous que par l'archevêque ou ses grands vicaires, ou par les prêtres à qui la faculté en aurait été spécifiquement donnée pour des cas particuliers.

La réserve ayant pour effet direct de restreindre le pouvoir du confesseur, atteint même les pénitents qui l'ignorent.

Elle atteint aussi les fautes commises avant la promulgation du présent mandement ; toutefois jusqu'au 1er septembre prochain exclusivement, nous autorisons tous les confesseurs à en absoudre, mais non pas de celles qui seront commises après la promulgation.

Sera le présent mandement lu et publié au prône de toutes les églises et chapelles paroissiales et autres où se fait l'office public le premier dimanche après sa réception.

Donné à Québec, sous notre seing, le sceau de l'archidiocèse et le contre seing de notre secrétaire, le premier juin mil huit cent quatre-vingt-trois.

† E.-A., ARCH. DE QUÉBEC.

Par Monseigneur,

C.-A. Marois, Ptre,

Secrétaire.

TABLE DES MATIÈRES

Pages

QUESTIONS RELIGIEUSES

ÉDUCATION

QUESTIONS MAÇONNIQUES

QUESTIONS POLITIQUES

CRITIQUES LITTÉRAIRES

ÇA ET LÀ

Tardival, Jules Paul
Mélanges, ou, Recueil des études religieuses, sociales, politiques et littéraires Première sér.

Lightning Source UK Ltd.
Milton Keynes UK
UKHW02f2320270718
326414UK00009B/397/P

9 781332 372232